臺灣史研究名家論集

（二編）

尹章義　王見川　吳學明

李乾朗　周翔鶴　林文龍

邱榮裕　徐曉望　康　豹

陳小沖　陳孔立　黃卓權

黃美英　楊彥杰　蔡相輝

蘭臺出版社

作者簡介（依姓氏筆劃排序）

尹章義 社團法人臺灣史研究會理事長、財團法人福祿基金會董事、財團法人兩岸關係文教基金會執行長。中國文化大學民國 106 年退休教授，輔仁大學民國 94 年退休教授，東吳、臺大兼課。出版專書 42 種（含地方志 16 種）論文 358 篇（含英文 54 篇），屢獲佳評凡四百餘則。

赫哲人，世居武昌小東門外營盤（駐防），六歲隨父母自海南島轉進來臺，住臺中水湳，空小肄業，四民國校、省二中、市一中畢業，輔仁大學學士，臺灣大學碩士，住臺北新店。

王見川 1966 生，2003 年 1 月取得國立中正大學歷史所博士學位。2003 年 8 月至南臺科技大學通識教育中心任助理教授至今。研究領域涉及中國民間信仰(關帝、玄天上帝、文昌、媽祖)、預言書、明清以來民間宗教、近代道教、佛教、扶乩與慈善等，是國際知名的明清以來民間宗教與相關文獻專家。著有《從摩尼教到明教》（臺北新文豐出版公司，1992）、《臺灣的齋教與鸞堂》（臺北南天書局，1996）、《漢人宗教、民間信仰與預言書的探索：王見川自選集》（臺北：博揚文化公司，2008 ）、《張天師之研究：以龍虎山一系為考察中心》（臺北：博揚文化公司，2015）等書。另編有《明清民間宗教經卷文獻》、《中國預言救劫書彙編》《臺灣宗教資料彙編：民間信仰、民間文化》、《中國民間信仰、民間文化資料彙編》、《明清以來善書叢編》等套書。

吳學明 國立臺灣師範大學歷史學碩士、博士，現任國立中央大學歷史研究所教授，曾任國立中央大學客家社會文化研究所所長、客家研究中心主任等職。主要研究領域為臺灣開發史、臺灣客家移墾史、臺灣基督教長老教會史與臺灣文化史，關注議題包括移民拓墾、北臺灣隘墾制與地方社會、南臺灣長老教會在地化歷程等。運用自民間發掘的族譜、契約文書等地方文獻，從事區域史研究，也對族群關係、寺廟與社會組織等底層民眾行動力進行探討。著有《金廣福墾隘與新竹東南山區的開發（1835-1895）》、《頭前溪中上游開墾史暨史料彙編》、《金廣福隘墾研究》、《從依賴到自立——臺灣南部基督長老教會研究》、《變與不變：義民爺信仰之擴張與演變》、《臺灣基督長老教會研究》

　　與學術論文數十篇，並着編《古文書的解讀與研究》（與黃卓權合編著）、《六家林氏古文書》等專書。

李乾朗　中國文化大學建築及都市設計系畢業，現任國立臺灣藝術大學古蹟藝術修護學系客座教授。致力於古建築田野調查研究，培養古蹟維護的專業人才，並積極參與學術研討會發表研究成果。曾出版了《臺灣建築史》、《古蹟入門》、《臺灣古建築圖解事典》、《水彩臺灣近代建築》、《巨匠神工》等八十餘本與傳統建築或近代建築相關之個人著作，同時也主持多項古蹟、歷史建築的調查研究計劃，出席各縣市政府之古蹟評鑑會議或文化資產議題會議，盡其所能地為臺灣古建築的保存與未來發聲。2011 年榮獲第十五屆臺北文化獎，2016 年榮獲第三十五屆行政院文化獎。

周翔鶴　廈門大學臺灣研究院歷史研究所副教授。

林文龍　南投竹山人，現寓彰化和美。1952 年生，臺灣文獻館研究員。喜吟詠，嗜藏書，旁及文房雅玩。近年，以科舉與臺灣書院研究為重點。著《臺灣的書院科舉》、《彰化書院與科舉》、《臺灣科舉家族—新竹鄭氏人物與科名》，以及《掃籜山房詩集》、《陶村夢憶雜詠》等集。別有書話《書卷清談集古歡》，含〈陶村說書〉、〈披卷餘事〉二編。

邱榮裕　臺灣省桃園縣中壢市人，1955 年生，臺灣省立臺北師專、國立臺灣師範大學、日本立命館大學文學碩士、博士。歷任國小、國中教師、臺灣師範大學專任助教、講師、副教授，全球客家文化研究中心主任；兼任中央大學客家學院副教授、臺灣大學客家研究中心特聘副研究員、中華民國斐陶斐榮譽學會榮譽會員等；曾任國立臺灣師範大學校友總會秘書長、臺灣客家研究學會第六屆理事長、考試院命題暨閱卷委員、客家委員會學術暨諮詢委員、臺北市客家事務委員會委員等。
　　學術專長領域：臺灣史、客家研究、文化資產與社區。專書有：《臺灣客家民間信仰研究》、《臺灣客家風情：移墾、產業、文化》、《臺灣桃園大溪南興庄纜紳公派下弘農楊氏族譜》、《傳承與創新：臺北市政府推展客家事務十週年紀實（民國 88 年至 98 年）》、《臺北市文獻委員會五十週年紀念專輯》等，並發表相關研究領域學術研討會論文數十篇。

徐曉望　生於 1954 年 9 月，上海人。經濟史博士。現為福建社會科學院歷史研究所研究員，閩臺文化中心主任。2000 年獲評國務院特殊津貼專家，2012 年獲評福建省優秀專家，2016 年獲評福建省文史名家。廈門大學宗教研究所兼職教授，福建師範大學歷史系兼職教授，福建省歷史學會副會長。2006 年被聘為福建師範大學社會歷史學院博士導師。主要研究方向為明清經濟史、福建史、海洋史等。發表專著 30 餘部，發表論文 300 餘篇，其中在《中國史研究》等核心刊物上發表論文 100 餘篇，論著共計 1000 多萬字。主要著作有：主編《福建通史》五卷本 186 萬字，《福建思想文化史綱》40 萬字，個人專著有：《福建民間信仰源流》《閩國史》《福建經濟史考證》《早期臺灣海峽史研究》《媽祖信仰史研究》《閩商研究》《明清東南山區經濟的轉型——以閩浙贛邊山區為核心》等；近著有：《福建文明史》《福建與東南：海上絲綢之路發展史》等。獲福建省社會科學優秀著作一等獎一次，二等獎三次，三等獎二次。

康　豹　1961 年在美國洛杉磯出生，1984 年耶魯大學歷史系學士，1990 年美國普林斯頓大學東亞系博士。曾經在國立中正大學歷史研究所與國立中央大學歷史研究所擔任過副教授和教授。2002 年獲聘為中央研究院近代史研究所副研究員，2005 年升等為研究員，並開始擔任蔣經國國際學術交流基金會研究室主任。2015 年升等為特聘研究員。研究主要集中在近代中國和臺灣的宗教社會史，以跨學科的方法綜合歷史文獻和田野調查，並參酌社會科學的理論。

陳小沖　1962 年生，廈門大學歷史系畢業。現為兩岸關係和平發展協同創新中心文教平臺首席專家，廈門大學臺灣研究院歷史研究所所長、教授，《臺灣研究集刊》常委副主編。出版《日本殖民統治臺灣五十年史》等多部專著及臺灣史學術論文數十篇。主持或參加多項重大科研課題。主要研究方向：海峽兩岸關係史、殖民地時期臺灣歷史。

陳孔立　1930 年生，現任廈門大學臺灣研究院教授、海峽兩岸和平發展協作創新中心學術委員會委員。曾任廈門大學臺灣研究所所長、中國社會科學院臺灣史研究中心副理事長、中國史學會理事。主要著作有：《臺灣歷史綱要》（主編）、《簡明臺灣史》、《臺灣歷史與兩岸關係》、《臺灣史事解讀》，《臺灣學導論》、《走近兩岸》、《心繫兩岸》、《臺灣民意與群體認同》等。

黃卓權　1949 年生於苗栗縣苗栗市，現籍新竹縣關西鎮。現任客委會諮詢委員、新竹縣文獻委員、國立交通大學客家文化學院客座專家、《關西鎮志》副總編纂。專長臺灣內山開墾史、客家族群史、清代地方制度史。發表研究論著約百萬言，主編「新竹研究叢書」及文史專輯等十餘冊。主要著作：《苗栗內山開發之研究》、《跨時代的臺灣貨殖家：黃南球先生年譜 1840-1919》、《進出客鄉：鄉土史田野與研究》、《古文書的解讀與研究》上、下篇（與吳學明合著）等書；出版詩集《人間遊戲：60 回顧詩選》、《笑看江湖詩選》二冊；參與編撰《新竹市誌》、《獅潭鄉志》、《大湖鄉志》、《北埔鄉志》等地方誌書。

黃美英　政治大學宗教研究所博士生、法鼓佛教學院碩士（主修：佛教史、禪學）。清華大學社會人類學研究所碩士（主修：歷史人類學、宗教人類學、族群史）。臺灣大學中國文學系畢業、臺灣大學考古人類學系肄業。中央研究院民族學研究所研究助理、國立暨南國際大學歷史學系兼任講師。相關學術著作《臺灣媽祖的香火與儀式》、《千年媽祖》及論文二十多篇，主編十多冊書籍。

楊彥杰　男，廈門大學歷史系畢業，長期從事臺灣史和客家研究。歷任福建社會科學院研究員兼臺灣研究所副所長、科研組織處處長、客家研究中心主任、中國閩臺緣博物館館長等職，2014 年退休。代表作：《荷據時代臺灣史》、《閩西客家宗族社會研究》。撰著或主編臺灣史專題、客家田野叢書十餘種，發表論文百餘篇。

蔡相輝　中國文化大學史學研究所博士，歷任任國立空中大學人文學系主任、圖書館館長、總務長等職。現任臺北市關渡宮董事、臺南市泰安旌忠公益文教基金會董事、北港朝天宮諮詢委員、中華媽祖交流協會顧問等職。
著有：《臺灣的王爺與媽祖》（1989）、《臺灣的祠祀與宗教》（1989）、《北港朝天宮志》（1989、1994）《臺灣社會文化史》（1998）、《王得祿傳》（與王文裕合著）（1998）、《媽祖信仰研究》（2006）、《關渡宮的歷史沿革》《關渡宮的祀神》（2015）、《天妃顯聖錄與媽祖信仰》（2016）等專書及論文篇多。

《臺灣史研究名家論集》——總序

　　《臺灣史研究名家論集》即將印行，忝為這套叢刊的主編，依出書慣例不得不說幾句應景話兒。

　　這十幾年我個人習慣於每學期末，打完成績上網登錄後，抱著輕鬆心情前往探訪學長杜潔祥兄，一則敘敘舊，問問半年近況，二則聊聊兩岸出版情況，三則學界動態及學思心得。聊著聊著，不覺日沉西下，興盡而歸，期待半年後再見。大約三年前的見面閒聊，偶然談出了一個新企劃。潔祥兄自從離開佛光大學教職後，「我從江湖來，重回江湖去」（潔祥自況），創辦花木蘭出版社，專門將臺灣近六十年的博碩士論文，有計畫的分類出版，洋洋灑灑已有數十套，近年出書量及速度，幾乎平均一日一本，全年高達三百本以上，煞是驚人。而其選書之嚴謹，校對之仔細，書刊之精美，更是博得學界、業界的稱讚，而海峽對岸也稱許他為「出版家」，而不是「出版商」。這一大套叢刊中有一套《臺灣歷史文化叢刊》，是我當初建議提出的構想，不料獲得彼首肯，出版以來，反應不惡。但是出書者均是時下的年輕一輩博、碩士生，而他們的老師，老一輩的名師呢？是否也該蒐集整理編輯出版？

　　看似偶然的想法，卻也是必然要去做的一件出版大事。臺灣史研究的發展過程，套句許雪姬教授的名言「由鮮學經顯學到險學」，她擔心的理由有三：一、大陸學界有關臺灣史的任務性研究，都有步步進逼本地臺灣史研究的趨勢，加上廈大培養一大批三年即可拿到博士學位的臺灣學生，人數眾多，會導致臺灣本土訓練的學生找工作更加雪上加霜；二、學門上歷史系有被社會科學、文學瓜分，入侵之虞；三、在研究上被跨界研究擠壓下，史家最重要的技藝——史料的考訂，最後受到影響，變成以理代証，被跨學科的專史研究壓迫得難以喘氣。另外，中研院臺史所林玉茹也有同樣憂慮，提出五大問題：一、是臺灣史研究受到統獨思想的影響；二、學術成熟度仍不夠，一批缺乏專業性的人可以跨行教授臺灣史，或是隨時轉戰研究臺灣史；三、是研究人力不足，尤其地方文史工作者，大多學術訓練不足，基礎條件有限，甚至有偽造史料或創

造歷史的情形，他們研究成果未受到學術檢驗，卻廣為流通；四、史料收集整理問題，文獻資料躍居成「市場商品」，竟成天價；五、方法問題，研究者對於田野訪查或口述歷史必須心存警覺和批判性。

　　十數年過去了，這些現象與憂慮仍然存在，臺灣史學界仍然充滿「焦慮與自信」，這些焦慮不是上文引用的表面問題，骨子裡頭真正怕的是生存危機、價值危機、信仰危機，除此外，還有一種「高平庸化」的危機。平心而論，臺灣史的研究，不論就主題、架構、觀點、書寫、理論、方法等等。整體而言，已達國際級高水準，整個研究已是爛熟，不免凝固形成一僵硬範式，很難創新突破而造成「高平庸化」的危機現象。而「高平庸化」的結果又導致格局小、瑣碎化、重複化的現象，君不見近十年博碩士論文題目多半類似，其中固然也有因不同學門有所創見者，也不乏有精闢的論述成果，但遺憾的是多數內容雷同，資料重複，學生作品如此；學者的著述也高明不到哪裡，調研案雖多，題材同，資料同，析論也大同小異。於是乎只有盡量挖掘更多史料，出版更多古文書，做為研究創新之新材料，不過似新實舊，對臺灣史學研究的深入化反而轉成格局小、理論重複、結論重疊，只是堆砌層累的套語陳腔，好友臺師大潘朝陽教授，曾諷喻地說：「早晚會出現一本研究羅斯福路水溝蓋的博士論文」，誠哉斯言，其言雖苛，卻是一句對這現象極佳註腳。至於受統獨意識形態影響下的著作，更不值得一提。這種種現狀，實在令人沮喪、悲觀，此即焦慮之由來。

　　職是之故，面對臺灣史這一「高平庸化」的瓶頸，要如何掙脫困境呢？個人的想法有二：一是嚴守學術規範予以審查評價，不必考慮史學之外的政治立場、意識形態、身分認同等；二是返回原點，重尋典範。於是個人動了念頭，很想將老一輩的著作重新整理，出版成套書，此一構想，獲得潔祥兄的支持，兩人初步商談，訂下幾條原則，一、收入此套叢書者以五十歲（含）以上為主；二、是史家、行家、專家，不必限制為學者，或在大專院校、研究機構者；三、論文集由個人自選代表作，求舊作不排除新作；四、此套書為長期計畫，篩選四、五十位名家代表

作，分成數輯分年出版，每輯以二十位為原則；五、每本書字數以二十萬字為原則，書刊排列起來，也整齊美觀。商談一有結論，我迅即初步擬定名單，一一聯絡邀稿，卻不料潔祥兄卻因某些原因而放棄出版，變成我極尷尬之局面，已向人約稿了，卻不出版了。之後拿著企劃書向兩家出版社商談，均被婉拒，在已絕望之下，幸得蘭臺出版社盧瑞琴女史遞出橄欖枝，願意出版，才解決困局。但又因財力、人力、市場的考慮，只能每輯以十人為主，這下又出現新困擾，已約的二十幾位名家如何交代如何篩選？兩人多次商討之下，盧女史不計盈虧，終於同意擴大為十五位，並不篩選，以來稿先後及編排作業為原則，後來者編入續輯。

　　我個人深信史學畢竟是一門成果和經驗累積的學科，只有不斷累積掌握前賢的著作，溫故知新，才可以引發更新的問題意識，拓展更新的方法、理論，才能使歷史有更寬宏更深入的研究。面對已成書的樣稿，我內心實有感發，充滿欣喜、熟悉、親切、遺憾、失落種種複雜感想。我個人只是斗膽出面邀請同道之師長友朋，共襄盛舉，任憑諸位自行選擇其可傳世、可存者，編輯成書，公諸同好。總之，這套叢書是名家半生著述精華所在，精彩可期，將是臺灣史研究的一座豐功碑及里程碑，可以藏諸名山，垂範後世，開啓門徑，臺灣史的未來新方向即孕育在這套叢書中。展視書稿，披卷流連，略綴數語以說明叢刊的成書經過，及對臺灣史的一些想法、期待與焦慮。

卓克華

2016.2.22 元宵　於三書樓

《臺灣史研究名家論集》──推薦序

　　陳支平教授在《臺灣史研究名家論集》第一輯之《推薦序》裡精闢地談論海峽兩岸學者共同參與「臺灣史研究」學科建設的情形，並謂「《臺灣史研究名家論集》，在一定程度上體現了當今海峽兩岸臺灣史學術研究的基本現狀和學術水準。這套論集的出版，相信對於推動今後臺灣史研究的進一步開拓和深入，無疑將產生良好積極的作用」。誠哉是言也！

　　值此《臺灣史研究名家論集》第二輯出版之際，吾人亦有感言焉。

　　在中國學術史上不乏「良好積極」的示範：一套叢書標誌著一門學科建設的開啟並奠定其「進一步開拓和深入」的基礎。

　　譬如，1935─1936 年間，由編輯家、出版家趙家璧策劃，蔡元培撰序，胡適、鄭振鐸、茅盾、魯迅、鄭伯奇、阿英（錢杏邨）參與編選和導讀，上海良友圖書公司編輯出版了十卷本《中國新文學大系》。於今視之，《中國新文學大系》之策劃和序論、編選與導言、編輯及出版，在總體上標誌著「中國新文學史研究」學科建設的開啟並為其發展奠定基礎。

　　「臺灣史研究」的學科建設亦然。1957─1972 年間出版的《臺灣文獻叢刊》具有發動和發展「臺灣史研究」學科建設的指標意義和學術價值。1988 年 1 月 30 日至 2 月 1 日在臺北舉辦的「臺灣史學術研討會」開始有邀請大陸學者、邀請陳孔立教授「共襄盛舉」的計畫。由於政治因素的干擾，陳孔立教授未能到會，他提交了論文《清代臺灣移民社會的特點》，由臺灣學者尹章義教授擔任評論人。陳孔立、尹章義教授的此次合作，值得記取，令人感慨！2005 年，陳支平教授主持策劃的《臺灣文獻彙刊》則是大陸學者對於「臺灣史研究」學科建設的一大貢獻。

　　在我看來，作為叢書，同《臺灣文獻叢刊》、《臺灣文獻彙刊》一樣，《臺灣史研究名家論集》對於「臺灣史研究」學科建設的意義和價值堪當「至重至要」四字評語。

　　《臺灣史研究名家論集》第二輯的作者所顯示的學術陣容相當可觀。用大陸學界的習慣用語來說，陳孔立教授、尹章義教授及其他各位教授

均屬於「臺灣史研究」的「學科帶頭人」、「首席學者」一類的人物。

　　臨末，作為學者和讀者，我要對出版《臺灣史研究名家論集》的蘭臺出版社與籌劃總主編卓克華教授表達敬意。為了學術進步自甘賠累，蘭臺出版社嘉惠學林、功德無量也。

汪毅夫

2017 年 7 月 15 日記於北京

《臺灣史研究名家論集》——編後記

　　《臺灣史研究名家論集》〈二編〉就將編校完成，出刊在即，蘭臺出版社編輯沈彥伶小姐，來電囑咐寫篇序，身為整套論集叢書主編，自是不容推辭。當初構想在每編即將出版時，寫篇序，不過（楊）彥杰兄在福州一次聚會中，勸我不必如此麻煩，原因是我在《初編》中已寫過序，將此套書編集成書經過、構想、體制，及對現今研究臺灣史的概況、隱憂都已有完整交待，可作為總序，不必在每編書前再寫篇序，倒不如在書後寫篇〈編後記〉，講講甘苦談，說說些有趣的事兒，這建議非常好，正合我意，欣然同意！

　　當初以為我這主編只要與眾位師長、好友、同道約個稿，眾志成城，共襄盛舉就好了，沒想到事非經過不知難，看似簡單不過的事兒，卻曲折不少。簡言之，有三難，邀稿難，交稿難，成書更難。此話怎說？且聽我一一道來：

　　一、邀稿難：這套論集是個人想在退休前精選兩岸臺灣史名學者約40-50 位左右，將其畢生治學論文，擇精編輯，刊印成書，流傳後世，以顯現我們這一代學人的治學成績。等到真的成形，付諸實踐，頭一關便遇到選擇的標準，選誰？反過來說即是不選誰？雖然我個人對「名家」的標準指的是有「名望」，有「資望」，尤其是有「重望」者，心中雖有些譜，但真的擬定名單時，心中卻忐忑不安，擔心得罪人。一開始考慮兩岸學者比例，以三分之二、三分之一為原則，即每編 15 位學者中，臺灣學者 10 人，大陸學者 5 人，大陸學者倒好處理，以南方學者為主，又集中在廈門大學。較困難的是北方有那些學者是研究臺灣史的？水平如何？不過，幸好有廈大諸師友的推薦過濾，尚不構成困擾。較麻煩的反倒是臺灣本地學者，列入不列入都是麻煩，不列入必定會得罪人，但列入的不一定會答應，一則我個人位卑言輕，不足以擔此重任，二則有些學者謙虛客套，一再推辭，合約無法簽定，三則或已答應交給某出版社出版，不便再交給蘭臺出版社，四則老輩學人已逝，後人難尋，難以

簽約。最遺憾是有些作者欣然同意，更有意趁此機會作一彙編整理，卻不料前此諸多論文已賣斷給某出版社，經商詢該出版社，三番兩次均不答應割愛，徒呼奈何。此邀稿難。

　　二、交稿難：我原先希望作者只要將舊稿彙整擇精交來即可，以15萬字為原則，結果發現有些作者字數不足，必須另寫新稿，但更多的作者都是超過字數，結果守約定的學者只交來15萬字，因此割愛不少篇章，不免向我訴苦，等出版社決定放寬為20萬字時，已來不及編輯作業，成為一大憾事。超過的，一再商討，忍痛割捨才定稿。更有對昔年舊稿感到不滿，重新添補，大費周章，令我又佩服又慚愧。也有幾位作者真的太忙，拖拖拉拉，一再延遲交稿，幸好我記取《初編》經驗，私下有多約幾位作者，以備遞補，遲交的轉成《三編》、《四編》。但最麻煩的是有一、二位作者遲遲不簽合約，搞得出版社不敢出版，以免惹上著作權法的法律問題。

　　三、成書難：由於不少是多年前的舊稿，作者雖交稿前來，不是電子檔，出版社必須找人重新打字，不免延擱時間。而大部份舊稿，因是多年前舊作，參考書目，註釋格式，均已改變，都必須全部重新改正，許多作者都是有年紀的人，我輩習慣又要親自校對，此時已皆老眼昏花，又要翻檢原書，耗費時日，延遲交稿，所在皆是。而蘭臺出版社是一家負責任且嚴謹的公司，任何學術著作都要三校以上才肯出版，更耗費時間。

　　不可思議的在《二編》校對過程，有作者因年老不慎跌倒，顱內出血；或身體有恙，屋漏偏逢連夜雨，居然又逢車禍；或有住家附近興建大廈，整日吵雜，無法專心校對，又堅持一定要親自校對……等等，各種現象都有，凡此都造成二編書延遲耽擱（原本預計九月底出版），而本論集又是以套書形式出版，只要有一本耽誤，便影響全套書出版。

　　邀稿難，交稿難，成書更難，這是我個人主編《臺灣史研究名家論集》最大的切身感受，不過忝在我個人自願擔負此一學術工程的重大責任，這一切曲折、波折都是小事，尤其看到即將成書的樣稿，那心中的

喜樂是無法言宣的，謝謝眾位賜稿的師友作者，也謝謝鼎力支持，不計盈虧的蘭臺出版社負責人盧瑞琴女士。

卓克華

106 年 12 月 12 日　於三書樓

陳孔立

臺灣史研究名家論集

（二編）

蘭臺出版社

當然，以上所說的移民定義，主要適用於早期的移民。

至於當代移民的概念，有的國家以法律的形式做出規定，主要是指以定居為入境目的的外國人。例如，美國《1924 年移民法》對外來移民做出以下的定義：「外來移民是指任何移民美國的外籍人，但不包括：「甲、政府官員及其家屬、隨從、傭人和雇員；乙、來美國短期旅游、經商或娛樂的外籍人；丙、過境的外籍人；丁、合法入境由美國某一地區經鄰國向美國另一地區遷移的外籍人；戊、乘外藉船只抵達美國港口並確實以職業海員身份入境的外籍人；己、根據生效貿易和航運條約而獲入境並只從事貿易或執行有關條約的外籍人。」[12]值得注意的是，這個規定在「不包括」的範圍中，沒有把留學生列在其中，留學生是移民，即入境後在校「潛心就讀的移民」。[13]至於我國當代的畢業分配、上山下鄉、幹部下放以及外出打工等等現象，是否屬於移民以及如何界定，則有待於具體的研究。可見，隨著時間的變化，移民的概念也會發生變化。

移民的動因

為什麼會出現移民的現象，即移民的動因是什麼？有一種理論，以遷出地的「推力」與遷入地的「拉力」加以解釋。這基本上是可行的，但也有問題需要討論。

1.推力一般是指遷出地存在某些不利因素，迫使人們離家出走，其中包括政治因素、經濟因素、自然災害以及其他特殊的因素，具體原因是經濟蕭條、失業嚴重、糧食缺乏、人口過剩、天災人禍、生態環境惡化、外族入侵、內戰爆發、政治迫害、種族歧視、宗教矛盾等等。例如，

法：「一般來說，所謂中國移民是指在國外謀生並可能定居下來的中國人，不管他們在開始時是否想這樣做。」（189 頁）「廣義來說，（移民）這個詞指的是這樣一批人：他們或是背井離鄉，或是流落異鄉。」「移民這個詞最常與勞動力的流動和勞動力的遷移聯繫在一起使用。」（第 206 頁）「所有那些離家未歸者，所有在外安家落戶者都統稱為民移民。」（第 207 頁）

[12]戴超武：《美國移民政策與亞洲移民》，第 254 頁，北京，中國社會科學出版社，1999。
[13]同[12]第 255 頁。

早期從歐洲到北美的移民主要原因是：封建暴政和宗教迫害，此外，歐洲商業戰爭的破壞，使得許多民眾極端貧困，有的成為難民。受到「大飢餓」威脅的愛爾蘭天主教徒、受到連年歉收的北歐農民、逃脫法國占領軍迫害的德國人、逃避英國聖公會霸權的長老會教徒，他們為了謀求生活的改善，尋找新家，冒險遠渡重洋，來到美洲。

我國歷史上的移民大多是失去土地的農民、流人（謫宦、命盜重犯等）、軍戶、棚民，他們有的是被強迫遷往他鄉的，有的是為了尋求生路而不得不「闖關東」、「走西口」的。福建閩南一帶人民向外移民，主要是由於人口壓力，地少人多，耕地不足，加上連年的災荒，人們只好向外謀求生路。在清代前期禁止渡台的情況下，還有許多人偷渡台灣，主要就是為了謀生。總之，有關推力的說法，基本上是說得通的。

2.在有關拉力的說法中，有一種觀點認為遷入地的條件遠比遷出地優越，這就值得討論。

實際上，遷入地的條件往往是不好的，多數是尚未開發的地區，移民們需要克服許多困難。例如，早期到達美洲不列顛移民，「大多數都深入荒無人烟的內地，砍伐樹林，創辦農場，成為邊疆居民」；愛爾蘭移民則從事「運河工、鐵路工和礦工，分別住在各自的集體工棚裏，工作和住宿條件非常惡劣，痛苦無告」；華人則在荒無人烟的地區淘金，經常受到各種騷擾無法開採，或是窮鄉僻壤修築鐵路，那是因為「鐵路公司找不到別的工人，故亟須招募華工」。[14]前往澳大利亞的華人在荒無人烟的地區開發處女地，他們伐木、剝樹皮、挖樹根，從事沒有人願意做的工作，工資很低，而效率卻很高。[15]來自非英語國家和地區（南歐和中東）的移民，特別是婦女，「只能得到最差的工作：工資最低，在很差、甚至惡劣的勞動環境中從事繁重的、重複的、骯髒的甚至危險的工作。」[16]台灣的情況也很相似，「當年最大和最常見的危險和威脅是疾病、土著民族的『出草』以及洪水、颱風等自然災害」，「早期的許多拓

---

[14] 茱夫等：《美國民族百衲圖》，第5、24、29頁，北京，商務印書館，1995。

[15] 楊進發：《新金山——澳大利亞華人》，第55頁，上海，上海譯文出版社，1988。

[16] 王德華：《澳大利亞：從移民社會到現代社會》，第35頁，上海，上海社會科學出版社，1997。

墾者多為年輕力壯的單身男子，許多拓墾者終身未娶，未能享受家庭生活的溫馨，在精神上和生活上都是非常痛苦的。他們為台灣的開發付出了極大的犧牲。」[17]

有的遷入地與遷出地距離較遠，要到那個地方就要付出不少代價。歐洲前往美洲的移民，需要渡過大西洋，航行條件很差，在海上需要8－10個星期，而且要支付很多的旅費，契約勞工「必須先做幾年（通常3－7年）的苦工，以償還來美的旅費」。[18]前往新加坡的移民「盤纏皆靠借貸，因此一開始就債台高築，常遭虐待和剝削」。[19]從中國大陸移民到台灣，同樣經歷了不少艱辛，「有些土匪流氓還以漏船冒充客船，騙走船資，冒險出海，如果遇到大風，就要葬身魚腹；如果能夠到達台灣，也要在偏僻沙灘下船，有的陷入泥潭不能自拔，有的遇到漲潮無法登岸；『被害者既已沒於巨浸，幸免者亦緣有干禁令莫敢控訴』。人們都要歷盡千辛萬苦，才能到達台灣，而許多偷渡者則犧牲在渡台途中。」[20]

事實證明，所謂「拉力」並不是表現在遷入地有多少優越的條件。鼓吹遷入地有多麼優越的條件，往往是是掮客、「客頭」的欺騙手腕。清代台灣有所謂「台灣好趁食」的說法，最多只能表明早期謀生比較容易，有人把它誇大為「台灣錢，淹腳目」，從而煽動和欺騙了不少人冒死渡海，可是到達台灣以後，才發現既無本錢又無技能的人，只得出賣苦力。做長工的，一年所得往往不足以還債，做短工的，「恰似牛馬一般般」，於是移民像發出了「勸君切莫過台灣」的哀嘆。[21]向美洲移民也有類似情形，許多歐洲農民「在據說馬路是用黃金鋪成的城裡尋出路，不過這些新來的移居者充其量只能偶爾撿到幾塊銅片」[22]。

所以，拉力主要表現在有較多的謀生機會和發展機會。即遷入地或

[17]陳孔立：《台灣歷史綱要》，第148頁，北京，九洲圖書出版社，1996。
[18]索威爾：《美國移族簡史》，第61頁，南京，南京大學出版社，1992。
[19]《新加坡年鑑1998》，第25頁，新加坡，新加坡新聞與藝述部出版，1999。
[20]同[17]第138頁。
[21]陳孔立：《簡明台灣史》，第77頁，北京，九洲圖書出版社，1998。
[22]霍布斯鮑姆：《資本的年代》，第263頁，南京，江蘇人民出版社，1999。

是可以提供免費或廉價土地；或是可以有較多的勞動就業的機會，如開礦、淘金、修建鐵路、種植業等；或是需要勞工的當局提出某些招徠、優待外來移民的政策：先行到達的移民傳回有利的信息（如愛爾蘭人的「美國來信」）；可以獲得某些方面的自由（如免受宗教迫害等）；此外，某些團體或個人的誘騙也曾經成為一種拉力。這至少是當代以前各地移民所面對的普遍的歷史實際。

當代由於發達國家和城市化的發展，「遷入地遠比遷出地條件優越」的情況才成為一種強大的拉力，向城市移民和發達國家移民成為當代移民運動的新特點。

當然，用推力和拉力理論並不能解釋移民的全部動因，例如，有些強制性的移民，被遷移者並不願意離開原居地；有的是軍事移民，出於政治目的，與原居地的「推力」沒有直接的關係。特殊的情況還需要特殊分析。

移民的類型

移民的類型，許多學者從不同的角度做出不同的劃分，例如：個別移民、集體移民、大規模移民；國內移民、海外移民；合法移民、非法移民；自由移民、政府團體有組織的移民；軍事移民、民間移民；政治性移民、經濟性移民、民族性移民；強制移民、暴力強制移民（「黑奴貿易」）、自願移民；有的分為「移民」（參加者）、「新貴」（創業者）；有的則分為原始型、強迫型、推動型、自由型、大規模型；以及革新移民（Innovating migrants）、保守移民（Conservative migrants），等等。這些區分有助於說明不同時期、不同地區移民現象的特點，分類的界限也比較清楚，沒有必要加以討論。

這裡需要討論的是，有些學者主張按「性質」分類，分為生存型和發展型兩種，並且認為「生存型」移民的主要原因是遷出地區的推力，而不是遷入地區的拉力或吸引力，「發展型」移民的主要原因不是遷出

地區的推力，而是遷入地區的拉力。[23]

1.有沒有必要與可能把移民分為生存型、發展型兩類？

從性質來說，移民都是為了謀求生存與發展而進行人口遷移的。按照上書的說法，中國移民史上大多數是生存型移民，而發展型移民則「主要是官僚、地主、士大夫、知識分子以及一些衣食無憂的平民」，「在數量上只占極少數」。該書還指出：生存型移民有時「取得發展型的結果」，「生存型的移民潮中包含了主動求得發展的移民」，「有時很難確定某一次移民運動和某一位移民是屬於哪一類性質」等等，這樣看來，「生存」與「發展」似乎是很難割裂開來的。有的學者認為「從根本上說，這（指發展型移民）仍然是受生存欲求的驅動。在這個意義上，發展型移民實質上也是一種生存型移民。從移民動因的角度而言，可以說，所有的移民現象都可以歸結為生存型。而從移民結果的角度來考察，所有的移民又都是開發、發展型移民」。[24]這個論點似乎是可以成立的。

2.有沒有必要把生存型移民和發展型移民的主要原因加以區分？

推力與拉力是相互依存的，沒有推力也就沒有拉力，有了推力就會有拉力，反之亦然。如果說，生存型移民的主要原因是推力，那麼，推出以後，為何要向這個遷入地遷移，而不是向別的地方遷移呢？這說明遷入地存在著一定的拉力；同樣的，如果說發展型移民主要原因是拉力，那麼，為什麼拉力對這些移民會起作用呢？這就不能不考慮遷出地存在著一定的推力，否則無法解釋為什麼一定要從原居地遷出。

移民的特點

移民的特點是指：一、移民與非移民相比有什麼不同；二、各個時期移民之間存在哪些不同之處。至於某個地區移民的特點，則應另作討論。

---

[23] 同[1]第 504-509 頁。
[24] 魯西奇：《移民：生存與發展》，《讀書》，1997 年 3 期。

　　一般來說，比較普遍的特點有如下一些方面：

　　1.移民是從外地遷來的，他們是後來者，而不是土著居民或當地的先住民。前往美國的移民與土著的第安人不同，前往台灣的移民也有別於台灣的先住民。

　　2.移民的目的是改變居住地，遷往新住地（遷入地）定居，而不是暫時居留。

　　3.移民都有從外來者轉變為本地人的過程，這實際上是自我認同的過程，時間的長短不能一概而論。在台灣，早期移民往往自稱是福建某縣人，但在康熙年間就已經有人自稱為「諸羅縣人」、「鳳山縣人」，後來自稱為台灣的人就更多了。

　　4.移民的方向是和遷出地與遷入地的距離有直接關係的，一般地說，距離較近，移民比較方便，移民人數就多。遷往台灣的移民，以最靠近台灣的福建泉州人、漳州人為最多；遷往湖南的移民，以江西人為最多；遷往四川的移民，則以湖廣人為最多。但有人提出：「移民的人數與距離成反比」，這種結論未免過於武斷，因為它無法解釋際長途移民的現象。

　　5.移民的方向也和移民的目的有直接關係，早期移民一般是為了取得耕地，所以多是流向農村或邊遠的地區，從事開發；後來隨著商業、手工業的興起，移民開始向城鎮遷移；台灣的情況就是這樣。在美國開發西部時，移民曾經大量湧往西部，尋求工作的機會。當代移民則多數流向城市和發達國家，尋求較好的生活環境和發展的機會。

　　6.移民往往出現高潮和低潮，有時移民人數很多，有時則很少，它與遷出地的推力和遷入地的拉力的大小成正比。由於明朝末年的多次戰爭，使得田川人口大量減少，已開墾的土地卻大量存在，而湖廣一帶地少人多，因此在政府的招墾下，出現了「湖廣填四川」的移民高潮。到了嘉慶年間，四川人口增加到 2000 萬人，而不得不向周邊地區遷移了。福建、廣東向台灣移民的高潮在乾隆、嘉慶年間，到了嘉慶十六年（1881），台人口已近 200 萬，取得耕地已不容易，移民的人數也就下

降了。美國 1873 年以，「移民人數急轉直下，因為當時美國經濟極不景氣」。[25]

7.在早期移民中，以貧苦農民為最多，他們主要是為了獲得耕地而遷移的。同時也有一些商人、工匠、雇工一同遷來，還有一些地主，「墾首」以及游民等，職業成分比較簡單。19 世紀「國際上的移民主體是歐洲人」，「由於大多數歐洲人是鄉下人，所以大多數移民也是鄉下人」。[26]美國早期的移民多數是契約傭工，還有無業遊民、判了刑的罪犯和赤貧者。正如歐洲諺語所說：「公爵們是不會移民的。」後來隨著當地的開發，其他職業和社會上層的人物才相繼遷入。

8.早期移民多數是單身的青壯年男子，冒險前來開墾，攜帶家眷的很少，隨著開發的進程，有了立足之地，才開始從祖籍地「搬眷」前來。台灣的情況如此，廣東人移民四川也有類似情況：「廣東移民初入川時大多由青壯年男子單身前往，經過幾年經營，置有房屋田土，然後才回家鄉接家屬。」[27]正因為這樣，移民人口中勞動人口的比例往往是比較高的。與此同時，移民中存在性比例失調。台灣早期有「男多女少」的狀況；早年美國的礦區則是「男子漢的天下」，「1849 年春天，整個舊金山據說只有 15 個女人」。[28]因此，在婚姻、家庭以及社會治安上都產生不少問題。

9.早期移民中有不少人原來遷出地就是無業遊民，或是到遷入地後找不到職業，因而出現了遊民人口。在台灣，有很多遊民人口，多的時候占總人口 20%～30%，給社會帶來嚴重的災難。在四川，乾隆初年也出現「（流民）累百盈千，浸成遊手」的情況，[29]江西上猶也有「流民之民，飢則附人，飽則食人」的現象，[30]這實際上就是遊民，但似乎都沒有形成嚴重的問題。「17 世紀在美洲移民中出現了一些到處遊蕩的無

---

[25]同[22]第 270 頁。

[26]同[22]第 260、263 頁。

[27]葛劍雄等：《中國移民史》第 6 卷，第 84 頁，福州，福建人民出版社，1997。

[28]布爾斯廷：《美國人（建國歷程）》，第 109 頁，北京，三聯書店，1993。

[29]同[27]第 81 頁。

[30]同[27]第 192 頁。

賴漢，有些地區採取『曉示出境』的辦法拒絕收容這些遊民；有些地區則強迫無業遊民立約當佣工，有的還成立『貧民習藝所』，迫使他們勞動為生」。[31]

10.在原始移民中多數是文化水平較低的勞動者，後來受過比較高的文化教育的人士才相繼遷來，傳播了原籍地的文化，提高了新開發地區的文化水平。所以，對於移民的文化水平需要分析，不同社會階層的移民，情況是不同的。清代有些遷往西南的漢民就被涼山彝族所同化。有人認為「在新區定居的人口的文化水準、生產技能，一般都會比在原地時要高」，「移民可以說是中國古代人口中各方面素質都比較優秀的一部分」，[32]這種說法難免有以偏概全之嫌。即使在當代，既有各國人才外流的問題，也有難民、外籍工人從窮國流向富國的事實，所以，不同時代、不同地區應當有不同的特點，很難一概而論。

移民社會的社會結構

移民社會有廣義與狹義之分，廣義是指凡有較多外來移民的社會都稱為移民社會，如某些新建立的城市、1949 年以後的台灣（有 100 多萬新移民）等等；狹義的是指那些以外來移民為主要成分的社會，它是一個過渡形態的社會，逐漸從移民社會轉化為定居社會或土著社會，例如，17-19 世紀之間的北美洲（美國）、18-19 世紀之間的澳洲、17-19 世紀之間的台灣等等，本文以這些比較典型的移民社會作為討論的對象。

何謂「比較典型的移民社會」？這裡的關鍵是，第一，以外來移民為主體，而不是以當地原有住民為主體。早期美國居民中歐洲移民近 400 萬人，而土著只有 100 萬；清代前期台灣居民也是以移民為主體。在菲律賓，華人固然沒有成為社會的主體，但早期的移民卻「自立其長，

---

[31]陳孔立：《清代台灣移民社會研究》，第 21 頁，廈門，廈門大學出版社，1990。
[32]同[27]第 140 頁。

以治華人事務」，成為一個自治的社會。「這和以土著居民為主，或以幾百年或上千年以前的移民所繁衍的後裔為主的定居社會就有明顯的區別」。[33]

第二，移民自己組成一個社會，與當地原住民有聯繫但不混同。美國移民自己組成社會，台灣移民也是這樣，澳大利亞則是多元的移民社會，都沒有同土著居民混居。這和金代女真人移居中原，「散居漢地」「與漢交錯居住」，而未形成女真人的移民社會是不相同的。[34]

第三，經過若干年代，當移民的後裔取代移民成為社會的主體，移民社會的主要特徵發生變化以後，移民社會就變為定居社會，原有的移民社會就不復存在了。

台灣大約在 1860 年前後發生這樣的變化，從那時起，台灣社會改變為以移民的後裔為主體，社會結構改變為以宗族關係為基礎的組合，移民社會轉變為定居社會。至於其他地區從移民社會到定居社會的轉變及其時間標誌，則需要做專門的研究才能得出結論。

移民社會的社會結構基本上有以下特點：

1.移民以祖籍地緣關係進行組合.早期到達美洲的歐洲移民,分別聚居各地，留下了新英格蘭、新瑞典、日耳曼敦、新阿姆斯特丹、德國城、新漢堡等地名。尤其是德國移民，「他們說話用德語，書寫和思維也用德語，參加德國的結社，倡議發起德國人的組織，他們常把孩子送回德國上學」。[35]在美國的猶太人「無論生活在哪裡，聚族而居，自成集團」。[36]「遷入兩湖或四川等省的移民在地理分布上有一個同鄉聚居的特點。」[37]「明初遷山西移民於華北平原北部後，形成了很多以原籍縣、鄉為單位的聚落。」[38]在台灣，移民則分為漳籍、泉籍和客籍三系。這和中國大陸傳統定居社會以宗族血緣關係為基礎是不相同的。應當指出，在地

[33]同[33]第 20 頁。
[34]同[1]第 280 頁。
[35]同[22]第 266 頁。
[36]同[1]第 280 頁。
[37]張國雄：《明清時期的兩湖移民》，第 113 頁，西安，陝西教育出版社，1995。
[38]同[2]第 31 頁。

緣結合的同時，台灣也有同族聚居的現象，不過是「直視同姓為同宗」，凡是同姓都可以參與建造祠堂，祭祝祖先，而不必「同枝共派」，[39]目的是為了壯大勢力，互相幫助。

2.移民以地緣關係進行合作開墾，同時也進行共同防衛，有的還建立自己的鄉團組織，如台灣客籍的「六堆」，遍布全國各地的各省「會館」，華人在海外各地還建立一些秘密會社或「堂」。在美洲，「新移民趨於聚居一處，結成緊密的社區，保持自己的習慣和語言。他們還組織了聯誼會和互助社，在異國他鄉互相幫助。」[40]不同祖籍的移民還有各自的保護神，例如，江西人祭許真人，山陝和廣東人祭關帝，福建人祭天妃（媽祖），四川人祭川主（李冰父子）。[41]在台灣，福建閩南各縣還有各自的保護神，如開漳聖王、清水祖師、保生大帝等等。在新加坡，來自各地的移民崇拜各自的神，有各種各樣的節日，如農曆春節、清明節、盂蘭節、中秋節、開齋節、哈芝節、淡米爾新年、大寶森節等等，呈現出多元民族移民的特色。

3.移民社會的階級結構和職業結構都比較簡單，除少數富裕的人以外，大多數是下層人民。新加坡移民來自中國、印度、馬來半島和印尼群島，從業商業、農業、工匠、職員、教師等職業，被放逐來的囚犯則充當勞工。早期澳大利亞華人主要從事淘金、收集羊毛、小販、開小雜貨店以及經營菜園、果園等，成分也很簡單。在台灣，只有農民、佃戶、僱工、工匠、商人和地主等，職業分工也不複雜。地主、富戶成為社會的上層，紳衿、頭人、耆老、族長、業戶等成為地方的領導階層和管理力量。他們可以制訂村規族約，實行審判、處罰，在政權機構力量薄弱的情況下，發揮了對地方實行統治的功能。在早期美國也有類似的情況，「早期定居的農場主也自動組織起來保衛他們的土地」，「他們在欠缺任何法律的情況下，自己開會制訂法律。」[42]

---

[39]戴炎輝：《清代台灣的鄉治》，第 333 頁，台北，聯經出版公司，1979。
[40]同[14]第 2 頁。
[41]同[37]第 207 頁。
[42]同[22]第 87 頁。

4.早期移民社會的經濟往往是單一種植制經濟。台灣沒有形成與中國大陸相似的自給自足的自然經濟，而是以農業生產（糧食或經濟作物）為主。土地成為最主要的謀生條件，由業戶、墾首通過不同的渠道獲取土地，招徠民眾，興修水利，從事開發。業戶收取田租，許多人因而致富，成為大地主。移民社會比較普偏存在「隱田」，就是未經申報的耕地。台灣當年存在大量隱田，使得農民負擔顯得較輕。四川也有類似的情況，以致「地多、人少、賦薄」成為當時一個明顯的特徵。[43]菲律賓早期華人移民則主要從事商業和手工業，而基本上不經營農業。

5.單一種植制經濟往往在所生產的作物方面，自給自餘，必須外運出售；另一方面則需要從外地換取其他生活必需品，這樣就帶動了商業、運輸業的發展，並且出現了相關的商業組織和商業中心，城鎮、商埠也隨著形成。當年台灣移民以生產米、糖為主，「形成了台灣向大陸提供米、糖等農業品，大陸向台灣提供手工業製品這樣一種互補的經濟關係」。[44]商品經濟比較發達，出現名為「郊」的各種商業組織，主要經營台灣與中國大陸各地的貿易。兩湖地區移民主要從事糧食生產，有所謂「湖廣熟，天下足」的民諺；移民前往四川，也以種植業為主，有大量川米外運；商業移民則為本地與外省的商品交換做出貢獻。[45]明代贛南成為重要的藍靛產區，生產大量商品，由商販運銷外地。[46]列寧在講到俄國移民時，用了「移民區」的概念，它指的是：一、有移民容易獲得的未被占據的閒地存在；二、業已形成世界分工、世界市場的存在，因而移民區可以專門生產大量農產品，用以交換現成的工業品。[47]這說明不論在世界市場形成之前或之後，移民社會以生產農產品為主要的現象是比較普遍存在的。

---

[43]同[27]第 112 頁。

[44]同[21]第 71 頁。

[45]同[37]第 203 頁。

[46]同[27]第 215 頁。

[47]《列寧全集》第 3 卷，第 453 頁，北京，人民出版社，1959。

移民社會的內外關係

移民社會的內外關係主要是指移民與土著居民的關係；不同來源的移民之間的關係；移民與政府之間的關係；移民與祖籍地的關係。

1.移民進入新居住地，必然要和先住的土著居民互相接觸，利害衝突難免發生。早期美國移民「由於隨時存在來自印第安人的威脅，定居地必須有嚴密的警衛」，[48]「一些地區定居的不少白人曾遭到印第安人殺害，或被他們掠去為奴」。[49]17 世紀發生過移民與印第安人的戰爭，奧科尼族印第安人遭到屠殺，瓦姆帕諾印第安人酋長則攻打新英格蘭移民，有十幾個市鎮被夷為平地。在沙皇俄國，移民與西伯利亞的土著居民「形成了直接的敵對關係」。[50]在中國各地的移民中，所謂「土客矛盾」長期存在。「乾嘉年間的苗民起義，本質上是土著與移民的矛盾所引起的」。[51]台灣早期經常發生移民侵耕土著居民的土地、漢人「通事」和官吏盤剝土著居民的情況，也有許多所謂「番害」、「番亂」事件，這就是移民與土著居民矛盾的表現，不少漢民遭到殺害，而土著居民也受到殘酷的軍事鎮壓。當然，隨著民族交往的發展，民族關係逐漸和諧，走向合作與融合。但是，在移民社會中這種矛盾是始絡存在的。

2.不同來源的移民也會發生矛盾。例如，1655 年前後，在美洲的荷蘭移民與英國移民互相爭奪和併吞土地；先到美國的移民對後來的大量湧入的愛爾蘭移民進行排斥，因為愛爾蘭人以暴力對付蘇格蘭人、德國人、意大利人和中國人；白人移民則煽動反華暴亂，製造縱火和流血事件。台灣的「分類械鬥」次數之多、延續時間之長、破壞性之嚴重，使它成為台灣移民社會一個顯著的特點。不過，在中國大陸其他地區的移民中，這類矛盾似乎並不嚴重。[52]

---

[48]《列寧全集》第 18 卷，第 60 頁。

[49]同[18]第 61 頁。

[50]同[47]第 82 頁。《列寧全集》第 18 卷，第 82 頁

[51]同[27]第 150 頁。

[52]同[27]第 633 頁。

　　3.移民社會一般是在尚未開發或正在開發的地區，政府統治力量比較單薄，無力進行有效的統治，廣大農村主要依靠民間地方勢力進行管理。當年台灣士紳較少，而墾戶、業主、郊商等地方勢力為管理社會的力量。在菲律賓移民社會中，有半官方的社會組織，如華人公會、甲必丹等，配合政府管理華人。[53]美國早期移民「不屬於任何政府的管轄範圍，因此他們就形成一個沒有政府的社會」，占有土地的人們自行組織「產權俱樂部」制訂保護法律。[54]清代移居東北的「溝民」也有自己的組織，「溝大爺」、「總理」掌握了統治大權。另一方面，由於吏治不良，官員欺壓百姓、兵丁擾民的情況普遍存在，在一定的條件下，矛盾激化，引起各種抗爭事件，社會動亂也較常發生。在這方面，台灣的情況比較突出，社會動亂頻繁，有所謂「三年一小反，五年一大反」的民諺。

　　4.移民與祖籍地一般都保留一定的關係，但密切的程度各地不同。早期前來美洲的移民通常保留了自己的語言、文化、風俗習慣以及各種專長，在感情上、傳統上與祖籍地有著密切的關係。有的還保留了祖籍地的節日，如荷蘭的鬱金香節，法國的巴士底獄日等。中國各地「移民在遷入新地的五代之內，與原籍的關係還相當密切」，[55]有的返回原籍，留下部分家人在移居地；有的回原籍參加考試，還有修族譜、建祠堂等。台灣移民與祖籍地的關係比其他地區更為密切。他們定居以後，回籍招徠佃戶、搬眷、娶親、修祠續譜，在自己的墓碑上留下祖籍的地名，交代後代回籍尋根。經商的移民則多數從事台灣與福建等地的貿易。在文化上、民間信仰上都保持著原籍的影響。直到現在，在台灣仍然可以看到許多和福建相似的事物，兩地之間的來往也特別密切。移居菲律賓的華人普遍存在「雙邊家庭」，即在祖籍地和移居地各有一個家庭，移民負責贍養在家鄉的父母、妻子兒女，與祖籍地保留著密切的關係。

　　關於移民對遷出地的影響問題，19 世紀西方有一種移民理論認為「歐洲大陸人口過剩是因為窮人太多，窮人輸出越多，對資產階級越有

[53]曾少聰：《東洋航路移民》，第 148 頁，南昌，江西高校出版社，1998。
[54]同[28]第 75、84 頁。
[55]同[27]第 309 頁。

利，對留下的人也越有利」，所以當時「工業化進展最快的國家也就是那些對移民大戶，如英國和德國」，但是，有人認為「從今天的觀點來看，那時提出的移民理論是錯誤的。整體而言，輸出移民的國家如果將其人力資源予以利用，而不是將他們趕走，對國家的經濟會更有利」。[56]這個觀點是否普遍適用，還有待於進一步的論證。

移民社會的轉型

移民社會是一個過渡社會，它必然要向定居社會轉型。

移民社會轉變為定居社會是一自然的過程，「是移民社會的各個特點逐漸削弱而為定居社會的特點所取代的過程」[57]至於進入定居社會的標誌可能不同地區有所不同。在台灣，移民社會結構以祖籍地緣關係為主進行組合是一個本質特徵，這個特徵的變化是社會轉型的標誌。其他地區的標誌應作具體研究。但以移民為主體轉變為以移民後裔為主體應是標誌之一，就是說，大量移民基本上結束，移民們已經定居下來，繁衍後代，新從外地來的移民在社會上已經不占多數；社會的結構也有所改變，以祖籍地緣關係為基礎的結合逐漸淡化；從居民來說，也逐漸認同當地，自認是當地人，與原籍地的關係相對淡化；社會結構逐漸複雜，經濟文化逐漸發展和進步。此外，各個地區還可能找出一兩個突出的歷史現象作為轉型的標誌。

另一方面，移民社會的某些特點還會在定居社會中發生影響。例如，來自不同地區移民的族群關係，對定居社會還有一定的影響，不同族群之間的差異、隔閡和矛盾或多或少地存在，有些族群就不容易融入當地的主流社會。台灣「閩南」、「客家」的族群分際是難以磨滅的。「多數意大利移民盡量不卷入周圍的美國人世界」。美籍華人「已在職業和居住方面融入了美國社會，但他們仍然保存自己價值觀念和種族認同」

---

[56]同[22]第 268 頁。
[57]陳孔立：《清代台灣移民社會研究》，第 21 頁，廈門，廈門大學出版社，1990。

[58]又如，各個不同族群都和原籍地保持相對密切的關係，這就不必細說了。研究和了解移民社會遺留下來的特點，對於認識經歷過移民社會的國家和地區的現實，具有一定的參考價值。

以上就台灣與其他移民社會作比較研究，試圖對「移民」、「移民社會」的共性作一些初步的概括，各個不同的地區會有不同的特點，這不是本文討論的範圍。有關理論還有不少問題尚未涉及，有的問題可能表述不當，希望能引起學術界的討論，給予修正、補充，使有關移民和移民社會的理論逐漸充實與完善。

＊本文曾在 1999 年 12 月海峽兩岸台灣移民史學術研討會上報告。

---

[58]索威爾：《美國移族簡史》，第 61 頁，南京，南京大學出版社，1992。

臺灣移民社會的特點

關於台灣移民社會（或稱移墾社會）的特徵，李國祁教授在《清代台灣社會的轉型》一文中已經做了很好的研究。他的結論是：

「在人口的問題上，人口增加迅速、男女比例懸殊、家庭成員眾多，造成了婚姻困難、養子之風盛行的社會現象。在社會的組合關係上，我國傳統社會的家族制度尚未普遍建立，地緣的成分遠重於血緣，再和上移入分子的良莠不齊，流浪漢充斥各地，於是結盟之風流行，械鬥與叛亂時起，社會的秩序因而紊亂。在社會的權力結構上，因渡海移墾是冒險的行為，故其領導人物大多是豪強之士。更由於開墾的制度影響，使財富的分配不均衡，豪強之士身為大墾戶，每多擁有貲財，財富與任俠精神、馭眾能力的結合，使其成為社會的權力階層。於是整個社會呈現出豪強稱雄，文治落後的情形，與中國本部各省，恰成為兩種迥不相同的狀況，故被認為其俗桀驁難治。而此種桀驁難治正是移墾社會的寫照，表現出移墾社會的特點。」[1]對於李教授的看法，陳其南先生作了評論：「整體而言，『內地化』理論（按，指李教授的看法）在探討移墾社會的特質時，照顧了較廣的層面。上述的大部分特質實際上是存在於清代領台以至日據前的整個時期中，作者也在許多地方提及這一點。」[2]由此看來，究竟哪些是整個清代台灣社會的特點，哪些是台灣移民社會的特點，還可以作進一步的探討。

台灣移民社會的特點即是一個重要的研究課題，因為它是解決清代台灣社會發展模式，即「土著化」和「內地化」爭論的一個關鍵。一個社會的特點是和其他社會相比較而存在的。為了探討台灣移民社會的特點，有必要從以下幾個層次進行比較研究：首先，把台灣移民社會和大陸傳統社會相比較，看出移民社會和非移民社會的不同；其次，把台灣移民社會和其他移民社會相比較，看出移民社會的共同性和台灣的特殊

---

[1] 李國祁：《清代台灣社會的轉型》，第 138 頁，台灣《中華學報》5 卷 2 期，1978。

[2] 陳其南：《土著化與內地化：論清代台灣漢人社會的發展模式》，《中國海洋發展史論文集》，第 354 頁。

性；再次，把台灣移民社會和後來的定居社會相比較，看出社會特點的變化；最後，為了解決是「土著化」還是「內地化」的問題，還要把台灣定居社會和大陸傳統社會相比較，看出台灣社會發展的道路。

這是一個比較大的研究課題，本文只是試圖以《問俗錄》為中心作一些研究。《問俗錄》作者是陳盛韶，字曉亭、賡颺，號澧西，湖南安福人，道光十三年七月來台灣任北路理番同知兼鹿港海防。《問俗錄》中的「鹿港廳」一卷是綜合記述台灣移民社會後期各方面狀況的重要史料。本文在介紹該書有關資料的同時，提出一些初步的看法，參加「土著化」和「內地化」問題的討論。

《問俗錄》所見的台灣社會

道光十三年（1833）可以算是台灣移民社會的後期，7 年以後，鴉片戰爭爆發，接著台灣社會發生了比較大的變化。一般認為再過 20 年，即 1860 年前後，台灣社會發生轉型，從移民社會轉變為定居社會。所以《問俗錄》鹿港廳所記基本上是移民社會後期的狀況。

「鹿港廳」一卷的條目有：生番、通事、番割、番隘、番社、屯餉、屯埔、海運、海禁、海防、海道、海風、道考、義倉、埠長、管事、大小租、破業戶、正供、采賣、螟兒、表妹、奶丫頭、贅老公、頭家、賊友、盜藪、逃人、大哥、樹旗、總理、線民、叛產、戍兵、水師、軍工廠、羅漢腳、分類械鬥、家常便飯等 39 條。從中我們可以看出當時台灣社會有以下一些特點：

（一）居民以閩粵移民為主。「台灣初皆番地，厥後漳、泉、惠、潮民至。……閩粵日盛，番日弱日窮」[3]。「台灣多漳泉民，漳泉兵。」在嘉慶年間的台灣人口已達 194 萬。道光十三年估計已達 230 萬－240 萬，而番族的人口只有 10 多萬。外來移民占人口的多數，這是一般移

---

[3] 陳盛韶：《問俗錄·鹿港廳》，北京，書目文獻出版社，1983。以下引文未注出處者均見本書。

民社會共有的特點之一

（二）移民和土著居民發生衝突。當時把土著居民稱為「番族」。該書記載了通事、番割、書差、地棍欺侮番民；漢民租墾番地，負約欠租；「閩廣人越界墾荒，漸漸侵逼番境」，乃至「有強占私墾者」，「番地盡為閩粵所有」，「漢奸為毒而番黎受害」，因而引起漢番矛盾，番民「出草」，漢民「被其刺殺者無算」。到了道光年間，一方面漢民「沿山聚族而居，聯合一氣」，「以守為戰」，一方面「每年以煙布鹽穀諸物與講和」，矛盾才趨於緩和。

（三）游民占有相當大的比重。閩粵兩省漳、泉、惠、潮「四府獷悍無賴之徒，內地不能容，偷渡台灣與土著匪類結為一氣，窩娼、包賭、械鬥、搶劫，不知有官刑」。該書「羅漢腳」一節專門描述了游民的狀況：「台灣一種無田宅、無妻子、不仕、不農、不工、不賈、不負載道路，俗指為羅漢腳。嫖賭、摸竊、械鬥、豎旗，靡所不為。曷言乎羅漢腳也？謂其單身，游食四方，隨處結黨，且衫褲不全，赤腳終生也。大市村不下數百人，小市村不下數十人。台灣之難治在此。」據我們估算在移民社會前期，游民大約占人口的 20％－30％，到道光年間大約占 10％－20％，人數不下二三十萬[4]。

（四）居民以地緣關係為基礎進行組合，不同祖籍居民之間多次發生衝突。該書多處提及閩粵漳泉「分類之禍」。所謂「分類」，就是指早期移民以地緣關係組合，同一祖籍的移民往往聚居在一起。「鳳山淡南粵人眾閩人寡，余皆閩人眾粵人寡」。從此「各分氣類」，互相衝突，釀成「分類械鬥」。「台灣滋事，有起於分類而變為叛逆者，有始於叛逆而變為分類者，官畏其叛逆，謂禍在官，民畏其分類，謂禍在民。百餘年來，官民之不安以此。」這種按不同祖籍劃分陣營的分類械鬥，是台灣移民社會一個特有的社會現象。[5]

（五）政府機構不健全，吏治腐敗，統治力量薄弱。「台灣廳縣管

---

[4]　見本書第 135－139 頁。
[5]　見本書第 250－265 頁。

轄寮廓，事務殷繁」，早期官吏人數很少，無力治理廣大地方，以致「台灣隱墾未報升科之田甚多」；地主抗糧，「業戶欠正供」，「台灣廳縣錢糧積欠累累」；另一方面，有些田園受災，「變為沙灘」，官府卻要照舊催科正供丁糧，因而出現所謂「破業戶」；新官到任或春秋徵餉，官府照例收取票費陋規；商船配運官穀，「非摻和穀秕，即短價勒折」，商人賠銀甚多；書差丈量田地，隱匿田額，然後官民私相授受，規定採買穀石數量，官吏從中舞弊。此外，富人勾結官府，「以此虎嚇窮民，霸占田業」；官府遇到盜案，「惟批發差票了事」，如此等等，充分反映了清代前期台灣官府統治力量的薄弱和吏治的敗壞。在這種情況下，社會秩序混亂，「無業游民借事生風」，攔米搶米，「各處地棍、羅漢腳如青蠅逐臭而來，紛紛噴噴，動集數百人」；或是「攔米穀、搶頭家」，「劫倉庫，搶殷戶」，樹旗、分類、圖謀「叛逆」，拒捕戕官。當時有所謂「三年一小反，五年一大反」，可以算是移民社會特點的一種反映。

（六）地主富戶多是地方上的豪強。「台灣城市之富戶，半富於洋船，實半富於洋船之鴉片；鄉村之富戶，半富於番地，實半富於番地之溢額」。鄉村中的富戶多是豪強之士，「給墾埔地多廣東人、漳州人皆強梁」；埠長多是「粵人強梁者」「或田園廣闊之業戶」；專管收租的管事，「必強有力而狡者為之」；催納「叛產」官租者多是「勢豪」的佃首。鄉村中為首的董事、總理也多是地方豪強，他們「變亂黑白，武斷鄉曲，假公濟私」。富戶還勾結官府和賊匪，獨霸一方。「鄉間之富戶，見賊強即賄通賊黨，擺飯斂錢；見其敗即為義首，起義民，皆其故智」。至於城市的富戶則「倚官借兵自衛」，有的囤積糧食，有的販賣鴉片，也多是豪強之士，而少有仕紳人物。

（七）社會結構比較簡單，基本階級是地主和農民。地主有「大租戶」和「小租戶」之分，「管荒埔者收大租，即內地所謂田骨也。墾荒埔收小租，即內地所謂田皮也」。小租戶中有一部分成為地主，或自耕農兼地主。農民稱為「佃人」。此外還有商人、工匠、雇工、游民等。從職業來看，除了地主和「商賈生理」以外，「其次無田佃耕而食，其

次無佃雇工而食。其下扛挑而食，又其下包娼、窩賭、販鴉片、為搶為竊而食」。該書提到的行業還有商船和漁船的頭家及舵工水手、衙門的官吏和差役、戍兵和將弁、軍工匠首和工匠等。

（八）商品經濟比較發達。由於台灣開發較遲，沒有形成自給自足的自然經濟。前期農業生產以米、糖為主，並大量輸往大陸。「台灣沿海多種蕃薯、花生、甘蔗、豆麥，近山沃衍宜稻，一年耕有五年之食。內地福、興、漳、泉四府山多田少，必借台米接濟。吳、越、粵東米貴，海舶亦聞風販賣。……豐年台灣大率販運二百餘萬石」。「商船輻輳，資重不下數十百萬金」。「城市之富戶，半富於洋船」。該書有關商品經濟的記載不多，但仍然可以看出這方面的特點。

（九）階級矛盾不十分尖銳。由於當時還處在開發階段，荒地較多，隱墾較多，地租和收獲量相比不算太重，民間有關地租的糾紛並不多。佃戶「止認小租為主人」，並與小租戶立佃據為憑，「抗納升斗，聽其撥換」，所以佃戶不敢抗小租。雖然有抗納大租的現象，但並沒有形成嚴重的對立。在社會動亂事件中，很少是直接由地主和農民的矛盾而引發的。

（十）文化落後。「學校不振，文風日衰」，「富戶不重修脯延師教讀，惟思僥倖弋獲，貧人謀生又勢不能學」。科舉考試的名額往往被漳泉兩府的士子所「槍冒」，以致台灣人士中科舉者甚少。由於「學校不興，教化不及」，文化水平和社會風氣處於相當落後和低下的狀態。

以上十點是《問俗錄》中所反映的台灣社會特點。由於該書記述的是移民社會後期的狀況，某於屬於前期的特點這時已經削弱了。例如，前期男女人數比例懸殊，後期遷移來台的婦女有所增加。書中雖然還提到「民多鰥曠」，但男女比例已不是突出的問題了。前期人口增長率很高，特別是乾隆後期至嘉慶年間形成人口移入增長的高潮。到了道光年間逐漸減少，但仍有不少人口移入，該書所記「沿海小港偷渡來台者，歲難悉數」，「兩省內地族親，……生計窮乏，不能不過台營謀」等等，多少也反映了這個特點。

　　根據以上的描述，我們大體上可以概括出台灣移民社會的基本特點：在人口結構上，除了少數先住民以外，多數居民是從大陸陸續遷移過來的，人口增長較快，男子多於女子。在社會結構上，移民基本上按照不同祖籍進行組合，形成了地緣性的社會群體；一些豪強之士成為業主、富戶，其他移民成為佃戶、工匠，階級結構和職業結構都比較簡單。在經濟結構上，由於處在開發階段，自然經濟基礎薄弱，而商品經濟則比較發達。在政權結構上，政府力量單薄，無力進行有效的統治，廣大農村主要依靠地方豪強進行管理。在社會矛盾方面，官民矛盾和不同祖籍移民之間的矛盾比較突出，在一定程度上掩蓋了階級矛盾。加上游民充斥，匪徒猖獗，動亂頻繁，社會很不安寧。整個社會還在組合過程之中。

移民社會的共同性和台灣的特殊性

　　如果我們把上述台灣移民社會的基本特點和其他移民社會相比較，進而再和非移民社會相比較，就有可能概括出一般移民社會某些共同的特點。

　　在這裏，我們以美國早期移民社會和台灣做一些對比。

　　（一）主要居民。當清教徒移民登陸美洲時，原有的先住民——印第安人大約有 100 多萬。到 1790 年，美國有將近 400 萬人口，其中多數是從歐洲來的移民。台灣主要居民也是外來的移民。這和以土著居民為主，或以幾百年或上千年以前的移民所繁衍的後裔為主的定居社會就有明顯的區別。

　　（二）組合原則。移民社會往往以地緣關係為基礎進行組合。北美移民也常按不同祖籍聚居在一起，例如，在新英格蘭，移民們有的在故鄉就是鄰居，他們堅持要在一處定居，因而形成了英國人的市鎮。在 1763 年以後，英國人多數住在從東海岸到密西西比河之間遼闊的原野上；荷蘭人則住在赫德森河沿岸，瑞典人和芬蘭人住在新瑞典、特拉華

河一帶；法國人則居住在俄亥俄河流域。在一些城市裏還有所謂「小義大利」、「小華沙」之類的聚居區，當然這種區域劃分並不是絕對的。不同祖籍移民之間也發生過衝突。例如，1655 年前後荷蘭移民和英國移民互相爭奪和併吞土地。有時還發生不同祖籍移民集團之間的流血事件。上述情況和台灣相當類似，而和大陸傳統社會聚族而居以及宗族械鬥的情況則不相同。

（三）和先住民的關係。17 世紀發生過美洲移民和印第安人的戰爭，奧科尼契族印第安人遭到屠殺；瓦姆帕諾族印第安人酋長腓力王攻打新英格蘭移民，有十幾個市鎮被夷為平地。台灣也有類似的問題，但嚴重程度不及美國。

（四）和母體社會的關係。在美國，來自各國的移民帶來了母國的語言、風俗、文化以及各種特長，他們在感情上、傳統上和母國有著密切的關係。例如，英國清教徒保持了「生來自由的英國人」所享有的各種自由以及各社會階級之間的隔離。但是，生活環境改變以後，移民們發現母國的某些習慣和制度（如領主法庭、貴族家宰和麥酒檢驗官等）已不適合美洲的實際，因而採取了各種新的辦法和制度。這種既保持母體社會的文化特點、又採取了某些新的做法的現象，在台灣社會也同樣存在。

（五）社會結構。移民的社會結構都比較簡單。17 世紀弗吉尼亞社會基本上由沒落的紳士、被釋放出獄的罪犯、少數找不到工作的正派手藝人所組成。接著，才出現占有大面積土地的莊主、耕種土地的契約佣工和佃農，後來才有大種植園主。經過一個世紀以後才發展出一個牢固的貴族階層。所以，在移民社會中，等級關係不如傳統社會那樣複雜。台灣的情形也很相似。

（六）游民問題。17 世紀在美洲移民中出現了一些到處游蕩的無賴漢，有些地區採取「曉示出境」的辦法拒絕收容這些游民；有些地區則強迫無業游民立約當佣工，有的還成立「貧民習藝所」，迫使他們勞

動為生。台灣的游民問題更為突出，成為當時一個嚴重的社會問題[6]。

　　當然，還有一些次要的特點，例如，早期移民中婦女所占比重很小，文化水平較低；多數移民是為了謀求生活出路而遷移來的，等等。但總的來說，我們從以上比較可以得出這樣的印象；移民社會是一個以外來移民為主要成分的社會，社會結構比較簡單，社會組織還不健全，移民和先住民之間、不同祖籍移民之間的關係以及其他社會關係正處在接觸→衝突→協調的過程中。移民社會既受母體社會的影響，又在新環境下萌生出本地獨有的特點。

　　至於台灣移民社會的特殊性，也可以從比較中看出一些，例如，美國移民來自許多不同的國家和民族，而台灣移民則主要來自本國的兩個省份，屬於同一個民族，因此台灣和母體社會的關係，主要就是和閩粵兩省的關係，要比多母國的移民社會與母國的關係更加專一、更加密切。又如，美國移民除了為尋求財富而來的以外，還有人是出自宗教上和政治上的原因，例如「獨立派」新教徒、對路易十四不滿的法國清教徒、不滿本國的德意志人以及烏托邦逃亡者等等。相比之下，台灣移民的成分及其遷居的原因還是比較單純的。再如，美洲移民起初分別效忠於英國和法國統治者，但各殖民地的實際掌握者卻能自訂法律，有很大的獨立性，他們和母國之間沒有強制性的關係，後來又成為獨立的國家。台灣的情況則完全不同。它在 1895 年以前一直是中國政府管轄之下，實際的掌權者是清朝政府派來的官員，所以台灣和大陸的關係不僅是文化上、感情上、傳統上的關係，而且是主權上、政治上的隸屬關係和管轄關係。以上幾個特殊性說明了台灣移民社會與大陸母體社會的關係比美國移民社會與西歐各個母國的關係更加密切。

台灣移民社會和定居社會的區別

　　關於這個問題，有幾位學者已經做過研究，主要有兩種不同的見解：

---

[6]　見本書第 135－139 頁。

　　李國祁認為：「台灣在清季的社會結構與價值取向的變遷，主要在於家族制度與士紳階級的形成，……此兩者皆為我國傳統社會的重要特徵」[7]。也就是說，台灣從移民社會「轉變成與中國本部各省完全相同的的社會」[8]。他所提到的具體變化有：宗教制度業已建立，社會的結合關係開始轉變，強烈的地緣性結合關係漸為血緣性所取代；由以移墾原籍地緣為中心的械鬥，轉變為以宗族為主的血緣械鬥；宗教上尊奉神祇的漸趨統一，市鎮興起與人口流動，打破畛域，融合民性；傳統文教制度的建立；社會領導階層由豪強之士轉為士紳階級。總之，台灣社會「由粗放的移墾形態走向文治，由畛域互異的地域觀念走向民性融和、以士紳階級為領導階層的統一社會」[9]。

　　陳其南持有不同看法，他認為劃分移民社會和土著社會的標準是「社會群體構成（Social group formation）的認同意識，在前期的移民社會中，緣於大陸的祖籍意識扮演著最重要的角色，而反映在不同祖籍群之間頻繁的分類械鬥事件上。後期的土著化過程則以建立在台灣本地的地緣和血緣意識作為新的社會群體認同指標」[10]。他所提到的具體變化有：建立在本地地緣和血緣關係上的新宗族和宗族團體取代了過去的祖籍地緣和血緣團體；宗族活動由前期返唐山祭祖掃墓，轉變為在台灣建立新的祠堂獨立奉祀；從不同祖籍人群供奉其特有之神明，轉變為供奉本地寺廟神，形成跨越祖籍的祭祀圈；不同祖籍的械鬥趨於減少，祖籍意識逐漸為台灣「本籍」意識所取代。

　　筆者認為討論台灣移民社會和定居社會的區別，需要從經濟、政治、社會、文化各方面進行綜合的考察，諸如人口結構、階級結構、職業結構、政治權力結構、社會關係、宗族關係、經濟生活、文化教育、宗教信仰、價值觀念、風俗習慣等等，特別是要考察移民社會的特點發

[7]　李國祁：《中國現代化的區域研究——閩浙台地區，1860－1916》，第 576 頁，台北，近代史研究所出版，1982。
[8]　李國祁：《清代台灣社會的轉型》，第 138 頁，台灣《中華學報》5 卷 2 期，1978。
[9]　同注 1 第 158 頁。
[10]陳其南：《台灣的傳統中國社會》，第 157 頁，台北，允晨文化公司，1987。

生了哪些變化。在這個方面，李國祁教授已經做過很多工作[11]。本文只
準備就其中爭議較多的兩個問題提出一些看法。

（一）宗族關係和血緣、地緣關係；李國祁認為在 19 世紀五六十
年代台灣已經建立宗族制度，「地緣性結合關係漸為血緣性所取代」[12]。
陳其南對此表示懷疑，他認為「很難說清代台灣社會的轉型是地緣聚落
走向血緣聚落。也許，地緣是地緣，血緣是血緣，各自在不同的時期有
不同的表現方式。土著化以前的血緣宗族是以大陸祖籍之宗族或祖先為
基礎的，以後則以在台灣繁衍來的後代為基礎。……而地緣意識也見於
早期和晚期，只不過是地緣認同對象由大陸原居地轉型為台灣本土的過
程」[13]。他指出，台灣宗親是「隨著土著地緣組織的形成」而發展起來
的，這是「台灣漢人移民在台重建其宗族組織的過程」，其特點是從回
本籍祭祖轉變為在台灣建立祠堂，從祭祀唐山祖轉變為祭祀來台的開基
祖。

我們先討論後面這個問題：在 19 世紀後期，台灣有沒有產生從回
本籍祭祖或祭祀唐山祖到祭祀開台祖的轉變？黃應貴先生指出：陳其南
的看法「只是依賴幾個選擇的個案，而不是由當時的宗族組織之系統分
析歸納而來」；現存的大宗族，如大村賴姓，社頭劉姓，社頭與田中的
蕭姓，田中二水的陳姓等「就只提它的祖籍基礎而非開台祖」；「陳奇祿
先生曾經指出，許多供奉開台祖的祠堂是日據後無法回大陸祭祀才設立
的」[14]。實際上根據一些學者的研究，直到現代，台灣各地祠堂、公廳、
家廟所供奉的，既有渡台始祖，也有唐山祖。在大陸方面，福建省南靖
縣提供了以下資料：1928 年台灣彰化縣書山派蕭氏捐款回南靖縣書洋
鄉修建祖墓；1933 年台中員林郡田中莊蕭姓寫信信南靖縣金山鄉湧山
村要求寄去族譜；1903 年南靖縣梅林鄉魏姓遷居台灣的後裔在祖籍購
置祭祀業田六段，年收租穀二十六石七斗；1870 年台南張石敢後裔回

---

[11] 見注 1、7。
[12] 同注 1 第 141 頁。
[13] 同注 10 第 170 頁。
[14] 黃應貴：《光復後台灣地區人類學研究的發展》，《民族學研究所集刊》第 55 期，第 123 頁。

南靖縣書洋鄉塔下村探親祭祖，並按祖祠「德遠堂」建築格式在台南建造家廟[15]。可見在清朝末年，甚至在日據時期，還沒有完全從祭祀唐山祖轉變為祭祀開台祖，也沒有形成「拋棄祖籍意識」、「移向來台開基祖派下的典型宗族」。

　　至於血緣性結合是否取代了地緣性結合？可不可以把它當作宗族制度形成的標誌？我們知道，台灣各個宗族並不是在同一時期形成的。較早來到台灣的一些大姓，在清朝前期就有宗族集居的情形存在，當然多數在乾隆、嘉慶年間遷居台灣的移民，要在台灣繁衍若干代以後才陸續形成宗族。莊英章先生指出，「以血緣關係為基礎的宗族組織是移民的第二階段（按，指嘉慶、道光年間）發展的結果，竹山的 12 個宗族中只有林圯埔的林崇本及陳五八祠堂等兩個宗族在乾隆時代成立，其餘的宗族都是嘉慶時代以後才成立的」[16]。在嘉道年間，台灣地緣性結合的關係還很強大，所以宗族的形成並不是和上述「取代」過程相一致的。到了咸豐以後，地緣關係日益削弱，血緣關係有所增強。但是，應當指出，台灣有些宗族並不是建立在純血緣的基礎上，而往往是由來自同一祖籍的同姓者所組成的。早在乾隆年間就有這樣的記載：「台鮮聚族，鳩金建祠宇，凡同姓者皆與，不必其同枝共派也」[17]。施振民引述莊英章在竹山的研究時指出，「12 個宗族中有一半並非建立在純血緣的基礎上，而是在同一地區的同姓墾民為了團結和抵抗外來侵略共同建立祭祀公業……。台灣漢人移民在缺乏血緣世系群基礎的情況下透過「契約關係」組織宗族，再依照宗族法則分支，同時以血緣關係來延續這個宗族（莊英章，1973）。因此，我們可以說雖然氏族在台灣不如閩粵農村發達，血緣宗族關係還是最基本的法則」[18]。這個看法是對的，它說明台灣社會並沒有完全以血緣性結合取代地緣性結合，除了基於血緣關係形成的宗族以外，還有一種「基於血緣與地緣的基礎所組成的宗族團體」

[15]《南靖文史資料》，第 8 輯。
[16]莊英章：《台灣漢人宗族發展的若干問題》，《民族學研究所集刊》36 期，第 131 頁。
[17]范咸：《續修台灣府志》卷 13，「風俗一」。
[18]施振民：《祭祀圈與社會組織》，《民族學研究所集刊》36 期，第 196 頁。

[19]。也可以說，在台灣定居社會中，隨著宗族關係的發展，以地緣關係為主的組合已經轉變為以血緣關係為主的組合了。

（二）械鬥形式的改變：李國祁指出「同治四年（1865）以後，台灣的械鬥業已轉型，由以移墾原籍地緣為中心的械鬥，而轉變為以宗族為主的血緣械鬥」，而「社會結合關係以血緣性為重心正是中國文化的重要特徵」，以此說明台灣社會的「內地化」[20]。陳其南認為「這種說法可能有待進一步的研究」[21]。他指出，在 1860 年以後，分類械鬥已經轉變，而出現如西皮與福祿之爭的「地方性的衝突」和「同籍人互相械鬥的現象」[22]。李亦園教授更明確地指出：「在定居後的社會，農民們也會因水源、土地的糾紛而產生『同籍械鬥』的事。所謂同籍械鬥就是同一祖籍的人分別定居在鄰近地區，其間因利益的衝突而爭執，逐漸變成以現居地為團結原則的兩群體之爭鬥。這種以現居地為團結原則的同祖籍人之爭執在早期歷史上幾乎是不可能的，只有在定居較久的情況下才逐步發展成功，所以這是『土著化』最明顯的表現。」[23]

究竟分類械鬥是轉變為宗族械鬥，還是轉變為同籍械鬥？我們可以從械鬥的發展過程進行考察。台灣械鬥事件以咸豐年間頂下郊拼和漳泉械鬥為界限，可以劃分為兩個階段，前者以不同祖籍的分類械鬥為主，後者以宗族械鬥為主。在前期，除了分類械鬥以外，已經出現幾起同姓械鬥、異姓械鬥和伏頭械鬥，例如，乾隆五十一年諸羅楊光勛、楊媽進兄弟爭財起釁，結黨謀鬥；嘉慶二十一年台南大崙蔡姓與前埔蔡姓爭挑互毆，毀壞佛頭港店屋；道光十年噶瑪蘭福興、和興二幫互鬥；道光二十二年雲林四湖鄉三條崙吳紀二姓械鬥。後期基本上都是宗族械鬥，例如同治年間台南蘇黃二姓械鬥；嘉義柳仔林等莊吳黃二姓械鬥；麻豆社

---

[19]同注 16 第 122 頁。

[20]同注 1，第 141 頁。

[21]同注 2 第 356 頁。

[22]同注 1，第 113 頁。

[23]李亦園：《台灣傳統社會制度的源流》；陳奇祿等合著：《中國的台灣》，第 319 頁，台北，中央文物供應社，1980。

謝、方、王、李等姓互鬥[24]；彰化西螺等地廖姓對李鐘二姓械鬥；噶瑪蘭羅東林姓與陳李二姓械鬥；光緒年間台南中洲陳姓與頭港吳姓械鬥；鳳山林姓同族械鬥，鹿港橋頭陳施二姓械鬥；雲林四湖鄉羊稠厝吳姓與內湖吳姓械鬥；學甲黃姓與謝姓械鬥等。當然，後期也有個別分類械鬥事件，例如，同治二年和光緒元年鳳山縣都曾發生閩粵械鬥[25]。由此可見，在定居社會中，械鬥形式已經轉變為以宗族械鬥為主了。

那應當怎樣看待「同籍械鬥」呢？它是否表明台灣居民不再以大陸祖籍關係進行結合，而轉變為「以現居地為團結原則」，並「逐漸拋棄祖籍觀念」呢？應當說，定居以後人們對現居地逐漸建立感情，進而認同當地，這是很自然的事。經過幾代相傳以後，人們往往自稱為彰化人、諸羅人或淡水人。但是，「以現居地為團結原則」的新的地緣關係還沒有形成，大量宗族械鬥的事實說明了人們認同宗族超過了認同現居地。所謂同籍械鬥，實際上主要不是以同一現居地為單位的械鬥，而主要是同一祖籍中不同宗族之間的械鬥。上述羊稠厝吳姓械鬥，雙方各集黨友，連及飛沙、三姓寮、三塊厝、規子山等莊；學甲黃謝械鬥時，黃姓曾經通函全省同姓，要求予以支援。可見這些事件都屬於宗族械鬥，而宗族械鬥則是大陸上一種最常見的械鬥形式。陳其南也說：「清代下半葉，台灣漢人宗族發展的結果，甚至發生了類似華南地區的異姓械鬥事件。這樣的發展幾乎有點像華南宗族社會的翻版了」[26]。既然是「翻版」，照理說應當推出台灣社會「內地化」的結論，但是陳先生接著說，「也即是說台灣的漢人社會已從移民社會轉變為典型的土著社會」。如果「土著社會」指的是定居社會的話，這種看法是對的；如果指的是「非內地化」，那就很難說得通了。

最後，應當說，宗族械鬥取代分類械鬥是和社會結構的變化密切相關的。拙作曾經寫道：「隨著台灣社會經濟的發展，社會結構發生變化——從以地緣關組合的社會群體為基礎，轉變為以宗族組織為基礎，

[24]曾元福奏折，同治三年十一月廿五日，軍機處錄副。
[25]丁曰健奏折，同治二年十二月三十日，軍機處錄副；《台灣慣習紀事》2 卷 6 期，第 13 頁。
[26]同注 2 第 348 頁。

即從移民社會轉變為定居社會。換句話說，移民社會的特點逐漸減弱，中國傳統社會的各種特點日益顯現，這樣，產生分類械鬥的社會條件也就逐漸消失，並且逐漸為大陸上常見的一般械鬥所取代。台灣社會更加大陸化了。」[27]

　　當然，台灣定居社會和移民社會的區別還表現在其他方面，例如，社會結構從簡單到複雜；政權結構從不健全到相對健全；領導階層由豪強轉變為士紳；游民階層受到約束和控制；尊奉的神祇漸趨統一；中華文化的影響不斷加強，「文治社會」開始出現；等等。當然，這些新特點的出現是和時代發展有密切關係的。

　　總的來說，從移民社會到定居社會的主要變化是：第一，居民由移民為主轉變為以移民的後裔為主，人口增長以移入增長為主轉變為以自然增長為主。這一點可以從不同時期的人口增長率得到說明。據估算，1782—1811 年台灣人口年增長率為 26.4 ‰，1811—1840 年降為 8.7 ‰，1840—1905 年再降為 3.4 ‰，可見人口移入增長的高潮在乾嘉年間[28]，到了定居社會，台灣居民的多數已經是移民的後裔了。第二，社會結構由以不同祖籍的地緣關係組合為主，轉變為宗族關係組合為主。其他的變化多是由此派生的。

　　從以上比較研究，可以看出台灣移民社會區別於大陸傳統社會、美國移民社會和台灣定居社會的種種特點，其中最基本的特點是：（一）居民主要是從福建、廣東兩省遷來的移民；（二）居民以不同祖籍的地緣關係進行組合；（三）社會處在組合過程中：社會結構簡單，社會秩序混亂，豪強稱雄，文化落後。

　　從移民社會轉變到定居社會，上述基本特點都發生了變化。

　　台灣移民社會既有大陸（主要是閩粵）社會的許多特點，又有在新的環境下產生的當地特點。它既不是中國傳統社會簡單的移植和延伸，又不是與大陸完全不同的社會。它在清朝政府管轄之下，一方面不斷地

---

[27] 見本書第 264-265 頁
[28] 見本書第 103－104 頁。

接受大陸的影響，一方面不斷地擴展自己的特點。

　　＊本文提交 1988 年 1 月在台北舉行的「第一次台灣史研究學術討論會」，由台灣學者代為宣讀。

　　說明：本文的注所謂「見本書」是指陳孔立著：《清代臺灣移民社會研究》（增訂本），九州出版社，2006 年。

臺灣移民社會向定居社會發展的模式

歷史學家和社會學家對於清代台灣社會發展的趨勢，提出了不同的看法，即「土著化」和「內地化」的論爭。近來有些學者重提這個問題，引起了我的興趣。

台灣有些學者認為這個爭論無法取得公認的看法，例如，許雪姬指出：「歷史學者比較偏重用『內地化』這個名詞，但是民族學者他們用『土著化』，然而二者間似乎都無法取得一個公認而有理的說法，有的人索性便捨二者不用。」黃富三認為二者所談的對象不同，「李國祁教授所談的內地化根本是以『地』當作對象，就是台灣這個地方原本不是中國文化區，現在逐漸趨向於與中國大陸一樣，這與社會基本的建立有關。而民族學者談的是，漢人本身在移民到台灣之後，過去認同的是祖籍，而現在則認同台灣是我的故鄉，他們談的是漢人逐漸的與土地認同。所以，我覺得雙方一開始所談的問題就不是同一個 point，如此不論如何爭論都不會有什麼結果」[1]。有的學者或是對爭論雙方提出批評，或是提出折中的意見，例如，尹章義提出：「在我看來，無論是『內地化』或『土著化』雙方都是在掌握少數個案的情況下，就很倉促提出的理論。都是以偏概全的看法。……二者都忽略了『內地化』和『土著化』的同時所具有的『反內地化』和『反土著化』的傾向」[2]。張玉法認為，有人強調台灣的區域性，有人強調台灣與中國的共通性，「實際上，兩種理論實為一體兩面，只要雙方不受中國意識或台灣意識的情節所支配，兩種不同的理論，恰可使歷史面貌更易呈現」[3]。

1986 年 12 月陳其南在香港大學舉辦的「台灣歷史國際學術會議」上提出《台灣本土意識的形成及其含意》，重申了《土著化與內地化：論清代台灣漢人社會的發展模式》一文的論點；1987 年 3 月陳其南所著《台灣的傳統中國社會》在台灣出版。這兩種論著都沒有對上述意見

[1]　《在學術工程上建立台灣史》，台灣《中國論壇》254 期，1986。
[2]　尹章義：《開拓台灣史研究的方法與視野》，台灣《台灣風物》36 卷 2 期，1986。
[3]　張玉法：《對台灣史研究的一些省思》，台灣《自立晚報》1987.3.23。

做出答覆。

　　土著化和內地化的關鍵和實質何在？清代台灣社會的「發展模式」究竟如何？本文試圖對爭論雙方加以評價，並且提出一些自己的見解。

「內地化」和「土著化」的論爭

　　為了便於討論，我試圖從第三者的角度，簡要地介紹雙方的觀點。

　　「內地化」最早是 1975 年由李國祁教授提出的[4]，其主要論點是：

　　一、清代台灣發展的趨向是內地化。「台灣移墾社會的轉型，主要是一種內地化運動，即台灣的社會變遷在取向上以中國本部各省的社會型態為目標，轉變成與中國本部各省完全相同的社會」[5]。

　　二、內地化和現代化的進程是合而為一的。「（清季）台灣社會結構與價值取向的變更，正如同其政治現代化，是以內地化為其內涵的」[6]。「（台灣）社會變遷的歷程是由移墾社會轉變為我國本部的傳統社會，內地化逐成為其社會現代化主要的重心」[7]。

　　三、內地化的結果是台灣成為中華文化的文治社會。「由粗放的移墾社會型態走向文治，由畛域互異的地域觀念走向民性融合，以士紳階級為領導階層的統一社會」[8]。這個文治社會「對母體文化產生強大的向心力與凝聚作用」[9]，「中華文化徹底在此生根成長」[10]。

　　至於「內地化」的動因，或台灣從移墾社會轉變為中國傳統社會的原因，李先生認為一方面是自然因素，即移墾社會向移墾者的母體社會

4　李國祁：《清代台灣的政治近代化—開山撫番與建省（1875-1894）》，台灣《中華文化復興月刊》8 卷 12 期，1975。

5　李國祁：《清代台灣社會的轉型》，第 138 頁，台灣《中華學報》5 卷 3 期，1978。

6　李國祁：《中國現代化的區域研究—閩浙台地區，1860-1916》，第 576 頁，台北，近代史研究學所出版，1982。

7　同 6 第 621 頁。

8　同 5 第 158 頁。

9　同 5 第 147 頁。

10同 8。

看齊，以母體社會為標準進行重建[11]，此外，經濟的繁榮以及由此所造成的人口流動，市鎮興起，民性融合，「從此地域性的械鬥逐漸絕跡，以血緣關係為主的宗教制度緩慢建立，移墾社會的特徵逐漸消逝殆盡」[12]；另一方面是人為因素，其中「以傳統文教制度的建立，影響最大」[13]。因此，李先生認為社會轉型的時間在 19 世紀 60 年代，他說：「1860 年的台灣開港在社會變遷上亦應被視為移墾社會轉型的分野線」[14]。

「土著化」是由人類學者提出來的，以陳其南和他的導師李亦園、王崧興教授以及莊英章等為代表[15]，他們的主要論點是：

一、清代台灣漢人社會的發展模式是「土著化」。「整個清代可以說是來台漢人由移民社會走向『土著化』變為土著社會的過程。……建立在本地地緣和血緣關係上的新宗族和宗族團體取代了過去的祖籍地緣和血緣團體」[16]。

二、劃分移民社會和土著社會的標準是社會群體構成的認同意識。「在前期的『移民社會』中，緣於大陸的祖籍亦是扮演著最重要的角色，而反映在不同祖籍群之間的分類械鬥事件上。後期的土著化過程則以建立在台灣本地的地緣和血緣意識為新的社會群體的認同指標」[17]。

三、「土著化」的結果是台灣社會與中國本土社會「逐漸疏離」。移民社會「是中國大陸傳統社會的連續和延伸」，而「到了後期才與中國本土社會逐漸疏離」[18]。「土著社會的特徵表現在移民本身對於台灣本土

---

[11]同 5 第 147 頁。

[12]同 6 第 597 頁。

[13]同 5 第 148 頁。

[14]同 12。

[15]陳其南：《清代台灣漢人社會的結構變遷》，《民族學研究所季刊》49 期，1980；《土著化與內地化：論清代台灣漢人社會的發展模式》，《中國海洋發展史論文集》，1984；《台灣的傳統中國社會》，台北，1987。李亦園：《台灣傳統社會制度的源流》，《中國的台灣》，1980。王崧興：《論地緣與血緣》，《中國的民族、社會與文化》，1981，等等。

[16]陳其南：《清代台灣漢人社會的結構變遷》，《民族學研究季刊》49 期，第 116 頁。

[17]陳其南：《土著化與內地化：論清代台灣漢人社會的發展模式》，《中國海洋發展史論文集》，第 337 頁，台北，中研院三民所出版，1984。

[18]同 17 第 361 頁。

的認同感，不再一味地以大陸祖籍為指涉標準」[19]，「逐漸拋棄祖籍觀念」，「從傳統的封建的祖籍分類意識中解放出來」[20]，而「以現居的聚落組織為其主要之生活單位」[21]。

　　他們著重從分類械鬥的變化和宗族的形成這兩個方面來論證「土著化」的過程。簡單地說，「用來確定此種變遷方向的兩種指標是：祖籍人群械鬥由極盛而趨於減少，同時本地寺廟神的信仰則形成跨越祖籍人群的祭祀圈；宗族的活動則由前期以返唐山祭祖之方式逐變為在台立祠獨立奉祀」[22]。陳其南認為「漢人社會越是歷史悠久而社會越是穩定，就越傾向於以本地的地緣和宗族關係為社會群體的構成法規」，台灣漢人社會逐漸定著以後，便是按照這個趨向而走向土著化的[23]。至於社會轉型的時間，王崧興認為「清代中葉以後，或者更確實地說，在 19 世紀中葉以後，台灣漢人社會自從前的移民社會邁入到另一個階段—土著社會」[24]。

　　從以上介紹可以看出「土著化」和「內地化」兩種觀點的基本分歧。關於分歧的關鍵，可以從陳其南對「內地化理論」的評論中看出來，主要有以下幾點：

　　一、對清代前期台灣社會與大陸的關係，對劃分前後兩個社會的標準，有不同的看法。

　　二、陳其南認為「內地化理論的提出必須在前提上先認定台灣在內地化以前是一個『非內地型』的社會，而土著化理論則以土著化前的台灣社會在心態上仍認同於內地祖籍，而為內地社會的連續或延伸」[25]。

　　是的，內地化論者詳細地考察了移墾社會的特點，李國祁從人口增加迅速，男女比例懸殊；家庭成員眾多，婚姻困難，養子之風盛行；家

---

[19] 同 17 第 338 頁。

[20] 同 17 第 344 頁。

[21] 陳其南：《台灣的傳統中國社會》，第 171 頁，台北，允晨文化公司，1987。

[22] 同 17 第 362 頁。

[23] 同 21 第 125 頁。

[24] 王崧興：《論地緣與區緣》，台灣，《中國的民族、社會與文化》，第 28 頁，1981。

[25] 同 17。

族制度為普遍建立，地緣成分重於血緣；流浪漢充斥各地，械鬥叛亂時起；社會上權力階層大多是豪傑之士，大墾戶擁有大量土地和資財等方面，說明台灣社會在 19 世紀以前存在「豪強稱雄、文治落後」的狀況，「與中國本部各省，恰成兩種迥不相同的狀況，……表現出移墾社會的特徵」[26]。顯然，這主要是從社會型態和文化方面來比較台灣和大陸的區別，上述現象證實是存在的。實際上，在清代前期，台灣作為一個移民社會，它不可能把大陸上的一切都立即移植過來，移植要有一個過程，因此台灣社會就不能不產生它的特殊性。特別是社會結構方面，移民按地緣關係聚居在一起，和大陸上聚族而居就不相同，從而產生的「分類械鬥」和大陸上的宗族械鬥也不相同。台灣需要經過若干世代的相傳才能出現聚族而居的現象，出現宗族制度，消除分類械鬥之類的特殊現象。所以，就台灣移民社會的各種特殊性而言，說它是一個「非內地型」的社會也無不可。

　　土著化論者考察台灣社會與大陸的關係，劃分移民社會和土著社會的標準，其著眼點與內地化論者不同。陳其南指出「劃分這兩個階段的標準是社會群體構成的認同意識」[27]。接著，他又提出兩個具體的指標：「用來確定此種變遷方向的兩個指標是：祖籍人群械鬥由極盛而趨於減少，同時本地寺廟神的信仰則形成跨越祖籍人群的祭祀圈，宗族的活動則由前期以返唐山祭祖之方式漸變為在台立祠獨立奉祀」[28]。這裡所提出的「標準」「指標」，無疑是作者的獨到見解。問題在於：區分移民社會和定居社會能不能只用「認同意識」作為標準？兩個具體的指標所提出的歷史現像是在什麼時候出現的？對於這些問題，我們將在下一節裡進行討論。

　　土著化論者根據上述標準得出的結論是：台灣移民社會中移民的心態是中國本土的延伸和連續，而到了土著社會就和中國本土社會「逐漸

---

[26] 同 5。

[27] 同 21 第 157 頁。

[28] 同 21 第 178 頁。

疏離」了[29]。而內地化論者的看法則相反，他們認為台灣移民社會與中國傳統社會「完全不同」，而到了定居社會便「與中國本部各省完全相同」了[30]。據我的理解，這就是分歧的關鍵所在。更明確地說，清代台灣社會演變的結果（即從移民社會向定居社會發展），與大陸社會的關係究竟發生什麼變化？是更接近、更一致，還是更疏離？這是擺在我們面前的一個重要問題，所有參與討論的人，都必須做出明確地回答。

　　二、兩種理論的出發點不同，所涉及的對象也不同。這是陳其南先生的看法。他在論及出發點時寫道：「內地化以中國本土為出發點，土著化則以台灣本地為出發點」[31]。其實，這兩種理論都是探討台灣社會和大陸社會的關係問題，內地化是相對於「非內地化」而言的，土著化是相對於「非土著化」而言的。因此，要研究這個問題，就必須把台灣和大陸聯繫起來考察，不可能只從一方面出發。說內地化理論是以中國本土為出發點，不知道李國祁教授是否同意這個看法？據我看，李教授卻是認認真真地全面地考察了台灣社會本身的特點，同時把它和大陸社會聯繫起來考察，從而看出臺灣社會的發展趨勢。說他只以「中國本土為出發點」，似乎並不切合實際。陳其南先生還提到內地化理論是「以政治層面為出發點」[32]。是的，李教授強調了政治現代化和內地化的關係，陳先生則「主要是透過社會結構、族群關係和人群認同意識的分析來闡明清代台灣漢人社會的轉型過程」，而不涉及「政治層面」的問題，這是他們之間的一個重要差別。但是，正如陳先生所說的，「內地化理論企圖涵蓋的面相當廣，幾乎遍及社會、人口、政治、宗教、親屬、教育和習俗的各個層面」[33]。實際上，李教授在 1982 年出版的《中國現代化的區域研究—閩浙臺地區，1860-1916》一書中，就是從政治、經濟、社會三個層面來論述他的內地化主張的。所以李先生並不僅僅以政治層

---

[29] 同 28。

[30] 同 5 第 131、138 頁。

[31] 同 21 第 179 頁。

[32] 同 21 第 161 頁。

[33] 同 21 第 178 頁。

面為出發點。

在論及對象時，陳先生指出：「基本上，『內地化』理論是以台灣之所有各族群為對象的，而『土著化』理論則是針對漢人社會而言」[34]。又說：「只有漢人移民社會在觀念上才需要在台灣土著化為台灣社會。至於高山族與平埔族本來就是台灣的土著社會，只有漢化問題，而無所謂土著化的問題」[35]。我同意這樣的看法：研究台灣社會的轉型，重點應當是研究漢人社會，因為它是台灣社會的主體部分，而先住民的社會則是和移民社會完全不同的社會。李教授在他的論著中用相當的篇幅論述了原住民族的內地化問題，但我認為他所討論的重點是台灣漢人社會的轉型問題，陳其南先生也承認：「李教授後來的論文……以漢人社會為主要對象」[36]。所以，所謂對象不同並不是一個重要的分歧。

總之，據我看，這兩種理論分歧的關鍵在於對台灣社會與大陸社會的關係存在不同看法，這是主要的一點。其次，上述不同看法是和他們對社會變遷的「指標」的理論有關的。土著化論者主要從「心態」的轉變來考察，即「先認定初期的漢人移民之心態是中國本土的延伸和連續，到了後期才與中國本土社會逐漸疏離而變成以台灣本地為認同之對象」，或者說「土著化概念是一個有關社會群體認同或地緣血緣等心態上的轉變過程」[37]。內地化論者則從多方面的因素來考察社會的轉型。換句話說，研究問題的方法和角度，是另一個重要的分歧。

幾個主要論點的討論

內地化和土著化兩種理論在闡明各自的觀點時，提出了一些重要的論點，彼此看法不同。在這裡，我準備就「土著化」論者的幾個主要論點進行討論，提出一些不同的看法。陳其南先生指出，土著化理論用來

---

[34] 同 32。
[35] 同 32。
[36] 同 21 第 163 頁。
[37] 同 33。

解釋從移民社會到土著社會的變遷方向有兩個指標：「祖籍人群械鬥極盛而趨於減少，同時本地寺廟神的信仰則形成跨越祖籍人群的祭祀圈；宗族的活動則由前期以返唐山祭祖之方式漸變為在台立祠獨立奉祀」[38]。以下分別從陳先生所提出的「分類械鬥、宗族和寺廟組織之演變」這三個方面進行討論。

一、分類械鬥的演變

內地化論者認為，台灣的械鬥是從地緣械鬥（即分類械鬥）向血緣械鬥（即宗族械鬥）演變。李國祁教授指出，「同治四年（1865）以後，台灣的械鬥業已轉型，由以移墾原籍地緣為中心的械鬥，而轉變為以宗族為主的血緣械鬥」[39]。

土著化論者則認為是從分類械鬥轉變為同籍械鬥，即「地方性的衝突」和「同籍人互相械鬥」[40]。李亦園教授更明確地指出：「在定居後的社會，農民們也會因水源、土地的糾紛而產生『同籍械鬥』的事，所謂同籍械鬥就是一同祖籍的人分別定居在鄰近地區，期間因利益的衝突而爭執，逐漸變成為以現居地為團結原則的兩群體之爭鬥。這種以現居地為團結原則的同籍人之爭執在早期歷史上幾乎是不可能的，只有在定居較久的情況下才逐步發展成功，所以這是『土著化』最明顯的表現」[41]。

分類械鬥究竟朝什麼方向演變？我們可以從它的發展過程做一個考察。台灣械鬥以咸豐年間頂下郊拚和漳泉械鬥為界線，可以劃分為兩個階段，前者以不同祖籍的分類械鬥為主，後者以宗族械鬥為主。在前期，除了分類械鬥之外，已經出現幾次同姓械鬥、異姓械鬥和伕頭械鬥，例如，乾隆五十一年諸羅楊光勛、楊媽進兄弟爭財起釁，結黨謀鬥；嘉慶二十一年台南大崙蔡姓與前埔蔡姓爭挑械鬥，毀壞佛頭港房屋；道光

---

[38] 同 33。

[39] 同 5 第 141 頁。

[40] 同 21 第 113 頁。

[41] 李亦園：《台灣傳統社會制度的源流》，《中國的台灣》，第 319 頁，台北，中央文物供應社，1980。

十年噶瑪蘭福興、和興二幫互鬥，道光二十二年雲林四湖三條崙吳紀二性械鬥。另據莊英章先生調查，在南投林圯埔一帶，「道光年間以後常有不同姓氏的械鬥，諸如後埔仔曾姓與後溝坑黃姓的械鬥；後埔仔陳姓與楓子林莊姓的械鬥」[42]，儘管未說明具體年代，但可以說，在前後兩個階段的交界時期，發生過上述異性械鬥。在後期，基本上都是宗族械鬥，例如，同治年間台南蘇黃二姓械鬥；嘉義柳仔林等莊吳黃二姓械鬥；麻豆社謝、方、王、李等姓互鬥[43]；彰化西螺等地廖姓對李、鐘二姓械鬥，噶瑪蘭羅東林姓與陳、李二姓械鬥；光緒年間台南中洲陳姓與頭港吳姓械鬥；鳳山林姓同族械鬥；鹿港橋頭陳施二姓械鬥；雲林四湖羊稠厝吳姓與內湖吳姓械鬥；學甲黃姓與陳姓械鬥等。但後期也發生過個別分類械鬥事件，例如，同治二年、光緒元年鳳山閩粵械鬥[44]。總的說來，在定居社會中，械鬥形式已經轉變為以宗族械鬥為主了。

那麼，應當怎樣看待「同籍械鬥」呢？它是否表明台灣居民不再以大陸祖籍關係進行組合，而轉變為「以現居地為團結原則」，並「逐漸拋棄祖籍觀念」呢？應當說，定居以後人們對現居地逐漸建立感情，進而認同當地，這是很自然的事。經過幾代相傳以後，人們往往自稱為彰化人、嘉義人或淡水人。但是，直到清代後期，「以現居地為團結原則」的新的地緣關係還沒有形成。就以陳其南所列舉的兩個事例來說，同治年間宜蘭平原的西皮福祿之鬥，的確是「一種特殊的分類意識」[45]，它是以西皮、福祿兩種樂曲派別進行分類的，但是它並不是一種「地方性的衝突」，也不是「以現居地為團結原則」的械鬥。至於光緒年間苗栗的同籍械鬥，據張菼先生研究，它是一個粵籍客家人的分莊械鬥事件，「一個是以芎中七隘隘外新墾區以吳氏族眾為核心的新雞籠莊，一個就是隘內的不知以何人為首的芎蕉灣、中心埔、七十分三個莊」之間的械

---

[42]庄英章：《台灣漢人宗教發展的若干問題》，《民族學研究所集刊》36期，第131頁注(1)。
[43]曾元福奏折，同治三年十一月二十五日，軍機處錄副。
[44]丁曰健奏折，同治二年十二月三十日，軍機處錄副。《台灣慣習紀事》2卷6期，第13頁。
[45]同21第113頁。

門[46]。儘管現在尚未查明與吳姓敵對的是什麼姓氏，但估計是一次異姓械鬥，即宗族械鬥。如果認為這是「以現居的聚落組織」為單位的械鬥，那麼其認同對象只不過是一個莊或三個莊。這樣的「新的地緣團體」未免太狹窄了。實際上，大量宗族械鬥的事實，說明瞭當時認同宗族超過了認同現居地。

所謂同籍械鬥，主要是同一祖籍中不同宗族之間的械鬥。上述羊稠厝吳姓械鬥，雙方各集黨友，連及飛沙、三姓寮、三塊厝、規子山等莊；學甲黃謝械鬥時，黃姓通函全省同姓，要求予以支援，這就超出了同一祖籍的範圍，也不是以現居地為團結原則。這種宗族械鬥同大陸上最常見的械鬥形式是一致的。陳其南也說：「清代下半葉，台灣漢人宗族發展的結果，甚至發生了類似華南地區的異姓械鬥事件。這樣的發展幾乎有點像華南宗族社會的翻版了」[47]。既然是「翻版」，照理應當推出台灣社會「內地化」的結論，但是陳先生接著說，「他即是說台灣的漢人社會已從移民社會轉變為典型的土著社會」。如果「土著社會」指的是定居社會的話，這種看法是對的；如果只的是「非內地化」，那就很難說得通了。

從分類械鬥演變為宗族械鬥，是和社會結構的變化密切相關的。拙作曾經指出「隨著台灣社會經濟的發展，社會結構發生變化—從以地緣關係組合的社會群體為基礎，轉變為以宗族組織為基礎，即從移民社會轉變為定居社會。換句話說，移民社會的特點逐漸減弱，中國傳統社會的各種特點日益顯現，這樣，產生分類械鬥的社會條件也就逐漸消失，並且逐漸為大陸上常見的一般械鬥所取代。台灣社會更加大陸化了。」[48]

二、宗族關係和血緣、地緣關係的演變

---

[46]張菼：《同籍械鬥的吳阿來事件》，台灣《台灣文獻》20 卷 4 期，第 130 頁。

[47]同 21 第 143 頁。

[48]見本書第 264 頁。

　　李國祁指出，19 世紀五六十年代台灣已經建立了宗族制度，「地緣性結合關係漸為血緣性所取代」[49]。陳其南則認為「很難說清代台灣社會的轉型是地緣聚落走向血緣村落。……土著化以前的血緣宗族是以大陸祖籍之宗族或祖先為基礎的，以後則以在台灣繁衍出來的後代為基礎。……而地緣意識也見於早期和晚期，只不過是地緣認同對象由大陸原居地轉型為台灣本土的過程」[50]。他指出，台灣宗族是「隨著土著地緣組織的形成」而發展起來的，這是「台灣漢人移民在台重建其宗族組織的過程」，其特點是從回本籍祭祖轉變為在台灣建立祀堂，從祭祀唐山祖轉變為祭祀來台的開基祖。

　　這裡需要討論兩個問題：

　　第一，19 世紀後期，台灣有沒有產生從回本籍祭祖或祭祀唐山祖到祭祀開台祖的轉變？黃應貴先生指出，陳其南的上述看法「只是依賴幾個選擇過的個案，而不是由當時的宗族組織之系統分析歸納而來」；現存的大宗族，如大村賴姓、社頭劉姓、社頭與田中的蕭姓、田中與二水的陳姓等「就只提它的祖籍基礎而非開台祖」；「陳奇祿先生曾經指出，許多供奉開台祖的祠堂是日據後無法回大陸祭祀才設立的」[51]。此外，陳紹馨先生也曾指出，大陸移民「即使他們在台灣買下田產並住了下來，他們也會和家鄉的親人經常保持聯繫。這種關係一直到日本殖民統治時期才被打斷」[52]。尹章義教授研究了許多族譜，他指出，晉江鑒湖張氏「在雲林、臺北都有宗祠，他們回晉江抄錄族譜，他們從晉江迎祖靈到台灣」；漳州龍溪曹氏在台灣板橋定居，「但是他們至今仍然努力建立自己的族譜，仍以『雁門』作為堂號」；霧峰林家「世世回大陸去」，民國 25 年（1936）「林氏修譜且以『西河』為堂號」。尹先生以此說明「在台灣建立新的宗祠和祭祀組織是為了延續大陸的宗族結構，而不是另起爐灶成立一個新家族」，陳其南所說「好像細胞分裂作用，形成兩

---

[49] 同 5 第 141 頁。
[50] 同 21 第 170 頁。
[51] 黃應貴：《光復後台灣地區人類學研究的發展》，《民族學研究所集刊》55 期，第 123 頁。
[52] 陳紹馨：《台灣的人口變遷與社會變遷》，第 499 頁。

個獨立而相似的個體一樣」的宗族結構,「應當是日據時代才可能萌芽,再經歷光復以後 30 餘年的隔絕,部分清代早期移民在音訊難通的情況下,才有可能形成」[53]。根據一些學者的研究,直到現代,台灣各地祠堂、公廳、家廟所供奉的,既有渡台始祖,也有唐山祖。

　　在大陸方面,福建省南靖縣提供了以下資料:1928 年台灣彰化縣書山派蕭氏捐款回南靖縣書洋鄉修建祖墓;1933 年台中員林郡田中莊蕭姓寫信到南靖縣金山鄉湧山村要求寄去族譜;1903 年南靖縣梅林鄉魏姓遷居台灣的後裔在祖籍購置祭祀業田六段,年收租谷 26 石 7 斗;1870 年台南張石敢後裔回南靖縣書洋鄉塔下村探親祭祖,並按祖祠「德遠堂」的建築格式在台南建造家廟[54]。可見在清朝末年,甚至在日據時期,還沒有完全從祭祀唐山祖轉變為祭祀開台祖,也沒有形成「拋棄祖籍意識」、「移向來台開基祖派下的典型宗族」。

　　第二,血緣結合是否取代了地緣結合?可不可以把它當作宗族制度形成的標誌?台灣各個宗族是先後形成的。早在清朝前期就有宗族聚居的情形,例如,康熙年間的《諸羅縣志》、《鳳山縣志》就有同居數世的紀載。雍正、乾隆年間台灣縣陳鵬南一家就是「四世同居,食指數千」[55]。當然,多數移民是在乾隆、嘉慶年間遷移入台的,經過若干代的繁衍才形成宗族。莊英章先生指出,「以血緣關係為基礎的宗族組織是移民的第二階段(按,指嘉慶、道光年間)發展的結果,竹山的 12 個宗族中只有林圯埔的林崇本及陳五八祠堂等兩個宗族在乾隆時代成立,其餘的宗族都是嘉慶時代以後才成立的」[56]。在嘉道年間,台灣地緣性結合的關係還很強大,所以宗族的形成並不是完全和「血緣性結合取代地緣性結合」相一致的。到了咸豐以後,地緣關係日益削弱,血緣關係有所增強,宗族群體也得到發展。王崧興教授指出,「在台灣漢人社會,

[53]尹章義:《台灣意識試析—歷史的觀點》,台灣,《中國論壇》289 期,1987。

[54]《南靖文史資料》,第 8 輯。

[55]謝金鑾:《台灣縣志》,「行誼·陳鵬南傳」。

[56]同 42 第 131 頁。

以血緣為基礎的宗族群體，要等到土著社會時期才紛紛建立」[57]，可能是指大部分宗族是在 19 世紀中葉以後才形成的。應當指出，台灣有些宗族並不是建立在純血緣的基礎上，而往往是由來自同一祖籍的同姓者所組成的。在乾隆年間有這樣的紀載：「台鮮聚族，鳩金建祠宇，凡同姓者皆與，不必其同枝共派也」[58]。施振民先生引述莊英章先生在竹山的研究時指出，「12 個宗族中有一半並非建立在純血緣的基礎上，而是在同一地區的同姓墾民為了團結和抵抗外來侵略共同建立祭祀公業……。台灣漢人移民在缺乏血緣世系群基礎的情況下透過『契約關係』組織宗族，再依照宗族法則分支，同時以血緣關係來延續這個宗族（莊英章，1973）。因此，我們可以說雖然氏族在台灣不如閩粵農村發達，血緣宗族關係還是最基本的法則」[59]。這種情況說明台灣社會並沒有完全「以血緣性結合取代地緣性結合」，除了血緣性宗族以外，還有一種「基於血緣與地緣的基礎所組成的宗族團體」[60]。也可以說，在台灣定居社會中，隨著宗族關係的發展，以地緣關係為主的組合已經轉變為以血緣關係為主的組合了。

三、民間信仰和寺廟組織的演變

　　來自不同祖籍的移民，各自有其尊奉的主神，後來，這種狀況發生了變化，出現了一些共同尊奉的神祇。爭論雙方對這種現象都是承認的，但卻有不同的解釋。李國祁認為這是「台灣社會宗教信仰由注重地域性的小傳統走向我國共同性的大傳統之一項重要表徵」[61]，「可視為當時台灣政治與社會結構內地化的另一個面」[62]。而土著化論者則認為這是新地緣關係形成的表現，李亦園指出：「以往屬於大陸祖籍地的神祇，

---

[57]同 24。
[58]范咸：《續修台灣府志》卷 13，「風俗一」。
[59]施振民：《祭祀圈與社會組織》，《民族學研究所集刊》36 期，第 196 頁。
[60]同 42 第 122 頁。
[61]同 6 第 591 頁。
[62]同 61 第 592 頁。

逐漸超越了原來祖籍群體的範圍之上，成為新的地方神，……而形成現
居地為範圍的信仰祭祀圈」[63]。陳其南把不同祖籍的人群供奉共同的寺
廟神，看做是地緣團體建立和祖籍意識被拋棄的表現[64]。

　　陳其南在論證這個看法時，舉出了兩個實例。一個是彰化平原七十
二莊組織，一個是臺北樹林濟安宮。其實，施振民、許嘉明兩先生的研
究，都說明了寺廟和祖籍的密切關係。施振民調查彰化平原的許多廟
宇，說明「王爺和泉州人主神集中於彰化平原西部，開漳聖王出現在東
北角的彰化市，而三山國王集中員林」[65]，「主神的分佈與人群（祖籍）
佔據的地區大致相符」[66]。許嘉明的結論也一樣[67]。他們二人都論及「七
十二莊」，認為這是客家人和漳州人「超地緣或超祖籍人群的組織」。不
過這個組織有一些值得注意之處，第一，這個組織是漳客聯合對抗泉籍
的團體，在七十二莊中「從沒有泉州人聚居的村落出現」[68]，可見，以
祖籍地緣關係劃分界線仍然是很明顯的，而不是「拋棄祖籍意識」的新
地緣團體。當然，漳客二籍共同組成團體是一個新的現象，在當時也是
一個少有的特例。第二，七十二莊中的客家人聚落主神是三山國王，「以
永安宮為全體福佬客村落的象徵」；「漳州人的鄉土主祭神，跟泉州人一
樣也拜媽祖，……以天門宮為代表」[69]。二者聯合之後，究竟是共同祭
祀三山國王，還是共同祭祀媽祖，似乎還有疑問：組成七十二莊的八個
群體有八尊不同的媽祖，可見他們共同供奉的神是媽祖；但許嘉明又
說，漳客二籍「相互透過對方之鄉土神的祭祀……」[70]，似乎漳籍也供
奉了三山國王。這些情況說明共同祭祀的神祇並不重要，重要的是聯合
起來對付泉州人。再說，七十二莊的組織「從成立到自行瓦解的時間不

---

[63] 同 41。

[64] 同 21 第 117 頁。

[65] 同 59 第 201 頁。

[66] 同 65 第 202 頁。

[67] 許嘉明：《彰化平原福佬客的地域組織》，《民族學研究所集刊》36 期，第 187-188 頁。

[68] 同 67，第 183 頁。

[69] 同 67 第 184 頁。

[70] 同 67 第 184 頁。

會超過 30 年」[71]，用這樣的特例來說明問題是缺乏說服力的。

　　樹林濟安宮的例子也不足以說明新地緣團體的建立。因為它也是一個特例。保生大帝原是泉州府同安縣人奉祀的主神，在樹林（海山）地區則是由漳洲府南靖、平和縣人賴姓在康熙末年分靈而來的，後來海山莊大業戶泉州府安溪縣人張必榮患病，令其管事向保生大帝祈願，果然病癒，乃於乾隆五十三年倡建濟安宮。從此以後，海山莊八個村落的莊民都以濟安宮為信仰中心。這個事實表明，早在康熙末年各個不同祖籍的人群在信仰上就有互相交錯的狀況，即漳州府屬南靖、平和兩縣的移民也信仰泉州府同安縣人所奉祀的主神。到了乾隆末年，泉州府安溪縣人也信仰同安縣人的主神。後來擴大到八個村落，這些村落的居民來自漳州府的南靖、平和、龍溪三縣，泉州府的南安、安溪、同安三縣。在以往的基礎上，在大業戶的倡導下，出現這種現象也就不足為奇了。但是，如果要以這個例子來說明「新地緣團體的建立」和「拋棄祖籍意識」，則不符合當地的歷史實際。據王世慶先生調查，海山莊民在以濟安宮為信仰中心的同時，「一面仍維持其祖籍神明之信仰，而保持其鄉親之親睦」[72]。安溪人仍然供奉清水祖師，漳州人仍然供奉開漳聖王等等。咸豐三年頂下郊發生分類械鬥，泉州府屬的晉江、南安、惠安連同安溪四縣聯合對付泉州府屬的同安縣以及漳州人，海山的潭底公館等地遭到焚毀。這表明至少在咸豐年間在這裡還保留著強烈的祖籍意識，也還沒有建立起超越祖籍的地緣團體。用乾隆年間建立濟安宮來說明上述觀點，在時間上就不符合台灣社會的轉型過程。

　　不同祖籍的人群除了供奉各自的主神以外，逐漸形成一些共同奉祀的神祇，這的確是一個變化。這個變化和台灣社會從移民社會到定居社會的轉型是有關聯的，它可以說明不同祖籍的分類意識逐漸減弱，信仰也從地域性的小傳統走向共同性的大傳統。土地公、媽祖、關帝這一類大陸上共同遵奉的神祇被台灣社會所接受，這不能不說是更加接近大陸

---

[71] 同 67 第 184 頁。
[72] 王世慶：《民間信仰在不同祖籍移民的鄉村之歷史》，台灣《台灣文獻》23 卷 3 期，第 19 頁。

社會的一種表現。但是，媽祖和關帝之成為台灣共同尊奉的神祇則是和台灣經濟的繁榮和海上貿易的發展有關。這也可以說是台灣社會的一個特點，儘管它和閩粵沿海比較相似，而和內地則有所不同。

關於研究方法

　　不論是「內地化」還是「土著化」的理論都試圖用自己的理論框架說明清代台灣歷史發展的模式，他們的努力值得稱讚。這兩種看法都認為台灣經歷了從移民社會（或移墾社會）到土著社會（或文治社會）的轉型，都考察了宗族制度、民間信仰等對社會轉型的影響。「內地化」論者還總結了移民社會的若干特徵，考察了經濟發展、人口流動、文教事業和仕紳階級的發展對社會轉型的影響。「土著化」論者則對祭祀圈、宗族組職、械鬥以及社會結構等問題做了比較細緻的探討。他們對台灣歷史的研究做出了各自的貢獻。

　　在研究方法上，二者有所不同。李國祁主要從台灣社會本身的特徵、轉型的條件、中華文化的影響等方面進行研究，從而說明台灣社會逐步朝著內地化方向發展。他在《中國現代化的區域研究—閩浙台地區，1860-1916》一書中，對閩、浙、台分別加以考察並加以比較，但沒有把他們當作兩種不同類型的社會進行比較研究。陳其南認為「有關台灣史的研究仍未脫離中國傳統文人之學的束縛」，他試圖為「台灣史研究的社會科學化」作一些工作[73]。正如張光直教授所說：「他們廣泛地用社會人類學的觀點和方法來處理一般屬於歷史研究的問題[74]。陳先生把文獻資料和田野調查結合起來，把歷史研究和社會人類學研究結合起來，把台灣社會和大陸社會、華僑社會進行比較，從而提出對清代台灣

---

[73]同 21 第 9 頁。
[74]同 21 第 2 頁。

社會發展模式的新看法。這種看法和歷史學界有較大的差異，給台灣史研究帶來了新的氣息，可以說，這是人類學家對歷史學家的一個衝擊和挑戰。

由於歷史學和人類學在研究方法上的差異，以致各自的觀點很難為對方所接受。許雪姬指出：「目前，歷史學的研究因社會學、人類學等輔助科學學者之加入而面臨些危機。……歷史學者比較偏重用內地化這個名詞，但是民族學者他們用土著化」[75]。社會人類學者往往認為歷史學者沒有理論架構，不做田野工作；而歷史學者則認為人類學者所提出的理論框架和引用的材料往往不太符合歷史的實際。不過，實踐已經證明，歷史學如果不擺脫傳統研究方法的束縛，就很難得出有理論深度的研究成果。吸收其他學科的理論和方法，通過科技整合，走向社會科學化，應當是歷史學發展的一條重要途徑。

張光直教授指出：「把社會人類學歷史研究結合起來，一定對彼此都會有所啟發的」[76]。我相信，如果能夠發揮各門學科之所長，進行合作研究成效就會更大。至於清代台灣社會結構變遷的研究，張教授認為「這個問題的進一步探索應該採取比較研究的途徑」[77]。我很贊成這個看法，除了要把台灣社會和東南亞及其他華僑社會做比較以外，我想，把台灣社會和大陸社會進行比較也是十分必要的。

我認為在這個問題上，可以採取以下幾個研究方法：

一、把歷史研究和社會人類學結合起來，把歷史文獻和田野調查結合起來。歷史學家和人類學家互相尊重並利用彼此的研究成果。

二、比較方法。首先，把台灣移民社會和大陸傳統社會相比較，看出移民社會和非移民社會的區別；其次，把台灣移民社會和其他移民社會（包括華僑社會）相比較，看出移民社會的共同性和台灣的特殊性；再次，把台灣移民社會和後來的定居社會相比較，看出台灣社會發生了哪些變化；最後，把台灣定居社會和大陸傳統社會相比較，看出台灣社

---

[75] 同 1。
[76] 同 21 第 5 頁。
[77] 同 21 第 5 頁。

會的發展模式—究竟是土著化還是內地化，或是其他。

三、系統方法。移民社會作為一個系統，它具有整體性、相關性、互動性等特質，各個子系統或要素的變化，對其他子系統、要素乃至整個系統都會發生不同程度的作用。因此，在考察移民社會的轉型時，既要有重點地分析若干關鍵因素，也要比較全面地研究各個方面的變化，以求從總體上把握它的發展模式。

四、宏觀研究。傳統的歷史研究比較強調微觀的研究方法，但是對於某些重大課題的研究，微觀的方法顯然是不完全適用的。研究清代台灣社會發展模式這樣的課題，應當採用宏觀的方法，就是說，要從大的方面，可以說明社會轉型的方面進行研究，而暫時拋開次要的，對社會轉型影響不大的問題；要從總體上考察，抓住主流，而暫時拋開個別的、細節的問題。對本課題的研究，時間集中在清代，範圍以漢人社會為限，而暫時不研究更早的年代和土著民族的問題，這樣有助於集中討論的焦點。當然，這是一個相當大的課題，需要許多學者共同研究，集思廣益，才能取得比較完滿的解決。

移民社會的特點及其變化

如上所述，「內地化」和「土著化」分歧的關鍵之一，在於對台灣移民社會和大陸社會的關係存在不同的看法。因此，要解決這個問題，就必須先探討台灣移民社會的特點。現在我們運用比較方法，把這些特點歸納如下[78]：

一、在人口結構上，除了少數先住民以外，多數居民是從大陸（主要是閩粵兩省）陸續遷移過來的移民，人口移入增長較快，男子多於女子（在後期，性比例懸殊的狀況有所緩解）。這種情況和其他移民社會相比，是比較相似的。例如，早期美國居民多事是從歐洲來的移民。這和以土著居民為主，或以幾百年乃至上千年以前的移民所繁衍的後裔為

---

[78] 見本書第 25-29 頁。

主的定居社會有明顯的區別。

二、在社會結構上，移民基本上按照不同祖籍進行組合，形成各自的社會群體；社會的上層（如業主、富戶）多是地方上的豪強，其他居民則多是佃戶、工匠，階級結構和職業結構都比較簡單；遊民在社會上佔有相當大的比重。這和美國早期移民社會也很相似，當時不同祖籍的移民常聚居在一起，形成了英國人的市鎮以及「小義大利」、「小華沙」之類的聚居區；初期只有莊主、契約傭工和佃農，後來才出現種植園主等等。而在大陸社會裡，居民多是聚族而居的，即宗族關係起了很大的作用；社會的上層多是仕紳而不是豪強；階級結構和職業結構比較複雜；遊民的比重和在社會上的作用都不及台灣。

三、在經濟結構上，沒有形成自給自足的自然經濟，商品經濟則比較發達，農業產品的商品率較高，城鎮商業和海上貿易相當發達。這並不是移民社會固有的特點，但和大陸社會的經濟狀況相比，卻是一個顯著的特點。

四、在政權結構上，官府的力量比較單薄，無力進行有效的統治，廣大農村主要依靠地方豪強進行管理。相對來說，大陸各地的政權機構經歷了長期的統治，其統治基礎和實際控制能力要比台灣強大得多。

五、在社會矛盾方面，官民矛盾和不同祖籍移民之間的矛盾比較突出，反抗官府得起義和分類械鬥事件經常發生，在一定程度上掩蓋了階級矛盾。美國早期移民社會也發生過不同祖籍移民之間的衝突，甚至發生過流血事件。這種事情和大陸社會的宗族械鬥就不相同。台灣社會動亂的頻繁程度也超過了閩粵兩省。

六、在與母體社會的關係上，由於台灣居民多是來自閩粵兩省在語言、風俗、文化等方面和閩粵兩省一脈相承，在生產方式、生活方式上也基本相同，所以在感情上、傳統上和母體社會有著密切的關係。但是，另一方面，由於台灣移民社會還處在組合過程中，各種社會關係、社會制度、文化教育等等還處在粗放的、初級的、不完備、不穩定的階段，和母體社會還有一定的距離。美國移民社會也有類似的情形。但相比之

下，台灣移民社會與母體社會的關係更加密切，因為移民來自同一母國，他們和母體社會不僅有文化上、感情上、傳統上的關係，而且有主權上、政治上的隸屬關係和管轄關係。

考察了台灣移民社會的特點以後，我們就可以探討台灣社會是怎樣轉型的。這裡我們暫且不談轉型的具體過程，而通過把移民社會和後來的定居社會相比較的方法，看看移民社會的特點究竟發生了哪些變化。根據上文的討論，我們可以歸納出如下幾個方面的變化：

一、居民由以移民為主轉變為以移民的後裔為主。這一點可以從不同時期的人口增長率得到說明。據筆者估算，1782-1811 年台灣人口年增長率為 26.4%，1811-1840 年降為 8.7%，1840-1905 年在降為 3.4%，可見人口移入增長的高潮是在乾隆、嘉慶年間[79]。到了定居社會，台灣居民的大多數已經是移民的後裔了。

二、社會結構由以不同祖籍的地緣關係為主的組合，轉變為以宗族關係為主的組合。在階級結構和職業結構上也變得複雜了。基本階級仍然是地主階級和農民階級，但除了原有的業主、富戶、佃戶、工匠以外，隨著經濟的發展和商業的繁榮，各種職業日益完備。根據寫於日據時代、記述清末情況的《安平縣雜記》所開列的職業，就有士、農、工、商四大類以即吏書、兵役、肩挑背負、巫、醫、僧、道、山、命、卜、相、娼、優、隸卒、婦人等類，其中各種工匠如銅匠、鐵匠、裁縫、繡補、瓦窯、鑄犁頭、銀店、牛磨、染房、修理玉器、織番錦、馬鞍店、做頭盔、草花店、釘秤、做藤、塑佛、煮洋藥（鴉片）、焙茶、做釣鉤等行業的「司阜」（師傅）竟有 101 種之多，這說明職業分工複雜化了。同時，隨著市鎮的興起，遊民多流向經濟作物區和手工行業，遊民在人口中的比重逐漸降低了[80]。

以上兩點是台灣社會的主要變化，此外，政權結構從不健全到相對健全；領導階層從豪強之士轉變為仕紳階級；市鎮興起人口流動打破了

---

[79] 見本書第 103-104 頁。
[80] 見本書第 139-140 頁。

畛域，融合了民性；尊奉神祇漸趨統一，中華文化的影響不斷加強等等；都可以看做是社會轉型的具體表現。李國祁教授的論著對此已經做了詳細的論述[81]，這裡就不多說了。

　　綜上所述，我們可以看出，從移民社會到定居社會，台灣社會的面貌發生了相當大的變化。這裡需要討論的是：促使發生這些變化的原因是什麼？從移民社會轉變為定居社會的主要標誌是什麼？

　　關於轉型的原因，李教授指出：宗族制度的成長、尊奉神祇的漸趨統一、北部經濟的繁榮以及所造成的人口流動是台灣社會轉型的「自然因素」，而傳統文教制度的建立、仕紳階級的建立以及地方官員的努力則是促使社會轉型的「人為因素」。

　　我認為台灣社會轉型是一個自然的過程，是移民社會的各個特點逐漸削弱而為定居社會的特點所取代的過程。要研究轉型的原因，就必須考察移民社會各個特點的變化，從中看出究竟是哪些因素促成了這些變化。移民社會作為一個整體系統，各個子系統之間發生互動作用，不僅在經濟、政治、意識形態這三個子系統之間存在互動關係，而且在這三個子系統內部的各個要素之間也存在互動關係。例如，各地移民經過世代繁衍在台灣定居下來，親屬之間的血緣關係逐漸超過了同一祖籍的地緣關係，於是宗族逐漸建立，接著，大陸上的宗族制度、與此相關聯的族產和祭祀方式等風俗習慣，以及傳統的鄉族結構、仕紳階層、科舉制度、文化思想等等就更加完備地移植過來了。社會結構的變化和人口的繁衍，也促進了經濟的發展。隨著商品經濟（主要是米、糖、茶葉、樟腦等）的發展，人口流向經濟作物區和手工行業。於是市鎮更加繁榮，職業分工日益複雜，人際關係也發生變化，互相交往，互相通婚，打破了原有的地緣性結合，分類械鬥的現象也就逐漸減弱、消失，遊民的比重和作用也逐漸降低。經濟的發展既促進了社會結構的變化，也促進了文化的提高。教育事業有所發展，科舉功名受到重視等等。這裡所說的人口繁衍和流動、宗族制度的建立、傳統文化的移植、經濟的繁榮的發

---

[81] 同 5、6。

展等等，對移民社會來說，都是一些「破壞因素」，它們成為促使移民社會轉型的力量，而這些力量之間存在著互動關係。經濟的發展促進了社會結構的變化和文化水平的提高；社會結構的變化促進了傳統文化的移植和傳播，也促進了經濟的發展；文化的進步也對社會結構的變化和經濟的發展發生作用；當然，上述這些變化和政治統治的加強之間也有著相互的作用。台灣移民社會就是在各個子系統的不斷發展中，在互相「破壞」原有的特點、互相促進新特點的產生的過程中，逐漸地被定居社會所取代的。當然，應當指出，在這些變化中經濟的發展起了重要的作用。同時，這些變化也受到整個歷史發展的影響。例如，外國資本的侵略對於促使清政府加強對台灣的統治以及台灣經濟、文化、社會各方面的變化，都發生了一定的影響。總之，促使台灣社會轉型的因素是多方面的，正是多方面的因素的互動作用，促成整個社會的轉型。

那麼，從移民社會轉變為定居社會的標誌是什麼呢？李國祁沒有使用「標誌」「指標」的概念，不過他把「家族制度與仕紳階級的形成」看作是台灣社會的兩大變遷[82]。陳其南則明確提出了上面引述的兩個指標，即分類械鬥趨於減少，跨祖籍的祭祀圈的形成；從祭祀唐山祖轉變為祭祀開台祖。根據上文的討論，可以看出，從祭祀唐山祖轉變為祭祀開台祖，至少在清朝末年還沒有普遍出現。至於宗族制度和仕紳階級的形成，也很難劃出一個大致上的時間界線。

我認為社會結構以祖籍地緣關係為主進行組合，是台灣移民社會的一個本質特徵。這個特徵的變化，是社會轉型的根本標誌。根據陳其南、莊英章的研究，大約 1860 年以後，台灣的宗族組織日益發展，「祭祀公業」大量設置[83]，以「鬮分字為基礎所組成的血食嘗」相繼成立[84]，這都是社會結構轉變為以宗族關係為主進行組合的表現，也可以說是社會轉型的主要標誌。在這個前提下，與社會轉型相關聯的某些歷史現象，

---

[82] 同 6 第 569、577 頁。

[83] 同 21 第 138 頁。

[84] 莊英章、陳運棟：《晚清台灣北部漢人拓墾型態的演變》，見瞿海源、章英華主編：《台灣社會與文化變遷》上冊，第 36 頁，「中央研究院」民族學校，1986。

如宗族械鬥逐漸取代分類械鬥，超越祖籍人群的祭祀圈的出現，以及移民社會其他特點的變化，都可以作為社會轉型的次要標誌。

發展模式的設想

清代台灣社會的發展模式究竟是怎樣的？是土著化還是內地化，或是還有其他更加確切的表達方式？要回答這個問題，必須把台灣的定居社會（或稱土著社會、文治社會）和大陸的傳統社會加以比較，看看它們是更加接近，更加相同，還是更加疏離，更加孤立？

1860 年以後，台灣社會發生了這樣的變化：社會結構從以地緣關係為主的組合轉變為以宗族關係為主；械鬥形式從分類械鬥轉變為宗族械鬥；階級結構、職業結構從簡單變為複雜；人口結構從以移民為主轉變為以移民的後裔為主，男女比例趨於一致；政權結構有所加強，直至建立行省；科舉制度逐步完善，仕紳階級成為社會的領導階層；中華文化的影響不斷加強。同時，由於受到外國資本入侵的衝擊，開始興辦了新式工業和企業，產生了工人階級和資產階級，農業、商業和對外貿易有所發展，人口逐步流向市鎮，社會觀念、價值觀念開始發生變化等等。所有這些現象都表明了台灣社會和大陸社會更加接近，更加趨同了。也可以說，台灣社會的某些變化是和大陸沿海地區同步發生的。

但是，另一方面，大陸移民逐漸定居下來，移民的後裔逐漸轉化為土著居民，對現居地的感情日益加深；分類意識有所下降，不同祖籍的移民走向融合；認同台灣和認同祖籍同時存在，和以往只認同祖籍的狀況有所不同；居民之間在經濟上的關係也日益密切，而台灣與大陸之間的經濟聯繫則有所削弱，外國商品輸入台灣，逐步取代了大陸的日用土貨，台灣稻米輸往大陸的數量逐漸減少，「出現了將台灣市場從全國市場的有機整體中分離出去的傾向」[85]。

我們把台灣社會的主要變化和大陸社會進行比較，列表如下：

---

[85] 李祖基：《近代台灣地方對外貿易》，第 114 頁，南昌，江西人民出版社，1986。

	台灣移民社會	台灣定居社會	近代閩粵社會
人口結構	移民為主	移民後裔為主	土著 （早期移民後裔）
社會結構	地緣為主	宗族為主	血緣宗族
階級結構	簡單	複雜	複雜
人群關係	畛域分類	走向融合	基本融合
械鬥形式	地緣分類（多）	宗族（少）	宗族（少）
社會動亂	超過一般水平	相對減少	一般
認同對象	祖籍	祖籍、當地	當地
政權力量	單薄	逐步加強	較強
領導階層	豪強	仕紳	仕紳
文化水平	低	漸高	較高
民間信仰	不同祖籍的主神	多種神祇	多種神祇
與閩粵經濟關係	密切	逐漸削弱	—
與閩粵政治關係	隸屬於福建省	後期單獨建省	—
與閩粵文化關係	較強	繼續加強	—

　　由此可見，清代台灣社會發展的結果，有許多方面和大陸社會更接近了，也有一些方面更加體現出台灣本地的特點。大體上說，在社會結構以及政治、文化、風俗習慣等方面，都更加接近閩粵社會，而在經濟方面和大陸的關係則有所削弱，台灣居民日益扎根在台灣當地。這種情況表明，用「土著化」或「內地化」來概括台灣社會的發展模式都不夠確切、不夠全面。

　　這裡，我對清代台灣社會的發展模式提出一個初步的設想：它是雙向型的，而不是單向型的，即一方面日益接近大陸社會，一方面日益扎根於台灣當地。但它也不是「內地化」加「土著化」，因為直到被日本佔據以前，台灣社會還沒有「化」成和大陸「完全相同的社會」，也沒有「化」到「土著化過程已經完成」，或從大陸社會「疏離出去」，它還處在雙向發展的過程之中。本來，台灣還會沿著這條雙向型的道路，逐

漸發展成為一個和閩粵社會十分相像的土著社會,只是由於日本的佔據打斷了這個進程,從此,台灣社會不論在政治上、經濟上、文化上都和大陸社會逐漸疏離了。

實際上,幾位主張「土著化」的學者也承認這種雙向發展的事實,例如:

> 陳其南:「在本研究中筆者所擬探討的是,來自中國大陸的漢人如何在台灣這一個新的移民環境中重建其傳統社會的過程」[86]。「土著化的概念始終是認為台灣漢人社會在前後期均屬於中國本土社會的延伸」[87]。「台灣漢人社會由於一方面土著化的過程已經完成,一方面完成後所展現的型態又與華南社會一致」[88]。
> 王崧興:「在十九世紀中葉以後,台灣漢人社會自以前的移民社會邁入到另一個階段—土著社會。這一時期在台灣建立的新社會秩序,可以說跟中國本土的社會並無二致。」[89]
> 莊英章、陳運棟:「漢人先民的後裔在台灣所建立的土著化社會新秩序,在社會結構原則上,可以說跟中國本土社會並無二致。」[90]
> 李亦園:「從這些討論裡,我們很清楚地看出移殖的漢民族如何以傳統中國社會結構的基本原則調適於台灣的特殊環境之中。」[91]

以上所說的「重建」、「延伸」、「調適」、以及「跟中國本土的社會並無二致」等等,都說明了這幾位學者在強調「土著化」的同時,也承認存在著另外一個方面,即更加接近內地社會的傾向。

總之,「雙向型」的發展模式似乎比「內地化」和「土著化」的模式更加符合清代台灣社會發展的客觀實際。與此相應的,把移民社會轉

---

[86] 同 21 第 18、179、180 頁。
[87] 同 21 第 18、179、180 頁。
[88] 同 21 第 18、179、180 頁。
[89] 同 24。
[90] 同 84 第 42 頁。
[91] 李亦園:《台灣傳統的社會結構》,見《台灣史蹟源流》,第 224 頁,台灣史蹟研究中心,1981。

型後的台灣社會稱為「定居社會」，似乎也比「土著社會」或「文治社會」更加符合當時的歷史特點。

　　＊本文在 1988 年 7 月在香港大學「台灣經濟、歷史、文學、文化國際研討會」上報告。

　　說明：本文的注所謂「見本書」是指陳孔立著：《清代臺灣移民社會研究》（增訂本），九州出版社，2006 年。

清代臺灣社會動亂總論

台灣歷史上發生過不少動亂，人們對此有不同的理解，本文試圖對清代台灣的動亂做出比較全面的分析，區分不同的原因和性質，從而對這種歷史現象提出自己的法。

「三年一小反，五年一大反」

清代台灣有所謂「三年一小反，五年一大反」的說法，從文字上看，主要出自咸豐、同治年間徐宗幹的記載，如「諺語：『三年一小反，五年一大反』，豈真氣數使然耶。」[1]「有『三年一反』之諺」，[2]「『三五年一反』之諺」[3]。具體的說法在道光年間有：「台灣入籍一百四十年，奸民十一起」[4]，「自康熙二十二年平台以來，迄今一百五十餘年，奸民倡亂數十起，大半起於嘉彰，而南路響應」[5]，「自康熙二十二年入版圖，於今百五十餘年矣，亂者凡一十有五，皆閩人也」，「或數年，或十數年輒一見，其自相殘殺，則間歲有也」[6]；同治年間也有「台灣自入版圖以來，近則數年，遠則十數年輒亂」[7]。由此可見，三五年只是一個大約的籠統的說法，真正算得上「反」和「亂」的，並沒有這麼多。

學術界對動亂和「民變」之類的使用，沒有共同的定義。廣義的說法，包括「叛逆」、盜匪、「番變」、械鬥等在內，即包括所有的動亂在內；狹義的說法，則只限於反抗政府的「叛逆」行動。有的學者認為「民變」是人民以各種非法行為參與叛亂之活動，所以不包括械鬥、「番變」。對動亂和民變的不同理解，就會使得對動亂次數的統計有很大的差別。

[1] 徐宗幹：《請籌議積儲》，見《斯未信齋文編》，第70頁，台灣文獻叢刊本，1958。

[2] 徐宗幹：《復林少穆制軍書》，見《治台必告錄》，第345頁，台灣文獻叢刊本，1958。

[3] 徐宗幹：《答蘇蓉武次南書》，見《治台必告錄》，第406頁。

[4] 道光四年閩督趙慎軫奏，見《台灣通紀》，第157頁，台灣文獻叢刊本。

[5] 姚瑩：《上督撫言全台大局書》，見《中復堂選集》，第120頁，台灣文獻叢刊本，1958。

[6] 周凱：《內自訟齋選集》，第31頁，台灣文獻叢刊本，1958。

[7] 金梁：《上某兵備論治台書》，見《清經世文編選錄》，第28頁。

許雪姬教授不用「民變」的概念，而使用「動亂」。我想這可以避免因為對民變的不同理解而造成的困擾，有助於對不同類型的動亂做出具體的分析，從而弄清「三年一小反，五年一大反」究竟「反」的是什麼？

分類方法與統計

不同類型的動亂，要如分類，學者們的看法也有不同。有的分成政治性和社會性兩大類，然後再按發生地、起因分成本地發生的、外地引發的、海上的反清事件以及官方介入械鬥、官方剪除豪強、抗議行政不當、警察事件的擴大等[8]；有的則主要依據動亂事件的領導人物的意圖，區分為以民族意識為主要動力者、以政治野心為主要動力者、抗議地方行政措施不當而引發的事件、具有濃厚社會問題本質者以及性質不明者五種。[9]

其實民間的械鬥，基本上是由民間內部矛盾引發的，本來不涉及抗官問題，只有個別涉及抗官的事件，需要進行具體分析。有關「番變」問題，基本上是漢族移民與本地土著民族之間的矛盾，也不涉及抗官，只有官府派兵鎮壓的事件要另作分析。至於所謂「叛逆」與「盜亂」、「社會治安事件」與起義事件的區分，則需要有明確的界定。

所謂叛逆、盜亂之分，關鍵在於是否反對官府。有些盜亂事件也攻打汛兵，搶奪兵器，但只是為了奪取武器，以便搶掠，並沒有抗官的行為，這類事件不應列入「叛逆」一類。「叛逆」是站在清政府角度來看的，從人民的立場來看，則是反對清政府專制統治的起義事件，不管它有多麼幼稚、有多少缺點，那只是時代的局限，後人不宜苛責。但是，並非任何抗官事件都可以算是起義，它必須是政治性的、有一定政治主張的行動。這也是它與一般社會治安事件的原則區別。

我們根據事件的性質進行分類，一共分為起義、遊民騷亂（包括暴

8 張菼：《台灣反清事件的不同性質及其分類問題》，《台灣文獻》第 26 卷 2 期。
9 劉妮玲：《清代台灣民變研究》，台灣師範大學歷史研究所專刊(9)。

動、騷亂、豎旗、結會）、地方豪強的騷亂、其他抗官事件、民間械鬥、
土漢衝突等 6 類。

　　起義專指政治性的抗官事件，是有組織、有領導、有政治主張、有
實際行動的與官府對抗的武裝鬥爭。它基本上是比較大規模的事件，但
也有未及組織大批群眾就遭到鎮壓的。例如，陳周全起義，它是林爽文
起義的繼續，是由天地會組織領導的反抗清政府的起義，不僅殺死官
兵，而且攻占縣城，他們能夠吸取林爽文起義的教訓，注意團結漳、泉、
客三籍民眾，而且紀律嚴明，起初很少騷擾民間，占領彰化以後，釋放
囚犯，出榜安民，這是一般騷亂所無法比擬的。只是由於參加起義的人
數較少，堅持的時間很短，沒有形成大規模的群眾運動，但其起義的性
質是十分明顯的。

　　遊民騷亂是由遊民發動的以遊民為主體的事件，其主要目標是搶掠
財物，而沒有政治目的，其中有的是武裝暴動，人數較多影響較大。例
如，吳福生事件是由遊民發動的，參加者多是無地少地的貧民，起事的
目的只是「做歹」[10]，雖然也進攻清兵營汛，搶奪槍械，但主要是為了
搶劫錢財，而沒有政治目的和行為。有的只是短暫的輕微的騷亂，沒有
什麼影響；有的只是單純的豎旗，並無任何其他行動；有的只是單純的
結會，也沒有進一步的行動。

　　地方豪強的騷亂是地方勢力（包括土匪）為非作歹、抗官拒捕之類
的事件。

　　其他抗官事件包括地主的抗糧、反抗官府的其他政策措施、民夫反
抗官府的事件等等。

　　至於民間械鬥與土漢衝突的性質和內容都很明確，不必說明。

　　根據以上分類，可以將各種類型動亂的不完全統計列表如下[11]：

---

[10]閩南話，意即做壞事。

[11]張菼統計有 116 次，劉妮玲認為可列為民變的有 73 次，許雪姬《清代台灣的綠營》統計有 154
　　次。

類型	次數	占動亂的比重
起義	7	1.9%
遊民騷亂	66	18.06%
暴動	12	
騷亂	32	
豎旗	11	
結會	11	
地方豪強騷亂	8	2.1%
其他動亂	5	1.3%
民間械鬥	73	20%
土漢衝突	206	56.4%
「番害」	145	
「番亂」	43	
補充	18	
總計	365	

　　以上情況表明，在社會動亂中，起義所占比重很小，而遊民騷動則比起義為多；同時，民間械鬥和土漢衝突所占的比重卻很大。因此，分析這些動亂的原因和性質，有助於加深對動亂的認識。

動亂事件的具體分析

起義

　　這是動亂的最高形式，清代台灣歷史上可列為起義的，只有朱一貫、林爽文、陳周全、蔡牽、張丙、林恭、戴潮春起義，共七次事件。

固吾儕事業不必多問」[20]。吳金印「頗有家資」，莊芋「饒有家資」，陳駐住所「四面竹圍，溝深菁密」，可以集眾數百人，「各執搶械圍毆奪犯」，可見這些人都不是遊民無賴，而是地方勢力。他們只是在受到官軍圍捕時才進行抵抗，而不主動向官軍進攻。此類事件沒有任何政治意義和進步意義。

地方豪強騷亂簡

年代	為首者	地點	案情要點	資料來源
乾隆十八年	吳典	諸羅	豪族抗官拒捕	檔案，實錄
十八年	施天賜	彰化	豪強執械抗官	檔案，實錄
道光二十二年	陳勇	水沙連	土匪聚眾搶劫滋事	東溟奏稿
光緒元年	蔡顯老	嘉義	豪強拒捕殺兵	嘉義縣誌
七年	莊芋	嘉義	豪強聚眾滋事	巡台退思錄
十一年	顏擺彩	嘉義	豪強開槍拒捕	劉壯肅奏議
十一年	許添丁	彰化	豪強抗官拒捕	劉壯肅奏議
十二年	吳金印	嘉義	豪強怯眾拒捕	劉壯肅奏議

其他抗官事件

列入此類事件的只有以下幾例：

一、道光三年林泳春案，這是一次由煎樟腦的首領領導的抗辦軍工的事件，他們並沒有主動抗擊官府，只是抗拒圍捕，也沒有造成大的事件。

二、道光二十三年郭光侯案，這是由地主領導的抗稅事件，他們並沒有採用武力，而是到京城控告地方官員。

三、咸豐三年吳磋案，這是地方士紳抵制採買米穀的行動，由於受到官軍的追緝，起來抗捕。

四、光緒七年王春華案，這是唯一的發生在武弁中的哥老會「圖謀

---

[20]同[19]，第 389 頁。

起事」事件，沒有具體的記載。

　　五、光緒十四年施九緞案，這是地主領導的抗議官府清丈土地不公、要求索焚丈單的抗爭，曾經圍城示威，並無反對官府的舉動。

　　由於這些事件和上述各種類型有所不同，所以另列一類。王春華案是組織哥老會，而未見有謀反的行動；林泳春案是匠首抗官事件；其餘三案都是地主、士紳抵制官府的某些政策和措施，並沒有反對清廷的統治，與全國各地的地主抗糧事件屬於同一類型。

其他抗官事件簡表

年代	為首者	地點	案情要點	資料來源
道光三年	林泳春	噶瑪蘭	抗辦軍工聚眾滋事	檔案，東溟文後集
道光二十三年	郭光侯	台灣	呈控地方課稅不當	
咸豐三年	吳磋	噶瑪蘭	抑制官府採購米穀	斯未信齋文編
光緒七年	王春華	台灣	兵弁結哥老會	劉壯肅奏議
光緒十四年	施九緞	鹿港	抗議清丈圍城示威	施案記略

民間械鬥

　　這類事件占動亂總數的比重達 20％。在清代前期，主要是「分類械鬥」，即不同祖籍居民間的械鬥，後期則以不同姓氏或同姓中的不同房派的械鬥為主。從具體原因來看，有的是爭水、爭地、爭生意而造成的；有的是不同祖籍人民長期不和，借小事起釁而發生的；有的則是利用「義民」的身份欺壓對方；但根本原因則在於台灣移民社會的社會結構，當時社會中存在著以地緣關係為基礎組合的社會群體，它們之間在開發過程中發生了矛盾和衝突。所以，可以說分類械鬥是移民社會特有的社會結構的產物，隨著移民社會向定居社會轉化，分類械鬥也為宗族、房派的械鬥所取代了。

　　從性質來說，民間械鬥是移民內部的矛盾和衝突，一般與官府無關。至於在有些械鬥中，官府曾經進行鎮壓，那是為了維護其統治秩序，

械鬥事件的性質並沒有因而改變，有的則是在起義事件中，出現械鬥現象，官府介入了一方，這樣性質就發生變化了。

民間械鬥事件簡表

年代	地點	案情要點	資料來源
乾隆三十四年	南路	閩粵莊民數萬互鬥	台案己集，實錄
四十七年	彰化	漳泉鬥	實錄，宮中檔
四十八年	淡水	閩粵爭埔鬥殺	台案己集
四十九年	諸羅	翁雲寬縱佃焚搶泉人	台案己集
五十二年	白石湖	漳泉粵分莊互殺	彰化縣誌
五十二年	南坎，龜崙口	閩粵鬥	桃園縣誌
五十四年	龜崙口	閩粵再鬥	桃園縣誌
五十四年		黃霞聚眾械鬥	台案癸集
五十四年	嘉義	李陳互鬥	台案己集
五十六年	嘉義	徐沈互鬥	台案癸集
五十六年		丁遠糾眾械鬥	台案癸集
嘉慶四年	噶瑪蘭	粵泉爭墾互鬥	噶瑪蘭原始
十一年	噶瑪蘭	漳泉鬥，粵附泉	噶瑪蘭原始
十一年	彰化	漳泉互殺數月	彰化縣誌
十一年	南坎	漳粵與泉鬥	桃園縣誌
十一年	淡水，新竹	漳泉鬥	新竹縣誌初稿
十四年	南坎	漳粵與泉鬥	桃園縣誌
十四年	彰化，淡水	漳泉鬥	實錄，彰化縣誌
十四年	淡水貓里	粵人攻搶中港漳莊	實錄，淡水廳誌
十四年	噶瑪蘭	漳泉鬥	噶瑪蘭原始
二十一年	大崙，前埔	蔡姓爭挑互鬥	台灣南部碑文
二十四年	淡水，新竹	漳泉鬥	新竹縣誌初稿

道光二年	南坎，龜崙	閩粵鬥	桃園縣誌
二年	內歷	漳泉鬥	桃園縣誌
五年	靈潭坡	漳泉鬥	桃園縣誌
六年	彰化，淡水	閩粵鬥	實錄，彰化縣誌
六年	龜崙	閩粵鬥	桃園縣誌
六年	噶瑪蘭	閩粵鬥	
十年	噶瑪蘭	和興福興挑夫互鬥	噶瑪蘭誌
十二年	南坎，靈潭坡	閩粵鬥	桃園縣誌
十三年	竹塹，桃園	閩粵鬥	實錄，淡水廳誌
十三年	彰化八淡水鳳山	閩粵鬥	實錄
十四年	興直，八里坌	閩粵鬥	台北縣誌
二十一年	淡水	異性械鬥	台灣省通誌
二十一年	龜崙	泉人互鬥	桃園縣誌
二十一年	台北	土城閩粵鬥	談古說今
二十二年	雲林三條崙	吳紀械鬥	雲林文獻
二十四年	葫蘆墩	漳泉鬥波及嘉義	台案己集
二十四年	南坎	漳泉鬥	桃園縣誌
二十六年		漳泉鬥	實錄
二十七年	大甲	漳泉鬥	宦海日記，淡水廳誌
二十七年	鳳山	閩粵鬥	台案己集
三十年	三貂	漳泉鬥	台北縣誌
咸豐元年	葫蘆墩	漳泉鬥	斯未信齊雜錄
元年	淡水，八芝蘭	漳泉鬥	台灣省通誌
二年	桃園中壢	漳泉鬥	桃園縣誌
二年	大姑崁	泉粵與漳鬥	桃園縣誌
三年	新莊，八甲	頂下郊拼，漳泉鬥	檔案，台北縣誌
三年	彰化	漳泉鬥	檔案
四年	淡水，彰化	閩粵鬥	檔案，斯未信齊雜錄

五年	淡水，北部	漳泉鬥	檔案，斯未信齋雜錄
？年	阿罩霧	洪林拼	黃著
九年	枋寮，塹北等	漳泉鬥	檔案，台北縣誌
十年	新莊，桃園	漳泉鬥	台北縣誌，桃園縣誌
同治元年	台灣北門外	黃蘇械鬥	東瀛紀事
元年	大甲東門	小姓與王陳鬥	東瀛紀事
二年	鳳山	閩粵鬥	檔案
三年	嘉義柳仔林	吳黃械鬥	檔案
三年	麻豆	謝方王李械鬥	檔案
？年	彰化西螺	廖與李鍾鬥	檔案
四年	羅東	西皮福祿之爭	台灣文化誌
四年	羅東	異性械鬥	台北文化誌
五年	羅東	林姓與陳李鬥	台灣史料
光緒元年		西皮福祿之爭	台灣史料
二年	猫里	粵人同籍械鬥	苗栗縣誌
八年	中州，頭港	陳吳械鬥	台南縣誌，南瀛文獻
九年	鳳山	同姓（林）械鬥	巡台退思錄
十年	鹿港橋頭	施陳械鬥	綠香居主人自述
十年	雲林四湖	同姓（吳）械鬥	雲林文獻
十一年	嘉義	同姓（黃）械鬥	
十三年	雲林新港	林姓械鬥	雲林文獻
十四年	嘉義	同籍械鬥	劉壯肅奏議
二十年	台灣學甲	黃謝械鬥	台南縣誌

土漢衝突

　　土著居民與漢族移民的矛盾衝突，次數很多，記載也不少，有的只是在深山中殺人，並未引起社會動亂。從具體原因來說，有的是漢人侵

入土著居民居住地進行狩獵、砍伐或占墾土地而引起的，有的則是出於土著居民獵首的陋習。雍正年間浙閩總督高其倬作了如下說明：「一則開墾之民侵入番界抽藤吊鹿，故為番人所殺；一則番社俱有通事，通事刻剝，番人憤怨之極，遂殺害，波及鄰住之人；一則社番殺人數次，遂自恃強梁，頻行此事，殺人取首，誇耀逞雄。」[21]基本上是民間內部矛盾引發的，從性質上說，也是民間內部矛盾，一般與政府無關。有幾次因為事態比較嚴重，當局出兵鎮壓，那已不是社會動亂的問題了。

有關土漢衝突事件，台灣學者黃煥堯作過詳細的整理和統計[22]，總數達 188 次，但要全部統計是相當困難的，這裡就所接觸的資料，補充一些事件：

年代	地點	案情要點	資料來源
雍正三年	羅漢門	生番殺汛兵	朱批、宮中檔
三年	東勢山	生番殺汛兵	宮中檔
三年	彰化蓋張興	生番殺 8 人	宮中檔
四年	斗六東埔	生番殺人	朱批
四年	猫霧束	生番殺佃丁	朱批
四年	水沙漣	生番多次殺死莊民佃丁船匠，焚燒房屋牛隻	朱批，宮中檔，重修府誌淡水廳誌
八年	鳳山港東里	生番殺鋸匠	朱批
十年	犁頭莊	阿里史番殺人	朱批
乾隆元年	新港	凶番為亂	實錄
二年	中港	生番滋擾	宮中檔
四年	水沙漣	逆番起事	宮中檔
九年	鳳山	生番殺邱子剛等	實錄

---

[21]《雍正朱批奏折》，台灣文獻叢刊本，第 142 頁。
[22]黃煥堯：《清季台灣番患成因之探討》，《台北文獻》直字 77；《清季台灣番患事件之本質探討》，《台北文獻》直字 79 期。

十五年	南投等	生番殺民數十	宮中檔
十八年	彰化柳樹南	焚殺兵民	實錄
三十年	淡水	生番為亂	清史稿
三十一年	攸武乃社	凶番焚殺	實錄
五十年	猫里社	殺同知等十餘人	實錄
道光二十七年	集集空口	生番殺 8 人	宦海日記

土漢衝突主要發生在前期的雍正乾隆年間和後期的同治光緒年間，那是因為雍正乾隆時期移民大量向土著居民住地開發，而到了同治光緒時期清政府實行「開山撫番」政策，土著居民抗拒開山修路，因而引起許多衝突。

幾點看法

根據以上對各種類型動亂的分析，我們對清代台灣歷史上的動亂可以得出以下一些看法：

第一，從總數來看，動亂次數達到 365 次，可謂多矣。不過，對它進行分類，就可以發現，其中土漢衝突多達 206 次，占總數的一半以上。這是土著居民和漢人移民之間的糾紛和衝突，不與官府為敵，不具政治性；有時官府出兵鎮壓土著居民，那已不屬於土漢衝突的範圍了。民間械鬥有 73 次，占總數的 20%。這是民間的私鬥，不與官府為敵，也不具政治性。有時械鬥的一方與官府對抗，或一方以「義民」的名義鎮壓對方，官府介入械鬥，這時事件的性質發生變化，這類事件已列入起義一類。有的學者認為土漢衝突和民間械鬥不應列入「民變」的範圍。是的，這兩項實際上都是民間內部的矛盾和衝突，清政府也沒有視之為「叛逆」。此外，遊民騷動占動亂總數的 18.08%，其中有的只是單純豎旗和結會，而沒有實際的行動，一般騷亂和暴動主要是為了搶掠財物，不具政治性，也沒有形成較大的規模。只有其中幾次規模較大影響較大的事件，清政府當局才把它們列入「亂」的範圍。至於地方豪強的騷亂，主

要是土匪性質的，那屬於社會治安問題，在全國各地都普遍存在。在其他抗官事件中，主要是屬於地主抗糧性質的事件，這在大陸各地也是常見的。所以，從統計數字來看，絕大部分屬於民間內部的衝突，而不是政治性的反清事件。

在張丙事件時，周凱總結 150 年來台灣的「亂」，指出，大的有朱一貴、林爽文、蔡牽，小的有吳珠、劉卻、林武力（番變）、吳福生、黃教、陳周全陳光愛、廖挂楊肇、汪降、陳錫宗、許北楊良斌、黃斗乃（械斗）等[23]。可見在當年，清朝官員也沒有把眾多的小規模的動亂列入「亂」的範圍，並沒有把它們視為「叛逆」，也談不上「反」。從清政府的角度看來，帶有反清、對抗官府的重大武力事件才算是「亂」、「反」、「叛逆」，而民間則把所有的動亂都稱為「反」。實際上，對動亂還是要從性質上進行區分，才能看出它究竟是否屬於「反」的範圍。

第二，大量動亂發生在 1860 年代以前，就是說，發生在移民社會中。到了 1860 年代，台灣社會逐漸轉化為定居社會，動亂次數有了明顯的減少。土漢衝突主要發生在雍正乾隆時期，這在其他地區的初期移民社會中是常見的現象。遊民騷亂也主要發生在這個時間，那時社會上存在著許多遊民，他們成為社會動亂的重要因素。械鬥，特別是分類械鬥，也主要發生在移民社會中，那是與以祖籍地緣關係為基礎組合的社會結構有密切關係的。可見台灣社會動亂次數較多，主要應當從移民社會的角度加以探討，才能看出問題的實質。

第三，從嚴格意義上說，真正可以算是「反」的事件，主要是起義事件。它們是在社會矛盾的基礎上發生的，是階級鬥爭的表現形式，在起義過程中，階級的對立是十分明顯的；起義者往往提出反對官府的口號，把貪官污吏作為主要打擊對象，這與大陸各地的許多農民起義也是相同的。就這個方面來看，台灣的起義事件為數不算多，清代福建各地發生的起義事件並不比台灣少，其中由會黨發動的就有漳浦、云霄、詔安、平和等地的子龍會和小刀會，甌寧的老官齋，寧化的羅教和鉄尺會，

---

[23] 周凱：《內自訟齋文集》，第 31 頁，台灣文獻叢刊本，1958。

漳浦、同安的天地會等，到了咸豐、同治年間，福建人民起義更是連年發生，遍及全省。

　　第四，由此可見，所謂「三年一小反，五年一大反」只是一種民謠，它把所有的社會動亂都包括在「反」的範圍內，實際上如果對這些事件做出具體分析，就不難看出其中有不同的原因和性質，不宜一概而論。有些不了解台灣歷史真實的人，把所有的社會動亂都說成是反清事件，進而把它說成是台灣人「反唐山」的鬥爭，甚至認為這些事件表明台灣人為了要擺脫中國的影響而不斷地進行鬥爭。這種說法完全脫離了台灣歷史的實際。實際上找不到任何一個事件是「反唐山」的，當時的台灣人並沒有任何要脫離中國的意願。相反，許多起義與大陸有密切關係：朱一貴起義提出「大明重興」；林爽起義是在福建傳入的天地會組織下發生的；陳周全起義是由從同安來的天地會員發起的；蔡牽起義是從福建開始，然後與台灣本地力量結合發動的；林恭、戴潮春起義都是在太平天國起義影響下發動的。列舉這些歷史事實，以及對清代台灣社會動亂做出具體分析，可能有助於澄清上述對台灣歷史的誤解，還歷史以本來的面目。

　　＊本文在 1996 年 4 月台灣中央大學歷史研究所舉辦的學術會議上發表。

二、考辨

夷洲非「夷州」辨

《光明日報》2000 年 5 月 6 日綜合新聞版發表消息，說是史志編纂工作者楊靜琦發現，早在一千多年前的史志紀載，台灣就是中國臨海郡的一個「州」，並以「一千八百年前台灣就是中國的一個州」的醒目標題作了報導，第二天，《文摘報》給予摘要發表。這是十分令人驚訝的見解，可惜卻是一個錯誤論點。

三國時期的台灣叫做什麼，有關著作有兩中不同的說法，有的說是「夷洲」，有的說是「夷州」。所以說，「夷州說」早已存在，可是並沒有人從而引申出是臨海郡的「一個州」。說它是一個州確是楊靜琦首先提出的。

我們先來查閱一些基本史料：

標點本《三國志》卷四十七，吳書，吳主傳第二：黃龍二年「遣將軍衛溫、諸葛直將甲兵萬人浮海求夷洲及亶洲」。這裡用的是「洲」，但同書也用過「州」。查「四部眾刊」本、「四部備要」本、「四部全書」本的《三國志》吳志二，黃龍二年條均作「夷洲」，其中「四部眾刊」本用的是宋紹熙年間的刊本，應當是較早的版本。

《太平御覽》卷七百八十，四夷部一，敘東夷：「臨海水土志日夷州在臨海東南，去郡二千里。」用的是「州」。

《太平寰宇記》卷九十八：「夷洲四面是溪，頂有越王釣石在焉。」用的則是「洲」。

《後漢書》卷一百一十五，東夷傳：「又夷洲及亶洲。」並引《臨海土志》，也作「夷洲」。

《資治通鑑》卷七十一：「吳主使將軍衛溫、諸葛直將甲士萬人，浮海求夷洲亶洲。」並引《後漢書》東夷傳及《臨海水土志》，均作「夷洲」。

上述史料說明在古代文獻上曾經是「夷洲」和「夷州」混用的。那麼究竟哪一個正確呢？

「洲」是地理名詞，指的是水中的陸地，而「州」則是地方行政單

位，是有行政建置的。

關鍵在於三國時期吳國有沒有在台灣設立這樣一個建置。

《臨海水土志》寫到夷州時，說那裏是「眾山夷所居」，「此夷各號為王，分畫土地」。可見當時的台灣是由「山夷」自行管理的，吳國並沒有在那裏設官置守，就不可能有行政建置了。

更重要的是，需要搞清當時吳國的地方行政制度。吳國設有三個州，即揚州、荊州、交州，在各州之下設有若干郡。以臨海郡為例，吳太平二年以原來的會稽郡東部為臨海郡，其下有臨海縣。臨海郡是在揚州之下，屬於揚州的一個郡。當時，揚州之下還有丹陽郡、會稽郡、吳郡、新都郡、臨川郡、建安郡、都陽郡、豫章郡、盧陵郡、蘄春郡等。這就是說，一個州之下有好幾個郡，州比郡大得多，怎麼可能在臨海郡之下設立一個比它大的「夷州」呢？（至於說今浙江、福建等沿海地區屬於三國時吳國的臨海郡，這是把臨海郡的範圍跨大了，臨海郡大約管轄浙江瑞安以南、福建福安以北的地區，瑞安以北的浙江沿海和福安以南的福建沿海不屬於臨海郡管轄）

以上史實可以說明，當時的台灣應該稱為「夷洲」而不是「夷州」。在這個方面，劉偉毅所著的《漢唐方志輯佚》採取了相當慎重的態度，在第 65 頁的注中說明夷州在《後漢書注》、《資通注》中「俱作洲」，他沒有把夷洲斷定為「夷州」。可是，楊靜琦卻根據劉偉毅的著作把夷州斷定為「夷洲」，並從而引申為「中國臨海郡的一個州」。

本來，把夷州誤解為「夷州」，還只是一個小小的誤會，可是由此把台灣說成在「一千八百年前就是中國的一個州」，則是一個大大的笑話了。更嚴重的是以這個錯誤的論點作為批駁他人的「鐵證」，在學術上是非常不嚴肅的，在政治上也是不慎重的，所以有必要給予糾正和澄清。

（《台灣研究集刊》2001 年第 1 期）

元置澎湖巡檢司考

元代在澎湖設置巡檢司，這是我國在台灣附近島嶼設立專門的政權機構的開始。由於文獻記載比較簡略，多年來國內外不少學者對這個問題沒有弄清，產生種種不同的看法。對於這樣一個重要的事實，有必要加以辨證。本文就「隸屬」、「年代」兩個問題作一考證。

隸屬

元代澎湖巡檢司屬於何縣，有三種不同的說法。

第一種說法是屬於福建省晉江縣。元代汪大淵所著《島夷志略》指出：澎湖「隸泉州晉江縣，至元年間立巡檢司」。柯劭忞寫的《新元史》也持此說。

第二種說法是屬於福建省同安縣。清朝乾隆年間刊行的胡建偉所著《澎湖記略》寫道：澎湖「迨元末時，始置巡檢司以官斯地，隸屬泉州郡同安縣治」。後來，嘉慶年間刊印的《台灣縣志》、光緒年間刊印的《澎湖廳志》，以及連橫的《台灣通史》等書，也都沿襲這個說法。新中國成立以後出版的吳壯達著《台灣的開發》、王芸生著《台灣史話》、中國青年出版社編《台灣地理》，以及 1973 年美國出版的《近代的台灣》，[1] 1975年台灣出版的《年鑒》等書，仍然採用這種說法。

第三種說法是不提及隸屬問題。從清初以來，有不少著作由於對「屬同安說」有懷疑，或是由於未及考證，為慎重起見，未提及隸屬於何縣。如乾隆年間刊印的范咸《重修台灣府志》、劉良璧《重修福建台灣府志》、余文儀《續修台灣府志》、王必昌《重修台灣縣志》，以及同治年間刊印的《台灣府志》等書就是這樣。私家著作如杜臻著《澎湖記略》、朱景英著《海東札記》，以及新中國成立後出版的劉大年等所寫的《台灣歷史概述》，也未提及隸屬問題。

---

[1] Paul K T.Sih：Taiwan in Modern Time St John's University 1973。該書中文名為《近代的台灣》。

究竟哪一種說法是正確的呢？這就需要根據各種史料進行分析。早期提及澎湖的隸屬問題，是南宋趙汝适寫的《諸番志》，他指出：「泉有海島，曰澎湖，隸晉江縣。」後來，元代汪大淵的《島夷志略》也說屬於晉江。到了明朝，由黃仲昭編纂的《八閩通志》，在卷七地理晉江縣條目之下，記載了澎湖嶼的情況。明朝後期陳懋仁寫的《泉南雜誌》也說：「澎湖嶼，在巨浸中……訟者取決晉江縣。」由此可見，早期的文獻都說澎湖屬於晉江縣，直到明代還沒有出現屬於同安縣的說法。

「元置巡司，隸屬同安」的說法是到了清朝才出現的。這個錯誤是經過以下三種記載逐漸形成的。

第一、康熙二十四年林謙光所著《台灣記略》最先提出澎湖「舊屬同安縣」，但所謂「舊」是什麼時代並未指明。

第二、康熙三十五年高拱乾《台灣府志》寫道：「明嘉靖間，澎湖署泉同安，設巡檢守之。」康熙年間刊印的陳文達《台灣府志》、周元文《重修台灣府志》也採用同一說法。

從宋、元以來，澎湖一向屬於晉江，為什麼到了明末要改隸同安呢？這不能不令人發生疑問。實際上，在明代，澎湖仍然屬於晉江縣。上引《八閩通志》就是一個證明。此外，《明史·地方志》在晉江縣條下寫明：「海中有澎湖嶼。」清初顧祖禹輯著的《讀史方與紀要》卷九十九，也有同樣的記載。說澎湖屬於同安，可能是因為澎湖游擊曾經屬福建南路參將管轄。據《廈門志》卷三記載：「萬曆二十年，移南路參將駐鷺門，居中調度，轄銅山、浯嶼二寨，浯銅、澎湖二游。」鷺門即廈門，明時屬於同安縣管轄。這條史料只能說明澎湖游擊曾經駐紮在廈門的南路參將管轄，並不能說明澎湖在行政上屬於廈門或同安。所以乾隆年間刊印的《澎湖台灣記略》一書，在專門記述澎湖歷史的部分就不採用這種說法，而明確指出澎湖「明隸泉州府晉江縣」。

由於高拱乾等人的錯誤，把「同安」和「巡檢」二者聯繫起來了，但還只提到澎湖在明代屬於同安，尚未形成元代屬同安的說法。

第三、乾隆年間胡建偉所著《澎湖記略》，進一步發展了上述的錯

誤，其中寫道：「迨元末時，始置巡檢司以官斯地，隸屬泉州郡同安縣治。」這樣，就把前人所說明代的事套到元代上去，於是「元置巡司，隸屬同安」的說法便最後形成了。以後凡是持這種說法的，其根源就在這裡。

通過以上資料排比，可以看出，「屬同安說」的錯誤是從康熙年間的林謙光開始，到乾隆年間的胡建偉最終形成。後來由於人們沒有仔細考證，特別是由於光緒《澎湖廳志》作為當地的地方志，也沿用這種錯誤的說法，於是以訛傳訛，流傳至今。

年代

關於澎湖巡檢司設立的年代，國內外史學也有種不同的說法：一、至元初，如柯劭忞《新元史》；二、至元年間，如汪大淵《島夷志略》；三、至元末，如顧祖禹輯著的《讀史方與紀要》；四、至元中，如連橫《台灣通史》；五、元末，如范咸《重修台灣府志》等台灣地方志書；六、至正二十年，如日本種村保三郎《台灣小史》、東嘉生《台灣經濟史研究》。近年來，日本出版王育德寫的《台灣》（日文本）採用元末說，寫明在 14 世紀後半期；史明寫的《台灣人四百年史》（日文本）定為至元十八年；台灣出版的《年鑒》沿用至正二十年的說法；美國出版的《近代的台灣》（英文本）則主張在 13 世紀。以上種種說法，都沒有提出自己的論據。

新中國成立後出版的有關台灣史的著作，對這個問題進行了研究，提出三種不同的看法，並且闡述了史實的根據。

第一種看法是劉大年等著《台灣歷史概述》所提出的，他們主張在1280 年至 1287 年間（即至元十七年至二十四年），其理由是：「一二八〇年和一二八七年，元世祖忽必烈兩次謀征日本。第一次派范文虎率領南方軍隊十餘萬人，戰艦三千五百艘，是從南方海上出發的。忽必烈已經注意到，要遏制日本，必須加強對澎湖、台灣的管理和經營。正在這

個時期，元政府在澎湖設立巡檢司。」[2]

　　這種說法試圖把澎湖設巡檢司同遏制日本的政治目的聯繫起來考察，但是缺乏足夠的史料根據。《元史》記載，至元十七年范文虎出師日本，是從浙江慶元路（寧波定海）出發的，向北航行到平湖島（日本九州西部的小島），遇風而返，並沒有涉及澎湖。從地理位置來看，澎湖離日本遠，離琉球（台灣）近，澎湖的設治顯然與經營琉球有關，而同遏制日本關係不大。

　　第二種說法是吳壯達著《台灣的開發》和中國青年出版社編《台灣地理》等書所提出的。他們主張在順帝至元年間（1335 年至 1340 年），其論據是：第一，台灣府志、縣志都採用元末說；第二，至元二十九年派楊祥等招諭琉球無功而返，到了大德元年才立省泉州以圖琉球，可見至元二十九年已在澎湖設官置守是有疑問的；第三，順帝至元年間多次記述在各地設置巡檢司之事，因此在這時設澎湖巡檢司可能性較大。[3]

　　這種看法的理由是不充分的。第一，「順帝至元年間，各地農民不斷起義，元政府已無力經營海島」[4]在元末歷史上，很少看到經營海島和出兵海外的記載，相反地，在元世祖至元年間這類記載則比比皆是。第二，順帝至元年間在一些地方設置了巡檢司，這是事實，但是它不能作為澎湖也在那時設置巡檢司的依據。因為元代設巡檢司並不是僅僅在後至元年間才有的，在前至元也有設巡檢司的記載。例如，《新元史・百官志八》寫道：「至元二十年置香河等處巡檢司。」「十一年置治麗正門以東巡檢三員，二十一年置西北南關廂巡檢司二。」第三，至元二十九年「招諭琉球，無功而返」，這只能說明那時不可能在琉球設官置守，卻不能排除在澎湖設治的可能性。相反地，在這次招諭的過程中，為了便於經營琉球，在澎湖設立巡檢司以策應招諭的活動倒是很有可能的。大德元年「徙治泉州，以圖琉球」，這並不是經營琉球的開始，而是在原有的基礎上採取進一步的措施。所以在此以前，先在靠近琉球的澎湖

[2]　劉大年等：《台灣歷史概述》，三聯書店，1962 年版，第 9 頁。

[3]　詳見《台灣地理》第 3 頁注 2，《台灣的開發》第 11 頁注 18。

[4]　《歷史研究》1955 年第 1 期，榮孟源：《澎湖設巡檢司的時間》。

設官置守，也是可能的。至於說台灣的一些地方志採用了元末說，那都是清代的著作，並沒有提出可靠的史料，不足為據。

第三種說法是榮孟源在《澎湖設巡檢司的時間》一文中提出的，認為一、至元二十九年至三十一年之間（即 1292 年至 1294 年），其論據如下：第一，至元二十九年和大德元年兩次派兵台灣，而第一次派兵的出發地點和回師地點都在澎湖；第二，順帝至元年間，各地農民不斷起義，元政府已無力經營海島；第三，世祖至元年間稅額尚輕，大德以後稅額日增，而《島夷志略》所說澎湖鹽課很低，不可能是大德以後的事。

這種說法是比較可信的。

我們認為，在確定澎湖巡檢司的年代時應當注意以下兩點，第一，《讀史方與紀要》所引的《元志》和元代的著作《島夷志略》是有關這個問題最早的紀載，前者說是「至元末」，後者說是「至元年間」，二者應當是一致的，都是指元世祖時代，而且是元世祖的末年。因為元人寫的《元志》，所提及的「至元末」，顯然不能理解為「到了元朝的末年」。第二，要把澎湖的設官置守同元代歷史的發展趨勢聯繫起來考察，特別要同元代對琉球的經營活動聯繫起來考察。

元世祖至元年間，元軍南下，平定南方。十五年在福建設行省，從十六年開始就有遣使安南、「造征日本即交趾戰船」、「詔諭占城國王」、「征緬甸」等活動。《元史‧唆都傳》寫道，福建設行省後，唆都入覲，「帝以江南既定，將有事於海外，升左丞，招諭南夷諸國」。那時主要對象是東南亞各國，還沒有提到經營琉球的問題。元政府對琉球採取行動是從至元二十八年開始的，其過程如下：

至元二十八年（1291 年）以楊祥為宣撫使，前往琉球。二十九年楊祥等「無功而返」。大德元年（1297 年）二月，福建行省徙治泉州，以圖琉球。十二月，派張浩等赴琉球，俘一百多人。二年正月，遣所俘琉球人歸。這七八年是元朝積極經營琉球的時期，在這個時期，為了便於對琉球的活動，在澎湖設置巡檢司是有可能的。早期文獻所說的「至元年間」或「至元末」，正和這個時期相符。因此，在這個時期，特別

是至元二十九年至三十一年，設置澎湖檢司的可能性最大。

　　有沒有可能在至元二十九年以前設置呢？根據《元史》琉球條紀載，至元二十八年吳志斗上言，說他「生長福建，熟知海道利病，以為若欲收復（琉球），且就澎湖前往諭，相水勢地利，然後興兵未晚也」。這樣一個簡單的建議，在當時還被看做是內行的意見而受到重視，吳志斗因而被任命為禮部員外郎，參加招諭琉球的活動。這說明，在此以前，元朝當局沒有把澎湖作為經營琉球的一個基地，所以，在至元二十九年以前設置巡檢司的可能性是不大的。

　　本文的結論是：元代澎湖巡檢司設置於至元二十九年至三十年（即1292 年至 1294 年）之間，隸屬於福建省晉江縣。

　　（《中華文史論叢》1980 年第 2 輯）

澎湖不屬同安考

長期以來流行一種說法:「澎湖在歷史上曾經屬於同安縣管轄。」有關這種說法,可以舉出一些史料作為依據,至於這些依據是否可靠,則需要經過一番考訂,才能得出結論。早在 25 年前,我就寫了《元置澎湖巡檢司考》,[1]說明元代澎湖屬於晉江縣。本文的重點則是探討明代澎湖是否屬於同安縣。為了把問題說清楚,還需要從元代講起。

元代澎湖屬於晉江縣

至今仍有不少著作提出,元代所設澎湖巡檢司屬於同安縣。他們的依據主要有兩條:

一、康熙二十四年(1685)林謙光《台灣紀略》指出:「澎湖舊屬同安縣。」

二、乾隆三十五年(1770)胡建偉《澎湖紀略》指出:「迨元末時,(澎湖)始置巡檢司以官斯地,隸屬泉州郡同安縣治。」

實際上,更晚的光緒十九年(1893)林豪《澎湖廳志》也說:元時澎湖巡檢司「隸同安縣兼轄」。

此外,還有一些地方志書(包括新編的《同安縣志》)沿用了這個說法。但是,上述三條史料是不可靠的。理由是,在此之前沒有任何史料說明「屬同安縣」,而全部說是「屬晉江縣」。請看:

早在南宋寶慶元年(1225)趙汝适寫的《諸番志》就指出:「泉有海島,曰澎湖,隸晉江縣。」

《閩書》卷七引用「宋志」說:「澎湖嶼在巨浸中……有爭訟者,取決於晉江縣。」這也是宋代的記載。[2]

---

[1] 陳孔立:《元置澎湖巡檢司考》,《中華文史論叢》1980 年第 2 期。又見陳孔立著:《台灣歷史與兩岸關係》,台海出版社,1999 年。

[2] 據學者考證,「宋志」即范子長《皇朝郡縣志》,參閱張崇根:《台灣歷史與高山族文化》第 103 頁,青海人民出版社,1992 年。

元代汪大淵寫的《島夷志略》指出：澎湖「隸泉州晉江縣，至元年間立巡檢司」。

明代黃仲昭編撰的《八閩通志》在卷七晉江縣條目之下，記載了澎湖。明代後期陳懋仁寫的《泉南雜志》也重複了澎湖「有爭訟者，取決於晉江縣」的說法。

這說明，在林謙光之前沒有人說過澎湖屬於同安。林謙光的說法是沒有史料依據的。後來胡建偉進一步發展了上述錯誤，他把元代澎湖巡檢司說成屬於同安。可見，「屬同安說」的錯誤是設巡檢司後大約 400 年後才形成的。

明代澎湖不屬同安縣

有人主張明代澎湖屬於同安縣，也有一些史料依據：

康熙三十三年（1694）高拱乾《台灣府志》寫道：「明嘉靖間，澎湖屬泉同安，設巡檢守之。旋以海天遙阻，棄之。」

康熙四十九年（1710）周元文《重修台灣府志》沿襲了上述說法。

在此之前，沒有任何人說明代澎湖屬於同安，相反，一些可靠的史料卻證明澎湖仍然屬於晉江。請看：

上文已經提出《八閩通志》《泉南雜志》等明代著作都說澎湖屬於晉江。

明萬曆年間擔任福建巡撫的許孚遠在《議處海壇疏》中明確指出：「澎湖屬晉江地面。」作為當年的「省長」，他對自己管轄範圍的說法應當是具有權威性的。

明萬曆年間何喬遠《閩書》在晉江縣條目下寫了澎湖嶼，引用「宋志」：「有爭訟者，取決於晉江縣」，並在「澎湖游」下指出「晉江海外絕島也」。

乾隆五年（1740）周于仁、胡格《澎湖志略》寫道：澎湖「明隸泉州府晉江縣」。

　　明代澎湖作為一個被當局把居民全部遷出而「墟其地」的海島，顯然沒有必要特地為之更改其隸屬關係。通過資料排比，可以發現「明代澎湖屬同安說」是由於高拱乾的錯誤引起的，後來撰寫台灣府志的人（如范咸、余文儀等）就沒有再重複這種說法了。

關於「澎湖游兵」

　　主張明代澎湖屬於同安的，估計還受到「澎湖游兵」的影響。

　　道光十九年（1839）周凱在《廈門志》「兵制略」中指出：「萬曆二十年，移南路參將駐鷺門，居中調度，轄銅山、浯嶼二寨、浯銅、澎湖二游。」乾隆二十八年（1763）《泉州府志》、光緒四年（1878）《漳州府志》都有類似記載。此外，《廈門志》「職官表」「武秩」有：「南路參將，萬曆二十年自漳州移駐」，「澎湖游擊，萬曆二十五年增設，屬南路參將，駐廈門，而澎湖其遙領也」。

　　「澎湖游兵」與澎湖的隸屬有什麼關係呢？現將相關原始資料介紹如下：

　　一、王家彥《閩省海防議》寫道：「萬曆二十四年，撫臣金學聖委分守張鼎思、都司鄧鍾躬閱汛地，複請添設崙山、海壇、湄洲、浯銅、縣鍾、礵山、台山、澎湖諸游於一寨之中，以一游翼之。」《明實錄》萬曆二十五年福建巡撫金學聖奏：「唯澎湖去泉州程僅一日，綿亙延袤，恐為倭據，議以南路游擊汛期往守。」這個建議得到「部覆，允行」。但是，局勢稍微平靜之後，「會哨之法遂杳然矣」。

　　二、《天下郡國利病書》也提到「澎湖游兵」：萬曆「二十五年冬，初創一游、一總、四哨、冬鳥船二十艘，目兵八百有奇。二十六年春，又慮孤島寡援，增設一游總哨」。「今僅有一總二哨，冬鳥船二十艘，官兵八百五十有奇，月糧則漳泉共餉之」。

　　三、明代後期福建巡撫黃承玄《條議海防事宜疏》指出：萬曆二十年「當事者始建議戍之。鎮以二游，列以四十艘，屯以千六百餘兵，而

今裁其大半矣」。他還說官兵視戍守澎湖為畏途，經常尋找借口「「偷泊別澳」，實際上是「有守之名，無守之實」，因而建議：「今合以澎湖並隸浯彭游，請設欽依把總一員，專一面而兼統焉。」

四、沈鈇《上南巡府暨巡海公祖請建澎湖城堡置將屯兵永為重鎮書》建議：專設游擊一員，鎮守湖內；招募精兵二千餘名，環守湖外。

這些資料表明，當年為了防倭，在萬曆二十年（1592）以後，才考慮在澎湖設置「游兵」，但沒有接納派兵駐守的建議，而是採取「會哨」巡查的方式，軍糧還要漳泉兩地方分攤，實際上是有名無實，作用很小。

這裡還要說明兩個問題：一是南路參將。據《福建通志》「兵制」載：明代分福建地方為三路，以福寧為北路、興化為中路、漳州為南路。又「職官」載：「南路參將，嘉靖間置，駐漳州。」澎湖游兵屬南路參將。二、「澎湖游擊，萬曆二十五年增設」，這是 1996 年版《廈門志》職官表的記載。我懷疑「澎湖游擊」應是「澎湖游兵」之誤，因為「澎湖游擊」是天啟五年（1625）才設立的，《明實錄》記載，當年六月，命鑄「澎湖新設游擊關防」。《明史》兵志也說：「天啟中，築城於澎湖，設游擊一、把總二，統兵三千。」

總之，上述資料已經表明，「澎湖游兵」只涉及兵制，而不涉及行政隸屬關係。《廈門志》編者周凱還是把握原則的，他把「澎湖游兵」列入「兵制」和「武秩」，而不列入「建置」和「職官」（文職）之中。所以，沒有任何理由認為因為澎湖游兵屬南路參將，明代澎湖就要改屬於同安縣。

明代澎湖是否設巡檢司

上述引述高拱乾《台灣府志》：「明嘉靖間，澎湖屬泉同安，設巡檢守之。旋以海天遙阻，棄之。」後來，乾隆七年（1742）劉良璧的《重修福建台灣府志》寫得更加具體：「嘉靖四十二年，流寇林道乾擾亂邊海，都督俞大猷征之，追及澎湖，道乾遁入台。大猷……留偏師駐澎。……

道乾既遁，澎之駐師亦罷，因設巡檢守之，既以海天遙阻，裁棄。」這是有關明代澎湖設巡檢司的主要依據。後來由於連橫《台灣通史》也沿用這個說法，因此流傳甚廣。

這些史料說明：第一，巡檢司的設立與嘉靖四十二年俞大猷追擊林道乾有關；第二，巡檢司設置不久就廢除了，此後就沒有再設。

先看俞大猷的史料。除了一些台灣方志以外，有關原始資料及俞大猷傳記資料，都沒有俞大猷追擊林道乾到澎湖的記載。《明實錄》嘉靖四十二年（1563）有關俞大猷的記載有：正月，漳州月港設守備，聽總兵俞大猷節制；四月，新倭自長樂登岸，俞大猷等合兵擊退，又擊（敗）犯興化倭於平海衛，平之；五月，因俞大猷赴援不及，「戴罪自效」；七月，因四月平海大捷，俞大猷獲賞銀二十兩；十月，福建巡撫譚綸奏：「總兵官俞大猷宜複還伸威營。」這說明嘉靖四十二年沒有俞大猷與林道乾作戰的記載，可能是由於當時林道乾只是吳平集團中的一股勢力，尚未單獨成為官兵的對手，所以，《明實錄》中還沒有出現林道乾的名字。

現在查到一條有關史料是《南澳縣志》的記載：嘉靖四十五年（1566）三月，林道乾與曾一本結為聲援，犯詔安。「總兵俞大猷逐之，遁入北港。大兵不敢進，只留偏師駐守澎湖」，道乾南奔占城。[3] 這與台灣一些方志的記載相當接近，只是時間相差了三年。此外，《明史》列傳「呂宋」也有類似的記載：「萬曆四年（1576），官軍追海寇林道乾至其國（呂宋）。」不過，時間比嘉靖四十二年晚了 13 年。這說明林道乾究竟是哪一年被官兵追擊到台灣，是有不同說法的。此外，《明史》雞籠山條記載「嘉靖末，倭寇擾閩，大將戚繼光敗之，倭遁於此，其黨林道乾從之」，而沒有提到俞大猷。

再看林道乾的資料。嘉靖四十四年十月，俞大猷與戚繼光夾擊海賊吳平於南噢。四十五年吳平敗，林道乾是吳平的「餘黨」。早在 70 多年

---

[3] 　陳光烈撰、許偉齋主編《南澳縣志》卷十四，民國三十四年縮印本。轉印自王琳乾等輯編點　　校：《明代倭寇禍潮與潮汕軍民抗倭資料》第 149 頁，潮汕歷史資料叢編，第一輯，2000　　年。

前，前輩學者就對林道乾事迹作過考證，張星烺寫了《林道乾事迹考》，黎光明作了補正。黎先生認為，有關林道乾的事迹，「遍覽各書所載，無早於嘉靖四十三年（1564）者」，那就是張燮的《東西洋考》所說，嘉靖四十三年戚繼光「討吳平、林道乾於詔安，滅之」，因為「二林（指林道乾、林鳳）雖皆吳平之餘黨，而在吳平未死之前，故尚屬跳梁之小丑」。[4] 嘉靖四十五年九月開始，《明實錄》才有林道乾的資料：「時吳平既敗，餘黨陳新老、林道乾等後窺南澳。」隆慶三年（1569）提到「撫賊林道乾叛服不常」，「林道乾最號黠狡」，又說「撫民林道乾等實用命，宜許贖罪」；六年提到，林道乾名為「招安」，至今無可奈何；萬曆元年（1573）林道乾叛招出海投奔外國；到了萬曆六年，提及林道乾曾經打暹羅國船不勝，要打劫海門各所；八年，林道乾「以大泥、暹羅為之窟穴」。這說明在嘉靖四十五年以後，沒有林道乾到澎湖的有關記載。值得注意的是，福建巡撫涂澤民在嘉靖四十五年以後寫的《行廣東撫鎮》指出：「其實道乾自聚黨下海，實未嘗驚動閩中一草一木，閩中實不忍無故加之以兵，以阻其向善之念。」似乎福建官民對林道乾還有好感。

　　此外，在台灣的方志中有關林道乾還有一些傳說，包括其妹埋在金山、林道乾掠殺土番等等，早已有人提出質疑。林道乾究竟是廣東惠來人、澄海人，還是福建泉州人？是 1563 年到台灣，還是 1566 年？是從北港上岸，還是從打狗山、蘇澳上岸？退出台灣後，是到大泥（北大年），還是到占城、崑崙或呂宋？關於這些問題，說法都不一樣。

　　羅列這些資料是為了說明「嘉靖四十二年俞大猷征林道乾於澎湖」的說法有不少矛盾，是令人懷疑的。如果無法證實，那麼由此而引發的設巡檢司，也就成問題了。台灣學者曹永和在《早期台灣的開發與經營》一文中指出，沒有林道乾「逃至台灣的確實記載」。可能有鑒於此，在他的論文和許雪姬專門研究明代澎湖的論文中，[5] 都不提設巡檢司的

4　張星烺：《菲律賓史上「李馬奔」之真人考》，附《林道乾事迹考》，《燕京學報》第 8
　　期，1930 年；黎光明的「補正」，見《燕京學報》地 10 期，1931 年。黎先生未見到台灣
　　的一些方志。

5　曹永和：《台灣早期歷史研究》139-140 頁，聯經出版，1981 年。許雪姬：《明代對澎湖的

事，這是一種慎重的態度。

　　值得注意的是，《明實錄》卻有林鳳的相關記載：萬曆二年十月，福建海賊林鳳自澎湖逃往東番魍港，總兵胡守仁等追擊之。四年九月，把總王望高等以呂宋夷兵敗賊林鳳於海。這說明與林道乾相比，有關林鳳到達澎湖、台灣的說法則是有原始資料作為依據的。

　　最後，還要澄清一種說法：「澎湖巡檢司兼轄台灣地區。」實際上，巡檢司是一個最小的官，職權十分有限。《元史》「百官七」載：「巡檢司，秩九品，巡檢一員。」《明史》「職官志」指出：「巡檢司：巡檢、副巡檢，俱從九品，主緝捕盜賊，盤結奸偽。凡在外各府州縣關津要害外俱設，俾率徭役弓兵警備不虞。」讓晉江縣裡最小的官，管澎湖三十六島，已經夠吃力的了，要他管整個台灣，怎能擔當得起。

　　總之，本文的結論是：一、歷史上的澎湖曾經屬於晉江縣，從未屬於同安縣。二、明代澎湖設巡檢司一事，沒有可靠的史料依據，應當存疑。

　　（《台灣研究集刊》2005 年第 2 期）

經略》，《台北文獻》直字第 46 期，1978 年。

鄭氏官兵降清考

在鄭成功及其子孫與清朝抗爭的整個過程中，發生過許多鄭氏官員降清的事件。除康熙二十二年鄭克塽率領全體官兵歸清以外，在史料中還可以查出八九十起之多；降清官兵的具體人數無法統計，其中僅總兵以上的官員就達 60 多人。鄭氏的近親如鄭成功之弟鄭世襲（即鄭森），族親如建平侯鄭泰之弟鄭鳴駿、子鄭纘緒，定國公鄭鴻逵之子鄭耀吉，鄭芝豹生母黃氏，高級將領如忠勇侯陳豹、忠靖伯陳輝、水師提督永安伯黃廷、慶都伯王秀奇、督理五軍戎務兼管前軍事總兵官左都督周全斌以及著名鎮將施琅、黃梧、蔡祿、楊富、何義、楊來嘉、林順、杜輝、蔡仲璵等都先後背鄭投清。有些論文已經從清方的招撫活動和政策的角度作了探討，本文則注重從鄭氏方面進行研究。

一、第一次降清高潮（1657-1659）

從順治八年（1651）左先鋒鎮施琅降清以後，到康熙二十二年（1683）施琅帶兵進取台灣之前，這 31 年間，大約有一半的年份發生了鄭氏官兵的降清事件。其中有三次高潮，第一次高潮發生在順治十四年至十六年。

十四年，副將戴亮等率官 12 員、兵 306 名降清，[1]護衛前鎮陳斌率部千餘人在福州羅星塔投清，英名鎮唐邦杰帶領前鋒、親隨二營共千餘人投清；此外降清的還有總兵張應辰等官 27 員、兵 613 名，德化伯林忠等官 102 員、兵 593 名，副將郭炳興、林仁等。

十五年，前鋒鎮張雄等官 74 員、兵 200 餘名降清，此外還有後沖鎮劉進忠，副將王仕璋、陳彩、張玉等 10 起，但規模都較小。

十六年，副將錢英、許以忠、潘大聖，總兵陳侯等十多起，規模也較小。估計在這三年中，鄭氏官兵降清事件約有 30 起，達 5000 人左右，

1　以下有關降清事件的資料來源均見附表。

形成了一個高潮。而在此以前，降清事件只是個別的，人數也不多。主要事件是：順治八年施琅投清，十三年，前沖鎮黃梧和副將蘇明率官80餘員、兵1700餘名降清，同年禮官陳寶鑰投清。除此之外的降清者都是歸附於鄭氏的「山寇」，如寧化黃素禾，永春林日勝、林興珠，以及蘇松一帶「海寇」顧忠、王有才等。[2]從降清原因來看，施琅、黃梧等人主要是因為個人與鄭成功發生了矛盾。施琅由於在某些問題上與鄭成功發生分歧，矛盾逐漸激化，在被鄭成功囚禁以後，脫逃降清。黃梧、蘇明由於進攻揭陽失利，蘇明之兄蘇茂為鄭成功所殺，黃梧受罰，因而降清。而在第一次高潮中降清的，原因則有所不同。在這些事件中可以看出下列值得注意的現象：

一、降清者有不少原是清方的官員。例如：劉進忠原是清方澄海縣守將，十五年四月鄭軍進攻該縣時，劉進忠等「率兵千餘縣城迎降」，鄭成功授予後沖鎮，半年後，劉又在台州降清；英兵鎮唐邦杰原是清方馬兵，順治五年投降鄭軍，被逐漸提升為鎮將；十五年在三沙帶兵二百餘名降清的郭云學，原是澄海縣署守備，投降鄭軍以後，乘北上打糧的機會又投降清方；十六年兵丁劉顯等82人在舟山投清，他們原來就是清方潮州總兵左營兵丁；十五年「因調援澄海縣，澄餉被攜，綁縛下海」，隨鄭軍北上，乘機逃跑降清。

二、與前面一點相關的是，降清者之中有不少「北兵」，即原籍在福建以北各省。例如：劉進忠「係遼東人，入滿籍」；[3]唐邦杰原是一名馬兵，北方人，或說「係舊北將」；[4]副將錢英等人，「因不願在海，久欲投順」，他們的原籍多是浙江寧波、鄞縣一帶；[5]都督僉事蕭自啟等13人在福州五虎門降清，其籍貫是河南、山東、陝西、湖廣、江蘇（徐州）等省。[6]據史書記載，順治十五年鄭軍北上「時有北兵逃走者多」，[7]「時

2　《鄭氏史料續編》，613頁。

3　《先王實錄校注》，168頁。

4　《鄭氏史料續編》，744頁。

5　《鄭成功檔案史料選輯》，326頁。

6　同上，332頁。

7　《先王實錄校注》，180頁。

北兵懼怕風浪，皆逃去」。[8]

　　由此可見，第一次降清高潮的出現是和鄭軍北征有關的。由於北征，遠離了原有的根據地，鄭軍對軍隊的控制不如以前，於是原來被迫歸附鄭軍的官兵，尤其是北方籍的官兵，得到機會便脫逃歸清了。總的來看，這個時期多數是零星投降的，像唐邦杰那樣的鎮將帶兵千餘人降清的，是極少數。正如吏部題本所說：「從來投誠者，或係一二偏裨，或係子身歸命，未有如邦杰以偽大鎮率偽副將林翀、葉祿，統眾千餘全部來歸者」，「來一邦杰誠可為偽鎮之倡」。[9]這說明它在當時還是少見的現象。

二、第二次降清高潮（1663-1664）

　　順治十六年北征失敗，鄭成功退守金門廈門一帶，到收復台灣、鄭成功逝世為止，這三年間，鄭氏官兵降清事件很少發生。順治十七年有幾起零星事件，如右虎衛鎮陳鵬通清被殺，溫州人鄭叔盛等 11 人、游擊馮至等 15 人投清。十八年鄭成功進軍台灣以後，謠傳東山守將右沖鎮蔡祿、宣毅左沖鎮郭義準備降清，鄭成功密令留守廈門的兵官忠振伯洪旭，單調蔡、郭二鎮全師過台，蔡等聞訊，認為「國姓信讒」懷疑他們，於是在東山投降清朝。第二年（即康熙元年）又誤傳忠勇侯陳豹不肯搬眷過台，並「已密通平南王投誠」，鄭成功又密令周全斌進攻陳豹，陳豹認為「必有大奸人反間」，而鄭成功「既信讒而來，辯之弗及」，只好入粵降清。可見這個時期的兩個事件都和鄭成功輕信讒言有關。

　　第二次降清高潮發生在康熙二年和三年間。那時正值鄭成功去世，鄭氏內部發生矛盾。留台官員諸如黃昭、蕭拱宸等人，擁立鄭成功之弟鄭世襲為護理，而留廈官員如洪旭、黃廷等人，則請鄭成功之子鄭經嗣位，稱為「世藩」。鄭成功從兄弟鄭泰和黃昭相通，主張「扶襲拒經」。

8　《海上見聞錄定本》，福建出版社，34 頁。
9　《鄭氏史料續編》，748 頁。

結果，鄭經在殺死黃昭之後，騙取鄭泰來廈門並置之於死地。於是，鄭泰之弟鄭鳴駿、子鄭纘緒以及忠靖伯陳輝、左武衛楊富、左虎衛何義、都督楊來嘉、參軍蔡鳴雷等「文武大小共四百餘員，船三百餘號，眾萬餘人」，於康熙二年（1663）六月入泉州港投清。據清方檔案記載，這次降清的人數如下：鄭鳴駿等 800 多人，陳輝等 2300 多人，楊富等 2500 多人，何義等 1800 多人。在這批官兵中還有左都督顏立勛和副將萬正色（萬後來成為清方重要將領，康熙十八年出任福建水師提督）。

在康熙元年鄭成功逝世後不久，鄭氏方面決定採用「陽和陰違」的策略，以鄭泰、洪旭、黃廷等三個侯爵的名義，向靖南王耿繼茂、閩浙總督李率泰表示「傾心歸命」，並且造報官員兵民船只總冊，其中有「勛爵及文武官員計二千一百五十六員（小將、雜職在外未造），水陸官兵計四十一萬二千五百名，大小戰艦約計五千餘號，海上軍民籍及流寓人口計三百餘萬」。[10]當然，鄭氏官兵全部降清並沒有成為事實，但從這裡可以看出，康熙二年降清的官員已占鄭氏文武官員總數的六分之一。

不僅如此，這兩年間還發生以下幾起事件：二年三月總兵沈明帶兵丁 30 人，婦女 18 人，小船兩隻，到漳州投誠。二年十月廈門高崎守將正兵鎮陳升暗通黃梧、施琅，投降清朝，以致廈門失守；同時，鄭成功之弟鄭淼（世襲）歸清，定國公鄭鴻逵之子鄭耀吉和鄭芝豹生母黃氏及家眷、家丁共 775 口從金門前往投清，浙江方面也發生靖波將軍阮美降清的事件。三年正月援剿右鎮林順統率全鎮在海衛投清；二月南澳守將護衛左鎮杜輝在揭陽港降清；三月鄭經最重要的部將之一、五軍戎務左都督周全斌「統眾從漳浦鎮海衛投誠」，同時，另一個最重要的部將、前提督永安伯黃廷也從漳浦、雲霄投降，總兵翁多球（或作翁求多）在八尺門率兵民六萬降，「遂及周寬、楊澧、周珍、曾傳、黃寶、林英、張隆、阮星、歐瑞、陳麟、賴二、張岳及兵民三萬六千有奇先後降」。[11]

總計從康熙元年到三年，鄭軍方面降清的有文武官員 3985 名，食

---

[10]《鄭氏關係文書》，台灣文獻叢刊本，1-8 頁。

[11]《續明紀事本末》，台灣文獻叢刊本，182 頁。

糧兵 40962 名，歸農者 64230 名，眷屬人役 63000 多人，大小船隻 900 多隻。[12]以鄭軍共有 40 萬人計算，降清者已達四分之一左右。這對鄭氏勢力來說，無疑是一個十分沉重的打擊。

這個時期正是官員降清有一個顯著的特點，那就是降清者多是鄭氏的親族、親信和骨幹。鄭淼及鄭泰的子弟、鄭鴻逵之子鄭氏親族，陳豹、陳輝是追隨鄭氏多年的老將，黃廷、周全斌是鄭經手下兩員大將，他們的降清說明了鄭成功逝世以後，鄭氏內部矛盾的嚴重性。實際上，矛盾早已存在，鄭成功在世時，鄭氏集團的一切行動聽從他統一指揮，內部的種種矛盾暫時沒有公開暴露。一旦鄭成功死去，內部矛盾便公開化了。首先是繼承權的鬥爭，它涉及要不要搬眷過台的問題，使得一部分不滿於鄭經，不願意東渡臺灣的人背鄭投清，當然也涉及對抗清前途的看法問題，所謂「今日廈門兵民皆存歸順之心」，[13]從一個側面反映了鄭軍內部的心理狀態。此外，部將之間的矛盾也很嚴重，周全斌與黃廷、洪旭「有宿嫌，恐過台為其所嫉」而決定降清。[14]當時鄭軍內部「互相猜疑，心懷芥蒂，貌合神離」，[15]以致「人心解散，鎮營多叛」，[16]陷入相當困難的境地。

三、第三次降清高潮（1667-1680）

康熙二年十一月金廈兩島失陷，第二年三月鄭經退往台灣，從此以後大約十年時間，沒有發生重大事件。到了三藩之亂發生時，鄭經企圖乘機恢復在閩粵一帶的勢力，從康熙十三年開始，佔據了漳州、泉州、潮州三府，並且向福建其他地區擴張，但在清朝大軍的攻擊下，終於失敗。十六年初，鄭軍「諸鎮渙散，無術約束」，文武官員各自星散或投

---

[12]《清聖祖實錄選輯》，台灣文獻叢刊本，23 頁。
[13]《康熙統一台灣檔案史料選輯》，6 頁。
[14]《台灣外紀》，188 頁。
[15]《康熙統一台灣檔案史料選輯》，11 頁。
[16]《海上見聞錄定本》，福建出版社，51 頁。

降清朝。[17]於是，從康熙十六年到十九年又出現了一次降清高潮。

在這四年間發生降清事件 30 多起，其中總兵以上官員降清事件有：

十六年，建威將軍郭炳興，右提督劉進忠，將軍黃邦漢，總兵劉炎、張國杰、許志遠、陳龍、何應元等降清。其中在清軍進攻漳泉各地時，「泉屬之同安縣並漳州府所屬之龍溪、漳浦、海澄、長泰、詔安等縣及雲霄等營各偽官兵，相率剃髮，並齎偽印札前來迎降」，[18]據寧海將軍喇哈達等報告，從泉州到漳州，沿途招撫「偽建威將軍一員、大監督二員、總兵七員、副總兵十三員、副將四十三員，自參將以下把總以上共三百五十六員，兵丁四千一百七十名」；[19]許志遠所部官 108 員、兵 9120 名。

十七年，漳平守將、總兵黃瑞鑣降清。據清方統計，從十七年六月到十一月共招撫鄭氏官員 1237 名、兵 11639 名。

十八年，水師五鎮蔡仲瑀，折衝鎮呂韜，木武鎮陳士愷，牛宿鎮鄭奇烈，樓船前鎮楊廷彩，水師三鎮吳定芳，總兵廖碘、賴祖、金福、廖興、黃靖、黃柏、紀朝佐、張文魁等降清。其中蔡仲瑀、呂韜等人所帶官兵有 12000 多人，[20]廖碘等五鎮官員 374 名、兵 12124 名。

十九年，協理五軍都督吳桂，信武鎮黃瑞，樓船左鎮朱天貴，總兵陳昌、蘇堪、張輝、將軍江機、楊彪、劉天福等降清。其中朱天貴等率領官 600 餘員、兵 20000 餘名、船 300 餘號，江機等官 1138 員、兵 43629 名，楊彪等官兵 31000 名，楊祿等官兵 28000 多名。

這四年間降清官兵的人數沒有完整的統計，從上述資料估算當在 10 萬人以上。此外，閩浙總督姚啟聖奏稱：「估計康熙十七年六月起至十九年六月二十六日止，十次題報，除厚賚功令解散歸來外，實在食俸官五千一百五十二員，實在食糧兵三萬五千六百七十七名。」又說「投誠官兵計至數萬」。[21]這個數字扣除了歸農的官兵，可能也不包括楊彪所

---

[17]《台灣外紀》，258 頁。

[18]《康熙統一台灣檔案史料選輯》，125 頁。

[19]　同上，128 頁。

[20]《台灣鄭氏始末》，台灣文獻叢刊本，72 頁。

[21]《康熙統一台灣檔案史料選輯》，236 頁。

率領的官兵 31000 多人在內，因為楊彪是在六月二十六日以後投降的。此外，楊祿等是由寧海將軍喇哈達招撫的，也未列入閩浙總督的報告。應當指出，在這些降清官兵中，有一大部分不是真正的鄭氏官兵，其中有的原來就是清軍官兵，如劉進忠、呂韜、陳士愷、朱天貴等部；有的是接受鄭氏札付的「山寇」，如許志遠、陳龍、何應元、鄭奇烈、紀朝佐、廖碘、江機、楊彪等。這些官員與鄭氏沒有密切的關係，在清軍的追擊下，倒戈降清，這是可以理解的。

四、降清原因的綜合考察

從以上三次降清高潮的情況可以看出，鄭氏官兵降清和當時的形勢有關：北征導致部分「北兵」背鄭投清；鄭成功逝世和鄭氏內訌引起部分鄭氏親族和將領的叛離；清軍進逼，鄭軍潰敗，使得原來從清方投鄭的官兵以及各地「山寇」紛紛降清。那麼，更深一層的原因何在呢？有人認為主要是因為鄭成功「英年得志，局量未弘」，「用法嚴峻，果於誅殺」，「濫用權威，人心思叛」；有人則認為這是海商集團抗清不徹底性和動搖性的表現。其實，如果作進一步的分析，可以看出，鄭氏官兵之所以降清，原因是多方面的。

從政治上說，鄭軍內部對抗清的認識不是一致的，決心堅持抗清者不佔多數。鄭氏官兵主要有三個來源：一、鄭氏舊部和以後陸續招募來的追隨鄭氏抗清的力量，其中包括曾經追隨鄭芝龍在海上為盜者，有些人還曾經投降過清朝；二、原是清朝官兵，後因戰敗、被圍或其他原因而投降鄭氏者；三、福建各地的「山寇」，自願被迫歸附鄭氏者，包括那些只是接受鄭氏授予的官銜而不受鄭氏指揮者。其中二、三兩類是鄭氏暫時的同盟軍，一旦形勢不利，他們便會倒戈相向，上引史料說明了這一點。即使在第一類中，始終忠於南明王朝、堅持抗清者也只占少數。據閩浙總督姚啟聖分析，「從逆之人，或為賊所脅，或為飢寒所迫，一

時誤入賊伙」,[22]這種看法難免以偏概全,但卻說明了大部分官兵不是堅定的抗清派。早在順治年間,就有些人「身在海上,心戀朝廷」,[23]「不願在海,久欲投順」,[24]

　　鄭成功逝世以後,在抗清前途暗淡的情況下,降清事件便經常發生。這種情況表明,在鄭氏集團內部,堅持抗清的力量並不大,降清現象的出現是不足為奇的。這不能只用海商集團的階級特性來說明,因為在鄭氏官兵的構成成分中大部分是不能堅持抗清的,從降清的官兵來看,大多數也不是海商集團中的人物。

　　從經濟上說,鄭氏集團長期經營海上貿易,積累了不少財富,但以數十萬之眾,堅持幾十年的抗清,物資上的供應是相當困難的,三次降清高潮的出現,都和經濟上的困難,特別是糧食困難有關。順治十六年「因福建、廣東等處沒有糧草,住不得,故此來江南」;[25]康熙三年廈門缺糧,「所需米食,皆自廣東省所屬揭陽、潮陽及台灣等處運來」,「廈門米價一擔為三兩五錢」,「倘若一旦禁運,廈門糧米則無來源」;[26]康熙十六年,在清軍進攻下,鄭經退守廈門,而廈門「軍資不給」,只得把軍隊分駐沿海,就地取糧;[27]十九年「時兵已乏糧,盡皆潰散,國軒禁不能止」。[28]不僅如此,長期在海上活動,鄭氏官兵家庭經濟發生困難,姚啟聖的文告指出:「棄父母田園,遠役海上,備極勞苦,實無多金,人亦何樂乎在海也。」[29]這是有一點道理的。

　　從思想狀況來看,一般官兵的鄉土觀念、家庭觀念是很重的,他們還不得不考慮個人的得失和前途。當鄭成功決定進取台灣時,「官兵多以過洋為難,思逃者多」,[30]原因是不願離開故土。後來鄭成功命令搬眷

---

[22] 《慢畏軒文告》,康熙十八年十二月十日。

[23] 《鄭氏史料續編》,752 頁。

[24] 《鄭成功檔案史料選輯》,327 頁。

[25] 同上。

[26] 《康熙統一台灣檔案史料選輯》,7 頁。

[27] 《台灣外紀》,260 頁。

[28] 《靖海志》,台灣文獻叢刊本,91 頁。

[29] 《慢畏軒文告》,康熙十七年七月十日。

[30] 《先王實錄校注》,245 頁。

入台，鄭泰、洪旭、黃廷等高級官員「皆不欲行」，進行抵制。從台灣來投清的人報告說，在台灣的鄭氏官兵「人人皆望回鄉」。[31]施琅也說，鄭氏官兵「內中無家眷者十有五六，豈甘作一世鰥獨，寧無故土之思」，但由於一時無法渡海來歸，只好和鄭氏相依為命。[32]這種思想方面的因素也是不可忽視的。

　　從鄭氏內部關係來看，鄭成功的專斷和鄭經的無能，也迫使某些官員不得不背棄而去。上述施琅、黃梧、蘇明、蔡祿、郭義、陳豹等人的投清就和鄭成功的專橫和輕信有關。順治十三年裡官陳寶鑰也因「常懼得罪（成功）」而投清。順治十六年副將錢英降清時供稱：「國姓獨行獨斷，不與人商量，在內有正經的俱各離心。」可以說，第一次降清高潮的產生是和鄭成功有直接關係的。至於在鄭成功逝世以後發生的鄭氏內訌導致鄭氏家族部分成員和手下大將黃廷、周全斌的叛離，則充分反映了人們對鄭經的失望。此外，部將之間的矛盾（如施琅與陳斌、黃廷和周全斌的矛盾）也對鄭氏官兵的降清發生了一定的作用。

　　以上是從鄭氏內部考察降清的原因，至於清政府的招撫活動以及鄭氏降將的作用，鄧孔昭等同志已經有專文作論述，這裡就不再說了。[33]

　　為了作進一步的探討，我們還可以把鄭氏官兵降清與清方官兵投鄭的情況進行比較。在清鄭交戰的過程中，也發生過不少清方官兵投降鄭氏的事件，其中總兵以上有以下幾起：

> 順治十一年十一月，漳州總兵張世耀、知府房星燁降鄭。十四年八月鄭軍進攻浙江台州，總兵李泌、知府齊維藩投降。十六年六月鄭軍進攻鎮江，總兵高謙、知府戴可進投降。
> 康熙十三年，海澄總兵趙得勝、潮州總兵劉進忠、漳浦總兵劉炎先後降鄭。
> 十五年東莞總兵張國勛、汀洲守將五軍都督馬應麟、總兵朱天貴投降鄭氏。

---

[31]《慢畏軒文告》，康熙十九年十二月十一日。
[32]《康熙統一台灣檔案史料選輯》，80頁。
[33]《清代台灣史研究》，廈門大學出版社，139-177頁。

　　此外，海澄守將郝文興（參將）、台州守將馬信（副將）、舟山守將巴臣功（副將）、黃岩守將王戎（副將）等人投降鄭氏也發生了較大的影響。

　　總的來說，清方官兵多是在鄭軍兵臨城、清方處於劣勢的情況下投降鄭氏的，其中不少人後又叛鄭歸清。只有陳堯策、郝文興、馬信、鄭國軒等少數人成為正式的干將。上述情況表明：第一，清鄭官兵之間互相投降是一種常見的現象。清鄭雙方代表封建統治階級中不同的政治集團，但從一般官兵看來，政治上的差異不如切身利害重要。雙方官兵出自個人得失的考慮（保存實力、獲得官職或獎賞等等），可以倒戈相向，背主投敵。第二，清方官兵多是在不利的條件下被迫投降的，相對來說，這是比較正常的現象；而在鄭軍第一、二次的降清高潮期間，鄭氏官兵都不是在不利的條件下投降的，特別是第二次高潮中大量官兵降清，顯然是一種不正常的現象。這表明鄭氏內部已經產生衰敗的徵兆，後來只是由於退守台灣才勉強維持隔海相踞的局面。第三，清方投鄭的高級將領人數較少，而鄭方降清的鎮將以上的官員為數甚多。這一方面說明鄭氏方面在鄭經時代，特別是抗清的後期，已經處於渙散狀態；另一方面則說明鄭氏方面存在濫封官職的現象，在後期尤為嚴重。第四，康熙十六年以後，鄭氏不僅在軍事上失利，在政治上也處於困境，這時，只有鄭氏官兵投清，而很少有清方官兵降鄭的情況發生。後來，在清軍的進逼下，力量對比懸殊，終於迫使鄭氏走上全部降清的道路。

　　總之，鄭氏官兵投清這種歷史現象是多種因素作用的結果，把它歸咎於鄭成功個人，或歸結為海商集團的特性，都不能說明問題。在眾多的因素中，鄭氏隊伍結構複雜，大多數成員並沒有「恢復中興」的政治要求，在他們看來，清鄭雙方並沒有根本的區別，這可能是導致許多鄭氏官兵降清的一個重要因素。

鄭氏官兵降清事件年表

年月	為首者	人數	資料來源※
順治八年七月	左先鋒鎮施琅		A100

十三年六月	前沖鎮黃梧、副將蘇明	官 80，兵 1700	B169C562
十三年九月	海鎮總兵顧忠	官 25，兵 1781	C613
十三年九月	禮官陳寶鑰		F13
十三年	總兵林興珠	350	C562
十四年一月	周立		C669
十四年四月	副將戴亮、參將何勝	官 12，兵 36	B296
十四年六月	總兵張應辰	官 27，兵 613	C696
十四年九月	護衛前鎮陳斌	兵 500	D137
十四年十一月	英兵鎮唐邦杰	兵 1000	A163、C743
十四年十一月	副將郭炳興	10	C746
十四年十一月	副將林仁		C746
十四年	德化柏林忠、左都督林暹	官 102，兵 593	C700
十五年二月	前鋒鎮張雄	74	B296
	守備呂春	200	B296
十五年五月	守備郭雲學	200	C783
十五年六月	正兵鎮左營郭祿	6	C791
十五年七月	副將王仕璋	7	C791
十五年七月	正兵鎮參將方光夏	8	C792
十五年八月	援剿右鎮副將陳彩	官 6，兵 80	C792
十五年八月	旗鼓中軍參將程文星	12	C792
十五年十月	後沖鎮劉進忠		A181
十五年十一月	援剿前鎮游擊趙岐鳳		C925
十五年十二月	參將王魁	官 3，兵 10	C925
十五年十二月	副將張玉	官 2，兵 17	C925
十六年一月	援剿前鎮副將許以忠	10	C925
十六年一月	副將潘大聖	14	C925
十六年一月	總兵陳侯	29	C925

十六年一月	參將劉賢陛、林佐等	官 7，兵 110	C925
十六年六月	副將錢英	16	B325
十六年八月	參將沈亨	26	B328
十六年八月	兵丁劉顯	82	B354
十七年一月	都督僉事肖啟	官 13，兵 12	B331
十七年四月	總兵楊斌		B344
十七年四月	鄭叔盛	11	B347
十七年四月	游擊馮至	15	B347
十八年五月	右沖鎮蔡祿、左沖鎮郭義		D161
康熙元年二月	柳會春	59	J5
元年三月	忠勇侯陳豹		D170
元年十一月	振武將軍楊學皋	3000	J10
二年	參將盧俊興		E7
二年三月	總兵沈明	30	E6
二年六月	建平侯之弟鄭鳴駿、永勝伯鄭纘緒、忠靖伯陳輝、左武衛鎮楊富、左虎衛鎮何義、左都督顏立勛、副將方正色、楊來嘉、參軍蔡鳴雷、慶都伯王秀奇、水師後軍協理周家政	官 400、兵 15000	E11、30 I30 J14-16
二年十月	正兵鎮陳升	官 123，兵 2600	D186、J20
二年十月	鄭成功之弟鄭淼	官 224，兵 120	J16
二年十月	定國公鄭耀吉、鄭芝豹之母	775	E22
二年十月	都督鄭賡	315	J16
二年十一月	靖波將軍阮美	3066	J17
三年一月	援剿右鎮林順	全鎮官兵	D187

三年二月	總兵吳陞	官 33，兵 693	J20
三年二月	護衛左鎮杜輝	官 102，兵 2096	J19、D187
三年二月	鎮將林國梁		J19
三年三月	總督周全斌	數萬	D188
三年三月	前提督黃廷、都督余寬	32400	G182、J21
三年三月	前提督左鎮翁求多	60000	J21、I143
四年十月	都督朱英		J29、G183
五年七月	都督李順		J30
九年三月	南日守將阮欽為		D2310
九年九月	寧遠將軍杜伯馨、都督施轟	官 144，兵 1690	J35、G184
十年十月	總兵柯喬棟		J36
十六年一月	總兵郭維藩		J66
十六年二月	副將劉守義		E124
十六年二月	建威將軍郭炳興		E124
十六年二月	副將陳應龍、游擊馮友魁		E124
十六年二月	副將林棟、游擊王許曾		E124
十六年二月	副將馬虎	官 64，兵 726	E125
十六年二月	副將楊雄	98	E125
十六年三月	副將孫紹芳、漳州知府程夢簡		J67
十六年六月	右提督劉進忠、前鋒鎮劉炎		D264
十六年七月	副總兵洪渭、陸日	官 28，兵 120	E144
十六年九月	總兵許志遠	官 108，兵 9120	E145
十六年九月	總兵陳龍、何應元		E146
十六年九月	監軍陳俞侯		J71
十六年十月	將軍黃邦漢		J72

十七年八月	總兵黃瑞鑣	官 25	E212、D283
十八年三月	水師五鎮蔡仲琱	官 85，兵 12517	D289、J97
十八年三月	折沖鎮呂韜	8	D290
十八年三月	木武鎮陳士愷	官 55，兵 1431	D290、E177
十八年三月	牛宿鎮鄭奇烈	官 53，兵 1000	D290、J94
十八年三月	總兵廖碘、賴祖、金福、黃靖、廖興	官 374，兵 12124	J93、H
十八年五月	樓船前鎮楊廷彩、總兵黃柏		E182、J97
十八年七月	副總兵陳化甲	官 46，兵 561	E183、J97
十八年七月	副將許成鳳	官 38，兵 167	J97
十八年七月	水師三鎮吳定芳	官 9，兵 148	J97
十八年九月	總兵張文魁		J97
十八年九月	總兵紀朝佐	官 81，兵 1129	E194、J98
十八年十月	監督郭承隆		D295
十九年二月	丙州守將康騰龍		D301
十九年二月	揚威前鎮陳昌		D302、E315
十九年二月	協理五軍吳桂、信武鎮黃瑞		D302
十九年三月	樓船左鎮朱天貴	官 600，兵 20000	D304、E315
十九年三月	總兵蘇堪		H90、J105
十九年四月	副總兵劉英	官 9，兵 583	E207
十九年六月	總兵楊祿、張輝	官 2500，兵 25900	E107
十九年六月	征夷將軍江機、將軍郭如杰	官 1138，兵 43629	E211、J107
十九年七月	定北將軍劉天福	官 180，兵 2000	J107、109
十九年七月	將軍楊彪	31000	E212、216

※資料來源編號代表下列各書，英文字母後的數字代表頁數。
A《先王實錄校注》，福建人民出版社，1981。

B《鄭成功檔案史料選輯》，福建，1985。

C《鄭氏史料續編》，台灣文獻叢刊本。

D《台灣外紀》，福建，1983。

E《康熙統一台灣檔案史料選輯》，福建，1983。

F《海紀輯要》，台灣文獻叢刊本。

G《續明紀事本末》，台灣文獻叢刊本。

H《慢畏軒奏疏》，閩頌滙編本。

I《東華錄》（蔣良騏），中華書局，1980。

J《清聖祖實錄選輯》，台灣文獻叢刊本。

鄭經「背叛鄭成功」辨

近年來，有些歷史學者在讚揚康熙和施琅「統一台灣」的偉大功績的同時，很自然地採用「兩分法」，對他們的「對立面」鄭經加以批判，把他說成是「分裂祖國」「割據台灣」「背叛鄭成功事業」的歷史罪人，甚至有人說他是「台獨份子」，是「台獨的祖師爺」。我認為，在鄭經去世 300 多年後，強加給他這樣的罪名，實際上是給他製造了一個冤案，這對鄭經是不公平的，因此斗膽寫出「為鄭經平冤」的文章，就教於歷史學界。

今人加給鄭經的罪名

根據檢索可知，近年來有些學者給鄭經加上了如下的罪名：

一、「鄭經公然宣稱：『東寧（台灣）遠在海外，非屬版圖之中。』胡說台灣不屬中國版圖，他已『橫絕大海，啟國東寧』，在台灣建國。」

二、鄭經「已然決心稱國割據台灣，自絕於中土而分裂中國，以『外國』自居」。

三、「鄭成功收復中國領土台灣作為抗清基地。鄭經卻一意孤行，篡改歷史事實，並違抗其父的正確主張，聲稱建國分裂，割據台灣。」[1]

四、「鄭經雖然打著『先王』鄭成功旗號，但他的言論與鄭成功有著本質不同。應該說，依朝鮮例，降清不削髮，是鄭成功最先提出來的……鄭成功提出降清的條件是，必須取得數省之地以安插軍隊，至於剃髮與否，在兩可之間，所謂按朝鮮例，即不剃髮，保留漢族的髮型服飾，而不是按朝鮮例成為清朝的藩屬。」

五、鄭經堅持「照朝鮮事例」，「公然說：建都東寧，於版圖疆域之外，別立乾坤」。「東宇偏偶，遠在海外，與版圖渺不相涉」，可見鄭經

---

[1] 以上三條見戴逸、王思治：《施琅與台灣》序，見施偉青主編：《施琅與台灣》，社會科學文獻出版社，2004 年。

「妄想圖將台灣從祖國大家庭分裂出去」。[2]

　　六、「鄭經強調鄭氏佔據台灣是『於版圖疆域之外，別立乾坤』，又說台灣『遠在海外，與版圖渺不相涉』。鄭經的這些言論，不但無視台灣自古是中國領土的史實，而且也違背了其父鄭成功的意志。」「鄭經的言行不僅是對中華民族的背叛，也是對其父輩事業的背叛。」[3]

「照朝鮮例」不是鄭經發明的

　　如果認真查閱史料，就會發現早在永曆八年（及順治十三年，1654），鄭成功就提出：「和則高麗、朝鮮有例在焉。」[4]清方官員的密奏也說鄭成功「又比高麗，不剃髮」。後來的《廣陽雜記》也說：鄭成功「請以安南、朝鮮之例」。

　　同年 9 月，鄭成功當面對他的弟弟說：「我一日未受詔，父一日在朝榮耀，我若苟且受詔削髮，則父子具難料也。」[5]同時，鄭成功給鄭芝龍的信件說：「天下豈有未稱臣而輕削髮者乎。」[6]

　　如果查閱滿文檔案，還可以看到清方「和碩鄭親王」的奏本，他報告說：「鄭成功不受詔，不剃髮，其意如山」，「且未與張名振議妥，又比高麗之例不剃髮」。[7]鄭芝龍的「密題」也報告說鄭成功曾經聲稱：「剃髮乃身份大事，本藩自會定奪，誰人敢動，哪個敢言。」[8]

　　由此可見，批判「照朝鮮例」，首先應該受到批判的不是鄭經，而是大家都不想批判的民族英雄鄭成功。

---

[2]　以上二條件唐文基：《施琅——鄭成功偉大事業的繼承人》，刊於施偉青主編：《施琅研究》，廈門大學出版，2000 年。

[3]　任力、吳如嵩：《康熙統一台灣的戰略策略及其得失》，《中國軍事科學》1996 年 2 期。

[4]　楊英：《先王實錄》第 69 頁，福建人民出版社，1981 年。

[5]　同上，85 頁。

[6]　同上，92 頁。

[7]　廈門大學台灣研究所等主編：《鄭成功滿文檔案史料選擇》第 64、65 頁，福建人民出版社，1987 年。

[8]　同上，83 頁。

鄭經沒有背叛鄭成功

當年鄭經一貫遵從鄭成功的遺志辦事，不敢（估計也沒有能力）自作主張。「照朝鮮例」是鄭成功的主張，他就堅持不變。所以，每當發生此類事情的時候，他一定抬出鄭成功為自己做主。

鄭經說過：「從先王以至不佞，只緣爭此（削髮）二字」，[9]「先王在日，前後招撫者，亦只差削髮二字，若照朝鮮事例，則可」，[10]「本藩焉肯墜先王之志」，「和議之策不可久，先王之志不可墜」。[11]當年紀錄俱在。

由此可見，鄭經只是繼承鄭成功的主張，而沒有「發展」鄭成功的主張，更沒有提出任何超越鄭成功的「分裂祖國」的主張。所以，鄭經並沒有背叛鄭成功，認定鄭經背叛了鄭成功的意志是沒有史料依據的。

不能用現代的標準要求鄭經

研究歷史人物，必須擺在特定的歷史背景下考察，這是常識。可是有人為了要使「歷史為政治服務」，卻自覺或不自覺地「以古喻今」「以古諷今」「以古類今」，而忽略了當今時代與 300 多年前時代的巨大差異、觀念的巨大差異。

300 多年前對於一些政治原則問題的看法和當代有根本的差異。例如，什麼叫「國」，什麼叫版圖，什麼叫「照朝鮮例」。

先說什麼叫「國」。在明清之際並沒有現代「國家」的概念，不懂得「國家是階級統治的工具」，那時，誰都可以建立國家。歷史上，在現代中國的土地上，同時存在許多「國」的情況是正常的。三國、五胡十六國、五代十國，宋、夏、遼、金、蒙元也同時都是「國」。鄭氏堅

9　廈門大學台灣研究所等主編：《康熙統一台灣檔案史料選輯》第 70 頁，福建人民出版社，1983 年。

10 江日升：《台灣外紀》第 194 頁，福建人民出版社，1983 年。

11 夏琳：《海紀輯要》37 頁，台灣文獻叢刊本。

持的是「大明國」，後來清朝的祖先建立了「大金國」，它不是明朝的地方政權，不是明朝的割據政權，也不是從明朝分裂出去的，它顯然就是一個「國」。古代有朝就有「國」，一個是清朝，一個是明朝，都是「國」。鄭氏在台灣有沒有建立國家？有人說建立了「延平王國」，實際上沒有這回事。鄧孔昭已經論證那是「子虛烏有」。[12]不過，鄭氏確實把台灣稱為「東都明京」，即「東方的首都，明朝的京城」。從當時看來，這沒有任何錯誤，它只是表示「大明國」仍然存在。鄭氏並沒有建立新的國，沒有自立為帝，扣不上「分裂」的罪名，與「獨立」更是風馬牛不相及。

　　再說什麼叫「版圖」。當時還沒有「國際法」，沒有領土主權的概念，更不懂得「國家領土是國家主權支配下的地球表面的特定部分，包括地下及上空」。當時只「版圖」，也就是「疆域」，而且不是以現代中國的領土為範圍，因為當時還沒有這麼大的疆域。古代是根據各「國」的實際疆域來決定版圖的，而且不是固定不變的，你今天佔領了這塊地方，這塊地方就被你「納入版圖」。當年歸屬於明朝的鄭氏統治著台灣，清朝並沒有佔領台灣，台灣當然不屬於清朝的版圖，而是屬於大明國的版圖。這一點，在當時是「公認」的，清方也承認。康熙就承認，鄭氏降清後台灣才算歸入清朝版圖。他在給施琅的《封侯制誥》中寫道：「海外遐陬，歷代未隸疆索，自茲初辟，悉入版圖。」施琅有名的《恭陳台灣棄留琉》也說：「台灣一地，原屬化外，土番雜處，未入版圖也」，「夫地方既入版圖，土番人民均屬赤子」。[13]福建總督姚啟聖講得更清楚：「查台灣地方自漢唐宋明，歷代俱未入版圖」，以此讚頌依仗「皇上威靈，神機妙算」才使台灣歸入版圖。[14]直到雍正元年（1723），雍正皇帝還說：「台灣自古不屬中國，我皇考神威遠屆，拓入版圖。」[15]他們都承認鄭氏時代台灣並未納入清朝版圖，可見鄭經講的是實話。現代史家不怪他人，唯獨怪罪於鄭經，未免太冤枉他了。明白了這一點，說鄭經「自絕

[12]鄧孔昭：《鄭成功與明鄭台灣史研究》，第 226—235 頁 4，台海出版社，2000 年。

[13]施琅：《靖海紀事》第 119—121 頁，福建人民出版社，1983 年。

[14]廈門大學台灣研究所等主編：《康熙統一台灣檔案史料選輯》第 300 頁。

[15]陳在正：《台灣海疆史》第 29 頁，揚智出版社，2003 年。

於中土」「以外國自居」「分裂祖國」就不攻自破了。

　　至於什麼叫「照朝鮮例」，有的說就是「不剃髮」，有的說要成為「清朝的藩屬」，或者說，鄭成功只是要「不剃髮」，而鄭經卻要成為「藩屬」。應當說，在這個問題上，把鄭經與鄭成功區分開來是沒有根據的。鄭成功明明提出「照朝鮮例」，鄭經的說法和一致，為什麼說鄭經是要成為「藩屬」，而說鄭成功卻沒有同樣的意思呢？

　　那麼，鄭氏提出「照朝鮮例」的真實目的何在呢？一是為了與清朝周旋，並不想投降。陳在正指出「有些條件或說法同樣系出自權宜的策略或是一種藉口」，是為了「恢復」「中興」的政治目的。[16]二是從君臣名節的角度，力圖保持明朝的一片江山。這一點，現代的人不容易理解，而當時的人卻都理解，連清朝當局也理解。所以他們一方面沒有答應「照朝鮮例」，另一方面則對此表示讚賞。他們表示：「夫保國存祀，至忠也」，「我朝廷亦何惜以窮海遠適之區，為爾君臣完全名節之地」。清方的康親王、平海將軍、福建總督都先後在口頭上、書面上表示可以考慮「如高麗朝鮮故事」，「許其不剃髮，只稱臣納貢，照高麗朝鮮事例」。可見在當時，「照朝鮮例」的主張並不是清廷完全不可能接受的，也並不是什麼大逆不道的事情。[17]

需要公道評價

　　其實，對於鄭經在「照朝鮮例」問題上的表現，海峽兩岸有些學者已經發表過一些比較公道的看法，而與批判鄭經的看法有明顯的不同。

　　1983 年我發表《康熙二十二年：台灣的歷史地位》，指出，有人認為「照朝鮮例」是分裂祖國，搞「獨立」，受譴責的是鄭經，而始作俑者則是鄭成功。其實，鄭氏並沒有把自己當作外國，只是堅持「不剃髮」

---

[16]陳在正等著：《清代台灣史研究》第 103—104 頁，廈門大學出版社，1986 年。
[17]陳孔立：《康熙二十二年：台灣的歷史地位》，《台灣研究集刊》1983 年第 2 期。載陳在正等著：《清代台灣史研究》，廈門大學出版社，1986 年。又見施偉青主編：《施琅研究》，廈門大學出版社，2000 年。

以表示忠於明王朝。我認為，「不要把清鄭矛盾提高到統一和分裂甚至愛國和叛國的高度」，「不要為了肯定康熙統一台灣，就否定台灣鄭氏的抗清活動，說他們搞封建割據、破壞統一，也不要把製造『兩個中國』的罪名加在鄭經的頭上」。[18]

1983 年陳在正發表《評清政府與鄭成功之間和戰的得失》，他認為「照朝鮮例」的說法是「出自權宜的策略或是一種藉口」，是為了「恢復」「中興」的政治目的。[19]

1997 年鄧孔昭發表《論清政府與台灣鄭氏集團的談判和「援朝鮮例」問題》，指出鄭經是繼承鄭成功的遺志，堅持「援朝鮮例」不削髮的，「不是要把台灣變成朝鮮那樣的藩屬國，而是要求鄭氏集團管轄下的人民（也包括大陸沿海人民）像朝鮮那樣不削髮」。他認為指責鄭經對中華民族背叛、對父輩事業背叛是沒有根據的。[20]

2001 年陳捷先在台灣出版《不剃頭與兩國論》一書，他指出，鄭成功提出「依朝鮮例」不剃頭，因為剃髮就是投降，後來鄭經堅持這個主張。不剃髮在本質上不是要自外於中國，鄭成功父子都沒有說過他們是外國人，更不會不認同中華文化。他們是忠於明朝，展現尊重中華文化的儒者忠誠而提出這一主張的。[21]

2005 年朱雙一發表《「鄭經是台獨份子」說質疑──以〈東壁樓集〉為佐證》，文章認為，通過近年發現的鄭經所著《東壁樓集》，從近五百首詩中可以看出，鄭經始終繼承鄭成功遺志，奉明正朔，矢志抗清復土，體現了一種「遺民忠義精神」，他的志向是作為明朝之「臣」，而不是作為獨立王國之「君」，可見鄭經並非「台獨份子」。[22]

---

[18] 同上。

[19] 陳在正：《評清政府與鄭成功之間和戰的得失》，《台灣研究集刊》1983 年第 4 期。載陳在正等著：《清代台灣史研究》，又見陳在正著：《台灣海疆史》，揚智出版社，2003 年。

[20] 鄧孔昭：《論清政府與台灣鄭氏集團的談判和「援朝鮮例」問題》，《台灣研究集刊》1997 年第 1 期。又見鄧孔昭著：《鄭成功與明鄭台灣史研究》，台海出版社，2000 年。

[21] 陳捷先：《不剃頭與兩國論》，台灣遠流出版公司，2001 年。

[22] 朱雙一：《「鄭經是台獨分子」說質疑──〈東壁樓集〉為佐證》，《廈門大學學報》（哲學社會科學版），2005 年第 1 期。

　　總之，我認為上述幾位的說法是比較公道的、切合歷史實際的評論。對於鄭經的表現，我們應當更多地了解明清時代的真實情況，歷史主義地看待問題，才能作出公正的判斷，而不能用現代的標準去要求300多年前的古人；作為歷史學者，更不要出於現代政治的某種需要，給古人製造冤案。

　　（2007 年 2 月 2 日改寫）

施琅史事若干考辨

施琅原是鄭氏部將，順治年間投降清朝，康熙二十年被復授為福建水師提督，轉征台灣。他在攻克澎湖、收復台灣的過程中，起了很大作用。所以，施琅的事蹟和台灣鄭氏有密切關係。

有關施琅的史料和論述並不多，而在若干記載和看法上卻有一些出入。

本文擬就施琅與鄭成功、康熙、李光地、姚啟聖等人相互關係中的若干史事加以考辨，提供研究者參考。

施琅與鄭成功

一、施琅叛鄭降清的時間及原因

關於施琅判鄭降清的時間，史籍上有以下不同的記載。《清史稿》施琅傳云，順治三年，施琅從鄭芝龍降清，《八旗通志》名臣列傳未提及降清年份，而指出：「順治四年（琅）同總兵官梁立隨廣東提督李成棟、監軍戚元弼等剿順德縣海寇，多所斬獲。」這樣，施琅降清當在順治四年以前，而《海上見聞錄》、《從征實錄》、《閩海紀要》等書均記在順治八年條下。

據《清世祖實錄》記載，順治四年十月初三日有「總兵施琅」授剿順德縣海寇事，這說明此時施琅確已降清。[1]但是，順治六年（永曆三年，一六四九年）以後又有如下記載：六年十月左先鋒施琅隨鄭成功作戰於雲霄、揭陽等地，七年五月琅招詔安萬禮來附，[2]八年八月鄭成功用施琅之計，襲取廈門。[3]由此可見，施琅在投清以後又曾歸附鄭成功。因此，施琅降清先後有兩次，一次在順治三年，一次在順治八年。

---

[1] 謂「總兵施琅」疑有誤。施琅初降時只授副將，至順治十八年才升為同安總兵官。見清世祖實錄順治十八年十月二十五日條。

[2] 楊英《從征實錄》，頁一、八。（中研院本）

[3] 江日昇《台灣外紀》，卷六，阮旻錫《海上見聞錄》，永曆四年。

　　施琅叛鄭降清的原因各書記載也不一樣。《清史稿》等書說，鄭成功起兵海上，「招琅不從。成功執琅，並係其家屬」，殺琅父及弟等；《續修台灣縣志》則說：「成功忌其能，因釁執之」；而《海上見聞錄》等書都說是施琅的一個部下犯罪逃匿在鄭成功軍中，被施琅所殺，因而引起鄭施反目。這個部下有的寫作「從將曾德」（《台灣外紀》），有的作「親兵曾德」（《海上見聞錄》），有的則只寫「一卒」（《榕村語錄續集》）或「標弁」（《八旗通志》）。

　　看來上述幾點都不是主要原因，「曾德事件」只是一個導因，施琅的叛降應當說是鄭施矛盾發展的結果。因為在此以前，發生過以下事情。一、施琅反對鄭軍擄掠。那時鄭軍缺糧，「議剽掠廣東，琅正言阻之，拂其（指成功）意」，[4]成功「督大師掠永寧、崇武二城，所獲頗多而回。施琅怨聲頗露」；[5]二、施琅勸阻鄭成功南下勤王，於是鄭成功令施琅隨定國公鄭鴻逵回廈門，而將施琅的鎮兵交給蘇茂代管。施琅在守衛廈門之役時雖然立功受獎，但鄭成功回師後並不讓施琅復任，而要他再行募兵，另組前鋒鎮；要他「移師後埔紮營操練，施琅不從」，竟然提出要削髮為僧。[6]這說明鄭施矛盾已相當尖銳，加上「曾德事件」，施琅的父親、兄弟被捕，本人的生命安全受到威脅，因此決定叛鄭降清。李光地在評論這個事件時，把主要責任歸於施琅，他說：「鄭國姓用施琅如手足，其致釁也，亦由施琅。」[7]朱希祖則認為主要是因為鄭成功「濫用權威」，誅殺族叔鄭芝莞，「忘大德而不赦小過，此施琅、黃梧輩所以寧反面事仇也」。[8]其實，在順治年間，清鄭雙方將士官吏投來叛去的情況是常有的，這是因為他們之間的矛盾只是統治階級中不同政治集團的矛盾。那時鄭成功才二三十歲，「用法嚴峻，果於誅殺」，促使一些將士投降清軍。施琅的叛鄭降清反映了鄭軍內部的這些弱點。

4　《八旗通志》，施琅傳。

5　楊英《從征實錄》，頁十六。

6　阮旻錫《海上見聞錄》，永曆五年，《從征實錄》，頁十五。

7　李光地《榕村語錄續集》，卷十一，頁四。

8　楊英《從征實錄》，朱序，頁十六。

二、施琅與鄭氏的恩怨

本來鄭成功和施琅的關係相當密切，他們二人「相得甚，軍儲卒伍機密大事悉與謀」，[9]施琅「事成功，年最少，知兵善戰，自樓櫓、旗幟、陣伍之法，皆琅啟之」，[10]鄭成功視施琅如手足，施琅也說和鄭成功「有魚水之歡」。[11]

另一方面，施鄭之間的私仇是很深的。除了鄭成功殺施琅之父大宣、弟顯以外，康熙十九年鄭經又因施琅的子侄施齊（世澤）、施亥（明良）謀叛，而殺了兩家 73 口。[12]正因為有這樣的舊恨新仇，所以李光地在保舉施琅時指出：「他全家被海上殺，是世仇，其心可保也。」[13]施琅也一再請求出征台灣，表示「臣鰓鰓必滅此朝食」。[14]

可是施琅到達台灣以後，卻再三表示自己「斷不報仇」：「當日殺吾父者已死，與他人不相干，不特台灣人不殺，即鄭家肯降，吾亦不殺。今日之事君事也，吾敢抱私怨乎？」[15]施琅還主動告祭鄭成功，提及「琅起卒伍，于賜姓有魚水之歡，中間微嫌，釀成大戾。琅于賜姓，剪為仇敵，情猶臣主。蘆中窮士，義所不為。公義私恩，如此而已」。[16]所以有人認為施琅「不念舊仇」，而給予表彰。[17]其實不然。施琅之所以不殺鄭氏家人，是有自己的意圖的。他對李光地說過：「吾欲報怨，彼知必不能全首領，即不能守，亦必自盡，鄭賊雖不成氣候，將來史傳上也要存幾張紀傳，至此定書某某死之，倒使他家有忠臣孝子之名，不如使他家全皆為奴囚妾婦於千秋，其報之也不大於誅殺乎。」[18]施琅不是不念舊仇，而是採取另一種手法來報仇。不過他畢竟還能從大局出發，沒有在

---

[9]　《福建通志》，列傳，清一，施琅傳。

[10]夏琳《閩海紀要》永曆五年。

[11]《台灣外紀》卷三十。

[12]《鄭氏史料三編》，頁二〇四、二一〇，姚啟聖《慢畏軒奏疏》，卷四，頁五十九。

[13]《榕村語錄續集》，卷十一，頁十二。

[14]施琅《靖海紀事》，決計進剿疏。

[15]同[13]卷十一，頁六。

[16]《台灣外紀》卷三十。

[17]《八旗通志》，施琅傳。

[18]同[13]卷十一，頁六。

台灣大肆屠殺，這對於穩定台灣民心，對於國家的統一還是有好處的。

施琅與康熙

一、康熙對施琅的評價

　　康熙二十二年（1683 年）施琅為清朝取得台灣、統一全國立了大功，康熙親自為他寫了「御製褒章」，並且寫了這樣一首詩：「島嶼全軍入，滄溟一戰收。降帆來蜃市，露布徹龍樓。上將能宣力，奇功本伐謀，伏波名共美，南紀盡安流。」把施琅比做伏波將軍馬援，把收取台灣歸功於他。康熙又在「封侯製誥」中讚揚施琅「矢心報國，大展壯猷，籌畫周詳，布置允當，建茲偉伐，宜沛殊恩」。施琅去世以後，康熙還表彰他「才略夙優，忠誠丕著」、「忠勇性成，韜鈐夙裕」、「果毅有謀，沉雄善斷」，把收取台灣看做是為清朝「掃數十年不庭之巨寇，擴數千里未辟之遐封」。[19] 以上是康熙對施琅的評價，但只是一種評價，並非全部。康熙還曾經對施琅做過另一種評價。康熙二十三年內閣學士石柱（或作席柱）被派往廣東、福建處理開放沿海邊界問題，回京以後，康熙向他詢問福建陸路提督萬正色、水師提督施琅的情況。石柱說：「水師提督人才頗優，善於用兵，但既成功，行事微覺好勝。」這時，康熙竟然當著石柱等人的面，對施琅做了這樣的評價：「粗魯武夫，未嘗學問，度量偏淺，恃功驕縱，此理勢之必然也。」[20]

　　以上兩種評價截然不同。「粗魯武夫，未嘗學問」和「有謀善斷」「籌畫周密」「才略夙優」等等是相互矛盾的。但這二者都是康熙親自提出的，究竟應以何者為準呢？我認為這都是康熙對施琅的評價，它反映了康熙對施琅既給予重用又不無戒心的實際情況。這一點我們還可以從康熙對施琅的態度上得到證實。

---

[19] 均見《靖海紀事》。
[20] 第一歷史檔案館藏：《漢文起居注》，康熙二十三年七月二十二日。

二、康熙對施琅的態度

康熙二十七年（1688 年）康熙皇帝召見施琅時對他說：「爾前為內大臣十有三年，當時因爾係閩人，尚有輕爾者。惟朕深知爾，待爾甚厚。其後三逆反叛，虐我赤子，旋經次第平定。惟有海寇游魂潛據台灣，尚為閩害，欲除此寇，非爾不可。爰斷自朕衷，特加擢用。爾果能竭力盡心，不負任使，奮不顧身，舉六十年難靖之寇，殄滅無餘，此誠爾之功也。邇來或有言爾恃功驕傲者，朕亦聞之。今爾來京，又有言當留爾勿遣者。朕思寇亂之際尚用爾勿疑，況今天下已太平反疑爾勿遣耶！」[21]從這一段話看來，似乎朝廷內部一直有人對施琅懷有戒心，而康熙則向來信任施琅，對他是「用爾勿疑」的，事實並非如此。

施琅在任內大臣期間（康熙七年至二十年），並沒有得到重用，所謂「朕深知爾，待爾甚厚」，只是一般的攏絡羈縻。那時康熙曾經先後任命王之鼎、萬正色為福建水師提督，而沒有考慮起用施琅。後來李光地向康熙推薦施琅時，康熙還問道：「施琅果有什麼本事？」[22]「汝能保其無他乎？」[23]可見那時對施琅還不信任。

康熙重用施琅是在重新授予他福建水師提督職務之後。那時康熙不僅親自接見施琅，賜食賜馬，加予宮保衛，而且在進取台灣的過程中，給他以大力支持，提供方便的條件。例如，施琅請求將侍衛吳奇爵調去隨征台灣，兵部議不准行。康熙說：「吳奇爵在京不過一侍衛，有何用處，若發去福建或亦有益。」[24]滿足了施琅的要求。又如，施琅要求授予陳子威等人官職，吏部不准。康熙卻指出：「目前進取台灣，正在用人之際，福建總督、提督、巡撫凡有所請，俱著允行」[25]這種做法可以說是破例的。更突出的是施琅多次請求獨自進取台灣，不讓總督、巡撫插手，康熙竟然批准了這種請求，這種做法也是少見的。此外，康熙還

[21]同上，康熙二十七年七月十五日。
[22]《榕村語錄續集》，卷十一，頁一。
[23]同上，卷九，頁十三。
[24]《漢文起居注》，康熙二十年十一月八日。
[25]同上，康熙二十二年七月七日。

命令派往廣東、福建辦理展界事宜的大臣,凡事要同施琅會商,因為「施琅於沿海島嶼情形無不悉知」。[26]最後,在台灣棄留問題的爭論中,康熙也支持了施琅。以上情況表明,在這個時期,康熙對施琅是十分信任的。但是,康熙對施琅並不是有求必應、一味遷就的。例如,有一次,施琅保薦被參官員出任新職,有的官員指出:「施琅雖有大功,不宜干預此事」[27]另一次,在議論應否設置福建總督時,大學士明珠指出:「今當福建多事之日,提督施琅又屬干預地方事務,因施琅係有大功之人,故彼處巡撫每事曲從,如此恐將來事有未便。」[28]對於以上看法,康熙都認為是正確的。他還通過內閣學士石柱等人,了解施琅的實際表現,作出「粗魯武夫」之類的評價。

總之,施琅「矢忠報國」、忠心耿耿地為清王朝效勞,進取台灣立了大功,正因為施琅能夠為康熙所用,所以康熙給他專征的權力,並且封侯受賞。但是,康熙又從清朝統治的長治久安著想,不允許施琅干預地方事務,不允許施琅觸動既定的成法。康熙對施琅的態度不是出自一時的好惡,而是以鞏固清朝統治這個最高原則為依據的。

三、「專征台灣」問題

《清史稿》施琅傳的「論曰」寫道:「及琅出師,啟聖、興祚欲與同進,琅遽疏言未奉督撫同進之命。上命啟聖同琅進取,止興祚勿行」。據此說法,似乎康熙並沒有給予施琅「專征」的諭旨,而《八旗通志》施琅傳則肯定有這樣的諭旨。究竟康熙是否支持施琅「專征」,有待辨明。

從史料上看,施琅曾經三次請求「獨自進取台灣」。第一次是二十年十月,即施琅剛剛復任不久,便上了題本,指出:「督撫均有封疆重寄,今姚啟聖、吳興祚俱決意進兵。臣職領水師,征剿事宜理當獨任。

---

[26] 同上,康熙二十二年十一月十七日。
[27] 同上,康熙二十二年十二月十三日。
[28] 同上,康熙二十三年五月初一日。

但二臣詞意懇切，非臣所能禁止。且未奉有督撫同進之旨，相應奏聞。」[29]第二次是十一年三月，施琅上《密奏專征疏》，要求由總督姚啟聖駐紮廈門，居中節制，而由他「專統前進」。第三次，在同年七月十三日《決計進勦疏》中再次請求「獨任臣以討賊」「責臣必破台灣，克奏膚功」，並且表示「事若不效，治臣之罪」。顯然，施琅一貫是不願意與督撫共同進兵的。

施琅何以屢次請求專征呢？主要是擔心姚啟聖等人不熟識海上情況，遇事掣肘。他與姚啟聖就出兵時機問題發生過爭執，他對李光地說：「不是總督掣我肘，去年已出兵矣。」[30]所以施琅公然向朝廷提出，姚啟聖「生長北方，水性海務非其所長」，而他自己「生長濱海，總角從戎，風波險阻，素所履歷」，[31]堅決要求讓他獨自帶兵進取台灣。

康熙對這個問題的態度前後是不一致的。當施琅第一次題奏時，康熙命令「總督姚啟聖統轄福建全省兵馬，同提督施琅進取澎湖、台灣。巡撫吳興祚有刑名錢糧諸務，不必進勦」。[32]可見當時並未准許施琅專征。《清史稿》所說的正是這個時間的事。第二次，康熙仍然命令姚、施二人「協謀合慮，酌行勦撫」，[33]也沒有答應施琅的請求。可是，施琅並不罷休，他第三次請求專征，康熙認為施琅「提請不令總督進兵」是「妄奏」，他質問道：「為臣子者，凡事俱應據實啟奏。如此苟且妄奏，是何道理？」[34]可是兩個月以後，康熙的態度有所改變，他要大臣們就這個問題進行會議。大學士明珠提出：「若以一人領兵進勦，可得行其志，兩人同往，則未免彼此掣肘，不便於行事。照議政王所請，不必令姚啟聖同往，著施琅一人進兵似乎可行。」康熙同意這個辦法，並且說：「進勦海寇關係緊要，著該督撫同心協心，趲運糧餉毋致有誤」，「施琅

[29]《清聖祖實錄》二十年十月二十七日。
[30]李光地《榕村語錄續集》，卷十一，頁四。
[31]《靖海紀事》決計進勦疏。
[32]《清聖祖實錄》，二十年十月二十七日。
[33]同上，二十一年四月十七日。
[34]《漢文起居注》，康熙二十一年八月初四日。

相機自行進剿，極為合宜」。[35]

　　由此可見，起初康熙並未命令施琅專征，但後來畢竟下了專征的諭旨。

　　《清史稿》作者未見到上引史料，他的看法是片面的。

施琅與李光地

一、李光地保舉施琅

　　一般史籍都指出，保舉施琅復任福建水師提督的是姚啟聖，[36]而《清史稿》則說：「內閣學士李光地奏台灣可取狀，因薦琅習海上事，上復授琅福建水師提督，加太子少保，諭相機進取。」《福建通志》也說：「內閣學士李光地奏琅可任專征。」李光地自己寫道：「余力保其平海。」[37]這說明李光地推舉施琅確有其事。我們從《榕村語錄續集》還可以看到以下史料：

　　二十年二月康熙問李光地：「施琅果有什麼本事？」李答：「琅自幼在行間經歷得多，又海上路熟，海上事他亦知得詳細，海賊甚畏之。」對此，康熙只是「點首而已」。[38]這時李光地還沒有正式推薦施琅進取台灣，康熙也還沒有表示要任用施琅。

　　二十年七月康熙又問李光地：「汝胸中有相識人可任為將者否？」李推說「命將大事」要由皇帝決定，自己不敢與聞。康熙「敦問再三」，李光地只好答應再考慮幾天。後來康熙派大學士明珠去問李光地，李答：「都難信及，但計量起來還是施琅。」他列舉了施琅的有利條件，一則施琅全家被「海上」所殺，「其心可保」，二則施琅比別人熟悉海上

---

[35]同上，二十一年十月初六日。

[36]施琅於康熙元年升為福建水師提督（見《清聖祖實錄》元年七月二十七日），七年進京，受內大臣，撤提督（見《台灣外紀》，卷十四）。

[37]《榕村語錄續集》，卷十一，頁八。

[38]同上，卷十一，頁二。

情況，三則有略謀，「海上所畏惟此一人」。[39]李光地還寫道：「予薦施平海時，上問汝能保其無他乎，予奏，若論才略實無其比，至成功之後，在皇上善於處置耳。」[40]在他的推薦下，康熙決定復授施琅福建水師提督，負責進取台灣。

二、李光地對施琅的評價

李光地對施琅頗為推崇，除上述以外，還有如下評語。

「施素不多言，言必有中，口亦不大利，辛辛苦苦說出一句，便有一句用處。」[41]「人論本朝之將，以趙良棟、施琅並稱。今觀之，趙雖御下亦有恩威，臨事亦有機智，若論能攬天下之大事，刻期成功，未必如施。予曾多與議，雖鄧禹之初見光武，孔明之初見昭烈，所言相對，而岳武穆之破楊么不是過也」。[42]這說明李光地對施琅的評價是很高的。

最奇怪的是他居然還發表了如下的議論：「予所見文武大臣有風度者，魏環溪、施尊侯（琅字），而施雖驕，然生來骨驕，非造作也」，「（琅）嘗言鄭氏竊據島外，未遵正朔，殺之適成豎子之名，窮蹙來歸，大者公，小者伯，一門忠義何在，不報父弟之仇，乃以深報之也。斯言也，誰謂琢公（琅號）不學」。[43]這兩段文字似乎並沒有超過上述的評價，可是，它卻是針對康熙的批評而發的。康熙說施琅「恃功驕縱」，而李光地卻說他「生來骨驕，非造作也」；康熙說施琅「度量褊淺」，李光地卻說他「有風度」；康熙說施琅「粗魯武夫，未嘗學問」，李光地卻說「誰謂琢公不學」。這簡直是與康熙針鋒相對，完全否定康熙對施琅的批評。這些言論如果在康、雍、乾年間刊刻出來，必定釀成文字獄的一個大案。好在《榕村語錄續集》到了光緒年間才被刊印行世，才有可能保留這樣一些有價值的史料。

---

[39]《榕村語錄續集》，卷十一，頁三。
[40]同上，卷九，頁十三。
[41]同上，卷十一，頁七。
[42]同上，卷十一，頁六。
[43]同上，卷九，頁七。

　　在進取台灣問題上，李光地是支持施琅的。直到二十七年四月康熙還提到：「台灣之役眾人皆謂不可取，獨李光地以為必可取，此其所長。」[44]而在棄留問題上，李光地和施琅的意見則恰恰相反。

　　當時施琅上《恭陳台灣棄留疏》，說明台灣對沿海各省的重要意義，台灣經濟條件的優越，反駁棄守台灣的種種論調，提出「棄之必釀成大禍，留之誠永固邊圉」，因而請求朝廷派兵固守。對於這個問題，不少朝廷官員、封疆大吏持反對意見，主張放棄台灣。

　　康熙曾經問過李光地，李主張「應棄」，「空其地任夷人居之，而納款通貢」，甚至認為「即為賀蘭（荷蘭）有亦聽之」，[45]堅決反對施琅派兵固守的主張。

　　其實，主張固守台灣，促使康熙將台灣保留在清朝版圖之內，是施琅的一大功績。評價施琅不能不涉及這個問題，而李光地恰恰在這個問題上對施琅不能做出正確的評價。歷史已經證明，施琅關於台灣棄留的見解，比李光地高明得多。

施琅與姚啟聖

一、姚啟聖保舉施琅

　　《台灣外紀》《海上見聞錄》等書都提及福建總督姚啟聖推薦施琅為福建水師提督，進取台灣。李光地也說：「施琅本與（姚啟聖）相好，又是渠所薦過者。」又說「當日施尊侯本老公祖（指姚啟聖）所薦」。[46]可見姚啟聖推舉施琅應是事實。但各書多將此事記於康熙二十年條下，而《台灣外紀》另在康熙十八年寫道，姚啟聖「保琅為福建水師提督平海。奉旨調鎮江將軍伯王之鼎為福建水師提督」，《國朝先正是略》則說：「啟聖為布政使，嘗疏薦之。」姚啟聖於十五年十月任福建布政使，十

44《漢文起居注》康熙二十七年四月、初一日。
45《榕村語錄續集》，卷十一，頁十一。
46同上，卷十二，頁十一。

七年升為福建總督，據此，應當是在十七年以前已經保舉施琅了。以上兩次保舉是否事實，需要加以考辨。

姚啟聖《憂畏軒奏疏》寫道：「臣任藩司時，……即以為海賊異常猖獗，水師亟需得人事」，向康親王杰淑等人保舉施琅，「後聞施有子侄在海，且當日撤回原自有因，臣亦不敢力保」。[47]可見在康熙十七年以前，姚啟聖曾經保舉過施琅，但只是向康親王提出，並未向皇帝題奏。康熙於十七年命令姚啟聖等人：「當此海寇鴟張之會，統轄水師，非才略優長，諳練軍事不可，總督姚啟聖、提督楊捷、巡撫吳興祚其遴選保奏。」[48]於是姚啟聖便於十八年六月向皇帝保奏，他寫道：「臣任藩司時，聞知原水師施威名，鄭錦畏之如虎，……通省鄉紳、貢舉生員、文武兵民、黃童白叟，萬口同聲，皆知其堪任水師提督也。」[49]所以姚啟聖於十八年保舉施琅也是事實。

由於這兩次保舉在《清實錄》中沒有記載，所以有些史書未曾提及。

二、姚啟聖「賞不及」的原因

收取台灣後，施琅封侯，而姚啟聖被議敘。《清史稿》施琅傳認為其原因在於「既克（台灣），啟聖告捷疏後琅至，賞不及，鬱鬱發病卒」。《國朝先正事略》說得更具體：「琅由海道奏捷，七日抵京師。啟聖由驛馳報，後二日。」[50]

究竟誰的報捷題本先到？查《清實錄》《起居注》，均載二十二年閏六月十八日姚啟聖題報「施琅進剿台灣，克取澎湖」，到了二十九日（起居注為二十六日），施琅的題報才到達京師。可見「克取澎湖」的捷報是姚啟聖的先到。至於鄭克塽「進投誠表彰事」，施琅的奏報先於七月初七日到京，由姚啟聖轉奏的題本則於七月二十七日到達。當時鄭克塽「並未言及剃頭登岸」，因此朝廷並未把它當作克取台灣的捷報。施琅

---

[47]《憂畏軒奏疏》，卷三，頁九。
[48]《清聖祖實錄》，十七年八月十八日。
[49]《憂畏軒奏疏》，卷三，頁八。
[50]《國朝先正事略》姚啟聖傳。

有關收取台灣的題本，既有《賫書求撫疏》（閏六月十一日）、《台灣就撫疏》（七月二十四日）、《賫繳冊印疏》（七月二十九日）、《報入台灣疏》（八月初九日）、《舟師抵台灣疏》（八月十九日）等件。

《國朝先正事略》所謂「七日抵京師」的題本，指的是八月初九的《報入台灣疏》。其實，八月十五日到達京師的是七月二十九的《賫繳冊印疏》，康熙正是根據這個題本，認為「海洋遠徼盡入版圖」，而表示「朕心深為嘉悅」。[51]這個捷報確是先由施琅題奏的。

但是，是否就因為姚啟聖的捷報遲到而「賞不及」呢？事實並非如此。

姚啟聖之所以未能獲賞，是因為康熙對他不滿。當年九月康熙說：「朕觀姚啟聖近來行事頗多虛妄」，主要有以下幾件事：一、辦事不力，「當施琅進兵時，不及時接濟軍需，每事掣肘」；二、冒功誇誕，「並無勞績，而奏內妄自誇張，稱臣與提臣如何調度，……明係沽名市恩，殊為不合」，[52]「並未渡海進剿，今見台灣歸順，海寇蕩平，妄言曾保舉施琅，……明欲以施琅功績攘為己有也」。大學士明珠等人也說：「姚啟聖乃一好事誇誕之人」「並無功績，乃言以己之功讓與施琅，是即欲以施琅之功歸之於己耳」。因此康熙下令：「姚啟聖前有議敘之旨，應停止。」[53]由此可見，姚啟聖之所以「賞不及」，原因並不在於捷報遲到。

三、姚、施二人的關係

施琅在《飛報大捷疏》中曾經肯定姚啟聖捐造船隻、捐養水兵、催運糧餉等功勞，說：「今日克取澎湖之大捷，接督臣賞賫鼓舞之功，乃有此成效也。」姚啟聖也曾經上疏，「以己功讓與施琅」。表面上似乎互相謙讓，關係融洽，實際上他們二人為了爭功，都耍了一些手腕。

他們在出征時機和專征台灣問題上的矛盾已見上述。到了取得台灣

---

[51]《清聖祖實錄》，二十二年八月十五日有「賫繳冊印疏」的摘要。
[52]《漢文起居注》康熙二十二年九月初九日。
[53]同上，十月十一日。

以後，施琅得知姚啟聖「搶先上本，說（總兵）朱天貴陣亡，是他的標員已成大功，像施琅全無作為者，遂蒙優旨」。施琅為此銜恨在心，他「蓄毒入鄭家，得姚一點陰利事」，指使陳起爵向皇帝報告，以此攻擊姚啟聖。[54]

而姚啟聖早在得知施琅奏請專征時，便大為不滿，他立即提奏，反駁施琅的說法，說他自己「出海操練數月，荷托皇上洪福，臣亦安然無恙，不嘔不吐，何以知臣出海竟無所長」，[55]說他得知施琅請求專征的消息，「不禁中心如焚如溺而不能自已也」。[56]姚啟聖竟然用三千金收買給事中孫蕙，要他「上本說兵不可輕動」，阻止施琅進兵台灣。[57]在收復台灣以後，姚啟聖在報捷書內主要說他的部下朱天貴等人的功績，只附帶提及「提臣及各鎮官兵奮勇效命」，[58]而企圖貶低施琅的作用。

這些情況表明，姚，施二人之間的矛盾是相當尖銳的，他們勾心鬥角，互相掣肘，以致拖延了收取台灣的時間。

（《福建論壇》1982 年第 5 期）

---

[54] 《榕村語錄續集》，卷十二，頁十二至十三。
[55] 《慢畏軒奏疏》，卷五，頁五。
[56] 同上，卷四，頁八五。
[57] 《榕村語錄續集》，卷十二，頁十一。
[58] 《慢畏軒奏疏》，卷五，頁七八。

岡山考

　　岡山，又稱大岡山，標高 340 米，在鳳山縣北部，即今高雄縣鳳山鎮、阿蓮鄉、天寮鄉交界處。在清代前期，台灣幾次起義都和鳳山有關：朱一貴、吳福生、黃教起義都是從岡山開始行動的，林爽文起義、張丙起義也涉及岡山。由此看來，至少在清代前期，岡山是鳳山縣的一個重要汛地。究竟當時岡山的地位如何？起義者在岡山一帶進行了哪些活動？清政府在岡山採取了那些防禦措施？這是本文所要探討的問題。

岡山的地理位置

　　先看岡山的地理位置。大岡山「在嘉祥里，縣北三十五里」，小岡山「在縣北三十里」[1]，這是指乾隆三十五年前，鳳山縣治在興隆里（今左營區）時的距離。後來縣治遷到舊城以東的大竹里（今鳳山鎮），所以《鳳山縣採訪冊》寫道，大岡山在「縣北五十里」，小岡山在「縣北四十五里」。岡山位於鳳山縣和台灣府治交界的地方。藍鼎元寫道：「岡山去府治三十里」[2]，所以岡山距離府城比距離鳳山縣城更近。

　　岡山汛就在大岡山麓。據光緒年間台灣城守營左軍守備石國珍造報的清冊，可以看出岡山汛的位置和管轄範圍是這樣的：「離郡城三十里，離鳳山城五十一里。東至溪十五里與羅漢門汛交界；西至海浦莊十九里與安平水師交界；南至二濫塘十里與阿公店汛交界；北至岡山溪七里。」[3]這是清代後期的情況，在清代前期，岡山汛防守的範圍則更大些[4]。

　　清初，大岡山被看作是台灣南路和北路的分界線。《東寧政事集》寫道：「南路自大岡山以下，至下淡水琅嶠社；北路自木岡山以上，至上淡水雞籠城。」[5]季麒光《客問》也說：「木岡大同，以分南北。」[6]浙

---

[1]　余文儀：《鳳山縣志》，卷1，「山川」。
[2]　藍鼎元：《鹿洲奏疏》，「台灣水陸兵防」。
[3]　光緒《台灣通志》，資料1。
[4]　余文儀：《讀修台灣府志》，卷9，「武備一」。
[5]　黃叔璥：《臺海使槎錄》，卷2，「武備」。

閩總督覺羅滿保在奏摺中寫道:「台灣南路與中路適中扼要為岡山地方,北路與中路適中扼要為下加冬地方」[7],要求在這兩個地方加強守衛力量。

　　岡山附近有民居村莊,鄰近的羅漢門是遊民經常出沒的場所。《鳳山縣志》記載,大小岡山「二山對峙,若斷若聯,勢相回抱,四圍皆田園廬舍」,「上接台界,下連觀音山。內山昔年賊匪竊發之藪」。岡山和台灣府治東南的羅漢門相連接,那裡「四圍皆山」,形勢更為險要,「雄踞通南北,奸宄往來頻」[8]。康熙末年藍鼎元指出,羅漢門「素為賊藪」,「諸賊往來南路阿猴林、下淡水間,其巢總在羅漢門」[9]。

　　總之,岡山有它特殊的地理位置,它既是在鳳山縣管轄之內,又距離府城很近,處在台灣南路和北路的交界處,所以岡山一有行動,便會威脅到府城的安危,影響到南北兩路;它通過岡山溪和濁水溪可以出海口,通過後山可以與觀音山、羅漢門相連接,進可以攻,退可以守,既可以聯絡游民,壯大起義力量,又可以退入內山,四處逃散。正因為這樣,起義者往往在岡山一帶活動,有些地方官員曾經把岡山看作是「城守要汛」。

歷次起義、豎旗在岡山的活動

　　在看歷次起義和豎旗事件在岡山地區的活動情況。從康熙年間到乾隆末年,台灣發生過吳球、劉卻、朱一貴、吳福生、黃教、林爽文和陳周全起義,這七次起義中有三次是從岡山爆發的。

　　一、康熙六十年(1721)朱一貴起義。四月十九日朱一貴等 52 人在羅漢門黃歐家中「焚表結盟,各招黨羽,得數百人,立賊幟,書大元

6　謝金鑾:《台灣縣志》,卷 6,「藝文一」。
7　《清世宗實錄》,卷 9,第 2 頁。
8　同[6]卷 8,「藝文三‧台灣近咏」。
9　藍鼎元:《平台紀略》,又見《東征集》,卷 2,「檄諸將弁大搜羅漢門諸山」。

帥朱，夜出岡山，襲賊塘汛」[10]。或說是南路翁飛虎等人以朱一貴名義，「豎旗岡山，搶汛塘軍器」[11]。4 天以後，朱一貴「移屯岡山之麓」。關於襲擊岡山的行動，朱一貴本人供稱：「〔〕〔〕〔二十〕三日，我的人在岡山駐紮，台灣府發〔〕〔〕五百人，拿了十桿旗纛，與我們打仗，被我〔〕〔〕〔〕得了他們鳥槍、藤牌等械十數件」[12]，當時台灣鎮標右營游擊周應龍和左營千總陳元等帶兵前往岡山「捕賊」，「至小岡山遭賊與戰」[13]，起義者敗退入山。起義者陳成供稱，「二十三日出，在岡山和官兵打仗，敗了，躲在山內去招人」[14]。後來杜君英「糾粵眾二千與岡山賊合」，在赤山打敗官兵[15]。在這次起義中，只是開頭幾天在岡山一帶活動，以後起義力量發展很快，便離開岡山，向其他地區行動了。

　　二、雍正十年（1732）吳福生起義。三月二十八日晚焚毀岡山營，爆發起義[16]。但據吳福生供稱：「燒岡山日子，謝倡原擇是三月二十八日起事」，因招人不齊，延到二十九日晚。起義者「各執竹篙槍，同到岡山營盤放火吶喊，要搶軍器。那汛兵有受傷，小的伙裡亦有受傷」[17]。吳慎供稱：到岡山「先放火燒房，那汛兵走出，小的們乘機喊殺，兵丁有被傷的，許籌、楊佛恩、麟哥也有傷」[18]。蔡國供稱：「同吳福生們去燒岡山營盤，小的搶他鹿槍單刀」[19]。這次起義攻打岡山的目的是很明確的，就是為了搶奪軍器，武裝自己。但是看來收獲不大，只是搶到一批鹿槍、單刀，連吳福生本人也只搶到一把腰刀[20]。

　　三、乾隆三十三年（1768）黃教起義。「十月朔日，豎旗岡山，就

[10]藍鼎元：《平台紀略》，「朱一貴之亂」。
[11]同[1]卷 11，「災祥」。
[12]朱一貴供詞，《明清史料》戊編，第 1 本，第 21 頁。
[13]藍鼎元：《平台紀略》，「朱一貴之亂」。
[14]朱一貴謀反殘件，《明清史料》丁編，第 8 本，794 頁，歷史語言研究所，1951。
[15]同[1]卷 11，「災祥」。
[16]同[1]卷 11，「災祥」。
[17]吳福生等供詞，《明清史料》戊編，第 1 本，33-37 頁，歷史語言研究所，1951。
[18]吳福生等供詞，《明清史料》戊編，第 1 本，33-37 頁，歷史語言研究所，1951。
[19]吳福生等供詞，《明清史料》戊編，第 1 本，33-37 頁，歷史語言研究所，1951。
[20]吳福生等供詞，《明清史料》戊編，第 1 本，33-37 頁，歷史語言研究所，1951。

近汛兵多被戕殺,南北搖動」[21]。據檔案紀載,黃教是在十月初二日豎旗起義的,「因缺少軍器,恐抵官兵不過,當夜下岡山汛地,殺死兵丁十七名,擄去三名,並搶軍器火藥回山」[22]。當天晚上岡山汛所受到損失,據台灣鎮總兵官葉相德以後的奏報,情況如下:「搶去排槍四十五桿,腰刀二十一口,藤牌二面,牌刀二口,火藥一百零九斤,鉛子八十斤。兵丁傷斃七名,營房燒去六間。」[23]按照額制,岡山汛應當有守備1員、把總1員、兵丁127名,又有不少槍枝武器。用這樣的力量對付二百多名起義者並不困難,可是卻被起義者搶去了不少武器,所以乾隆皇帝責問道:「該汛地既有槍炮存貯,防守諒自不少,賊匪僅止一二百人,何至其搶奪?」[24]原來岡山汛兵丁缺額,有些人差假未歸,守備劉國梁又帶40名兵丁去府城,所以實際上留在岡山訊的士兵只有二十幾名,這樣當然就寡不敵眾了。事件發生後,台灣鎮總兵王巍下令出兵,初三日參將王介福等帶兵到達岡山腰,與起義者交戰,「殺賊二名,打死四名,賊匪奔散」[25]。但是由於岡山汛被起義者焚搶,台灣鎮總兵王巍、守衛岡山汛的守備劉國梁都被處斬。

以上三次起義都是從岡山開始行動的,三次起義都把岡山汛作為搶奪軍器的對象。儘管岡山汛靠近府城,但平時的防衛力量並不強,在起義者突然襲擊下,岡山汛成為一個孤立無援、力量薄弱的據點,所以往往陷於被動挨打的局面。

此外,林爽文起義和張丙起義也波及岡山。林爽文起義時,南路起義者曾經攻占鳳山,「南路之鳳山,侖仔頂等處俱係賊藪」[26]。乾隆五十二年正月海壇鎮總兵郝壯猷帶兵前去收復鳳山,當他聽說「賊目據岡山」時,便不敢輕進,每天只走5里路,起義者「伏岡山後」,進行騷擾和

---

[21] 同[6]卷5。

[22] 吳必達等奏折,《台灣滙錄》己集,第1冊,第79頁。

[23] 葉相德奏折,同[22] 93頁。

[24] 《清高宗實錄》,卷827、1276、1177。

[25] 鄂寧奏折,同[22]76頁。

[26] 《清高宗實錄》,卷827、1276、1177。

襲擊，迫使官兵屯師大湖，等待援兵到來才敢繼續前進[27]。五十三年欽差協辦大學士福康安帶兵鎮壓起義，南路起義者退入大岡山、水底寮等地，清軍自牛莊進山，「由大武壠直至岡山，一路搜查逸匪」[28]。福康安命令鄂輝、普爾普分別從南北兩路搜捕，他自己前往「岡山一帶，迎頭搜捕[29]。道光十二年張丙起義，南北二路紛起響應。南路許成在鳳山縣觀音山起事，其所部蔡烏羊就在岡山活動，鄭蘭《剿平許逆紀事》一詩寫到：「菜烏羊起舞岡巔」[30]。於是「東路岡山，中路阿公店，西路海口俱有賊」，以致「路梗塞以難通，糧日輸而告匱」[31]。此外，岡山寺的和尚也以「天變地變，觀音媽來助戰」來號召群眾響應起義，所以黃文儀《許逆滋事五古十二首》中寫道：「禿奴敢作戰，樹幟岡山殿，一陣袈裟兵，個個羅漢面」[32]。可惜有關記載過於簡略，無法了解當時的具體情況。直到清代後期，咸豐五年（1855）十月王辦等還在岡山「聚眾豎旗」（文宗實錄，卷 200）。同治元年（1862）戴潮春起義時，也在岡山一帶活動。當時南路起義者許夏老等人「據岡山，謀作亂」，受到官兵夾擊而失敗。後來鳳山劉來成又「召集岡山賊黨，謀作亂」，也因官紳進行「團練清壓」而無法行動。同時官兵還在「岡山左近遍插旗幟為疑兵」，起義者自知力量單薄，只得解散[33]。

　　除了上述起義之外，在岡山一帶還發生過幾次豎旗事件：乾隆四十八年有人在岡山豎旗，寫了「進兵交鎮」等字樣，官兵入山搜捕，查獲「首犯陳虎」等人[34]。道光十八年九月住在岡山的張貢等人「糾人謀反」，要去搶劫岡山汛的軍械，「約定十七日在岡山豎旗，先攻汛房，在攻縣城」，但被官方探知，派出南路營參將和岡山汛兵丁等進行搜拿，這個

[27]《平台記事本末》，轉引自《清代台灣農民起義史料選編》，267 頁，福建人民出版社，1983。
[28]《滿漢大臣列傳》，卷 32，「格繃額傳」。
[29]《欽定平定台灣紀略》，卷 54、60。
[30]《岡山縣採訪冊》，「藝文二·兵事下」。
[31]《岡山縣採訪冊》，「藝文二·兵事下」。
[32]《岡山縣採訪冊》，「藝文二·兵事下」。
[33]林豪：《東瀛紀事》。
[34]《清高宗實錄》，卷 827、1276、1177。

豎旗事件便失敗了。道光二十一年陳頭、陳冲等人在鳳山觀音岩豎旗，由台灣縣和駐紮在岡山汛的守備李恩升等帶兵鎮壓[35]。

從以上史料可以看出，有好幾次起義和豎旗事件都波及岡山，但岡山汛主要是作為起義者搶奪軍器、襲擊官兵的對象，從整個台灣來看，並不是一個具有重要戰略意義的軍事要地，但畢竟是府城附近的一個重要汛地。

岡山的設防

最後，看一看清政府在岡山的設防情況。本來岡山是不設防的，朱一貴起義以後，地方官員要求增強台灣的防禦力量時才提到岡山。那時浙閩總督覺羅滿保奏請增兵 3500 名，其中南路 1000 名，「以五百駐岡山，前護本營，後護府東，並保護羅漢門口」[36]。《東征集》記載，總督要求「設岡山守備，帶兵五百，駐紮濁水涇埔，扼羅漢門諸山出沒竇徑」[37]，看來總督對岡山是相當重視的，但這個建議未被採納。

雍正元年，清政府准許「將道標守備撥歸右營，令帶把總一員，兵二百四十名駐防岡山」[38]，這是第一次在岡山設防。對於這個措施，藍鼎元有不同的看法，他認為應當把岡山的守衛力量移到羅漢門，他說：「岡山雖起亂之所，然不如羅漢門要害。鄙意欲將守備弁兵安設羅漢門，以扼南中二路之吭。上可控制大武壠，下可彈壓岡山，東可斷賊人巢穴生番出路，西可絕猴洞山舊社紅毛寮之退步，於形勢甚得厄塞，便鳳諸盜賊不能相通往來，正合廷議所謂適中要緊之處。……今提軍欲安頓岡山，尚屬治末而未及本之論。」[39]又說：「今岡山添設守備，而羅漢門棄置空虛，所謂不遏其源而退其流者也。」[40]但是他的建議也沒有被

---

[35] 姚瑩：《東溟奏稿》。
[36] 黃叔璥：《臺海使槎錄》，卷 2，「武備」。
[37] 同[9]《复制軍台疆經理書》。
[38] 《清世宗實錄》，卷 9，第 2 頁。
[39] 同[9]《論复設營汛書》。
[40] 藍鼎元：《鹿洲奏疏》，「台灣水陸兵防」。

採納。羅漢門訊一直是由岡山汛中的一個千總去防守的。

　　岡山營守備署設在岡山之麓，雍正十一年所建。當時正是在吳福生起義後，福建總督郝玉麟要求增強台灣防衛力量，在府城設城守營，把原來分防各汛的兵力集中起來使用，所以岡山汛沒有增兵。

　　到了乾隆年間，岡山營的兵力有過幾次變動：在前期，岡山汛屬於台灣城守營左軍，有守備 1 員，千總 1 員，把總 2 員，步戰守兵 500 名。但是這些力量還要管轄羅漢門等汛的範圍，只有守備 1 員、士兵 180 名「駐防岡山汛，兼轄山頭、山尾、山腰、狗句昆、南安店等塘」[41]。乾隆三十四年，即黃教起義期間，據台灣鎮總兵報告：「岡山地方原屬城守要汛，額設守備 1 員、把總 1 員，帶實兵 127 名防守」[42]，可見這時額兵已經不是以前的 180 名了。到了林爽文起義以後，乾隆五十三年福康安奏請在台灣各地天設汛兵 1200 名，這時岡山汛才「添兵四十五名」[43]。所以直到乾隆末年為止，岡山守軍從未超過 200 名。

　　道光年間，岡山汛有守備 1 員，千總、把總各 2 名，馬戰兵 20 名，步戰兵 194 名，守兵 281 名，力量有所增強。但這些兵力除了防守岡山以外，還要兼顧羅漢門、猴洞口、鹽水埔、大湖等汛塘[44]。當時台灣知府全卜年曾經奏稱：「岡山汛既已孤懸南路」，而阿公店汛兵丁單弱，歷年常有「逆匪」攻搶營汛、戕害兵丁的事件發生，因而要求將水底寮守備移駐阿公店，「與岡山汛守備為掎角之勢，聲勢相援，平時則賊匪不敢覬覦，一旦有事，兩路夾攻，不難殄殲醜類」[45]。可見直到那時岡山的防衛力量仍然沒有增強。到了同治年間，守兵反而減少為 155 名，後來又裁存 108 名。光緒年間仍舊不變，但因「衙署倒壞」，守備等弁兵只好「移駐郡防垣」[46]。

　　從清政府在岡山設防的情況來看，岡山只是台灣守軍一個中等的汛

---

[41] 余文儀：《讀修台灣府志》，卷 9，「武備一」。
[42] 葉相德奏折，同 [22] 93 頁。
[43] 《欽定平定台灣紀略》，卷 54、60。
[44] 道光《福建通志》，「兵制」。
[45] 丁曰建：《治台必告錄》，卷 2。
[46] 光緒《台灣通志》，資料 1。

地，防禦力量不僅不如南北二路各營，而且還不及下加冬、山豬毛口、竹塹等汛。

　　總之，清代前期幾次起義都被波及岡山，這是和岡山特定的地理環境有關的，但它在起義過程中並不起重要的作用，因而從防衛力量配備來看，清政府實際上並沒有把它看成是一個「城守要汛」。

械鬥史實辨誤

　　清代台灣械鬥頻仍，成為一大社會問題。台灣學者對此做了一些研究，有的還編制了械鬥年表。例如，《台灣省通志》人民志人口篇所列年表（以下簡稱表 I），紀載了 28 次械鬥事件；《台灣文獻》第 21 卷第 1 期張鼐《清代初期治台政策的檢討》一文所附「清代台灣民變概要表」（以下簡稱表 II），編列了 40 次械鬥事件；《台灣文獻》第 27 卷第 4 期黃秀政《清代台灣分類械鬥事件之檢討》附表（以下簡稱表 III），則記載有 41 次械鬥。經過查對資料我發現上述三表有不少錯誤。弄清史事是開展研究的必要前提。為此，謹就若干事件事作辨誤如下。

一

　　所謂械鬥，指的是民間的私鬥，它以武力方式解決彼此之間的矛盾和糾紛，而不依賴於官府，也不與官府為敵，因而它通常不帶有政治色彩，鬥爭雙方也不以階級進行劃分。清代台灣有所謂「分類械鬥」的名目，這是台灣特有的歷史現象，它指的是械鬥雙方以祖籍進行分類，有時以省籍劃分（即閩粵械鬥），有時以府籍劃分即漳泉械鬥，有時還以縣籍劃分（泉州府屬四縣之間的「頂下郊拼」）。當然，除了分類械鬥以外，台灣也有一般的械鬥，即族姓之間或同族中不同房派之間的械鬥，還有不同職業集團之間的械鬥。我們根據這樣的理解，便可以發現上述三表中有些並非械鬥事件，有些尚未形成械鬥：

　　一、「康熙六十一年鳳山下淡水溪一帶閩粵械鬥」並非械鬥事件。

　　表 I、表 III 均載有這次「械鬥」，並指明引自《鳳山縣志》。查該志康熙六十一年未記械鬥事，而是在六十年朱一貴起義時，提及「賊黨既分閩粵，屢相拼殺」，又記南路客莊「肆毒閩人」等事。前者是起義軍

內部朱一貴與杜君英兩派之間的矛盾；後者是粵方打出「義民」的旗號，幫助政府鎮壓起義，並把閩人稱為「賊黨」。盡管敵對雙方按閩粵分類，但它既和農民起義有關，又和政府有關，不單純是民間私鬥，已經不屬於械鬥的範圍了。

二、「乾隆五十一年彰化閩粵械鬥」亦非械鬥事件。

表 I、表 III 把林爽文起義時期粵籍「義民」與閩籍起義者之間的鬥爭看成是械鬥。這正如朱一貴起義時一樣。在林爽文起義時，不僅有粵籍舉人曾中立、監生李安善等人「捐資募義」，參加鎮壓起義，而且有些泉州府籍的仕紳也帶領「義民」攻打起義者，因為起義者多數是漳洲府籍的居民。由此可見，這個事件也不是單純的械鬥。

附帶指出，表 III 所指道光十二年淡水漳泉械鬥，是張丙起義過程中鳳山許成以「滅粵」為號召，而粵籍監生李受為首則以「義民」名義劫掠閩莊。根據同樣的道理，也不屬於械鬥。

以下三個事件則並未形成械鬥：

三、「雍正元年南路閩粵械鬥」。

表 I、表 III 根據伊能嘉矩《台灣文化志》把藍鼎元《東征集》所記閩人鄭章毆死粵人賴君奏等二人，列為械鬥事件。（按：賴君奏作為「義民首」參加鎮壓朱一貴起義，當時鄭章的兄弟、眷屬被「義民」殺害或汙辱，鄭章為了報復而「毆死」賴等二人。實際上雙方並未形成械鬥，更沒有分成閩粵兩個集團進行械鬥。）

四、「乾隆十六年台灣縣李光顯械鬥」。

表 II 把它列為「分類首役」，即台灣第一次分類械鬥事件，但未指明是閩粵分類還是漳泉分類，也未指明出處。表 III 則指明是漳泉械鬥，其出處是《台灣縣志》。查該志並無此項記載。《清高宗實錄》卷三八一、

三八七則有之。在乾隆十六年正月的上諭中指出：「台灣縣武生李光顯爭墾結訟」，李因占管民番田園，「以致爭鬧毆差，復集流棍，藏蓄兵械」，「挾仇啟釁，召急流棍」。從這些記載看來，當時尚未形成械鬥，更不能證實是漳泉械鬥。清政府只是擔心「將來聚眾報復，仇殺相尋，刁風益熾」，而下令搜捕「首犯」。

五、「乾隆五十一年諸羅同姓械鬥」。

表 II、表 III 都把楊光勛、楊媽世兄弟的糾紛當作械鬥。實際上楊氏兄弟因「爭財起釁」（《清高宗實錄》，卷 1264），「各結會黨謀鬥」。他們用武力對付官府，「率眾持械圍繞房屋，劫囚拒捕，殺害把總陳漢、兵丁伊盛等五人」（《明清史料戊編》第三本），並沒有發生兄弟之間的械鬥。

二

有些事情是由於原始資料有誤，引用者未及細辨，至今尚未給予糾正。例如：

六、「乾隆四十年彰化漳泉械鬥」應是四十七年事。

表 II、表 III 均列入此事，其實他們所根據的原始資料—《彰化縣志》的記載是錯誤的。該志寫明「乾隆四十年壬寅」（按：壬寅應是四十七年）。再看所載事件內容：彰化西門外莿桐腳因賭錢起釁，形成漳泉分類。查《清高宗實錄》《明清史料己編》等書，此事均記在四十七年條下，而且「禍連兩縣，毒流三月」，不但發生在彰化，還波及諸羅各莊。所以，所謂乾隆四十年彰化械鬥事件是根本不存在的。

七、「乾隆四十八年彰化等地漳泉械鬥」實即四十七年事。

　　表 I、表 II、表 III 都載入這個事件，表 I 說明引自《台灣通史》，表 III 則引自《彰化縣志》《淡水縣志》。查彰、淡二志均無此項記載。《台灣通史》寫道：「四十八年初漳泉械鬥，至是抄封亂首之業。」查此案發生於四十七年八月，波及彰化、諸羅各莊，而處理這個案件則拖延到四十八年。《清高宗實錄》《明清史料己編》中所載處置首犯謝湊、許國梁，抄封翁云寬家財等奏摺和朱批，時間多在四十八年，所辦的則是四十七年的械鬥案件，而不是四十八年又發生一次漳泉械鬥。

八、「咸豐三年北部四縣漳泉械鬥」提法有誤。

　　表 I 只提到「三角涌匪毀八甲新莊」，表 II、表 III 都說是「北部四縣」漳泉械鬥。所謂「北部四縣」不知何指，按照表 III 所據的淡、新二志的紀載是「漳泉四縣分類械鬥」。漳泉四縣和北部四縣的含義是不同的。其實這兩個提法都是錯誤的。正確的提法應當是「泉州府屬四縣」。這裡有兩種解釋，一是指泉州的晉江、南安、惠安三縣（稱為「三邑」，又稱「頂郊」）和同安縣（稱為「下郊」）之間的械鬥，《鄭兼才墓誌銘》寫道：「咸豐三年晉、南、惠三邑人與同安人約期互鬥」；另一種解釋是「泉之安溪、晉江、南安、惠安合為一類，與漳人及素不相協之同安人尋鬥。粵人又復陰助泉之四縣，以攻漳同」（軍機處檔案，咸豐六年七月台灣鎮總兵邵連科等奏）。因此可見，不論哪一種解釋，「四縣」都是指泉州府屬各縣。上述方志把它誤為「漳泉四縣」，台灣學者在誤為「北部四縣」，含義就完全不同了。而且當時台灣只有台灣、鳳山、嘉義、彰化四縣和淡水、噶瑪蘭、澎湖三廳，所謂「北部四縣」並不存在。那麼這次械鬥的雙方究竟是哪些人呢？有些文獻和口碑稱之為「頂下郊拼」，即晉、南、惠與同安之間的械鬥，又稱八甲新莊之鬥。這個鬥爭是存在的，但是又不侷限於四縣之間的械鬥。上引檔案表明，這次械鬥的參加者除了泉州的安、晉、南、惠四縣以外，還有漳州人和同安人，甚至廣東人也參加了。檔案還寫道：「匪首造謠漳人欲與泉人為難，構成漳泉分類。」這次械鬥使得從竹塹到三貂嶺十三保等地，有七百九

十多個村莊被毀，「新莊最為繁盛之區，店舍、民房不下五六千戶，概成灰燼」。當時到過雞籠一帶的查元鼎寫下了「可憐浩劫成焦土」的詩句，並且作注如下：「自竹塹迤北至雞籠各處，大小村廬皆漳泉分類，焚燒殆盡，新莊尤甚」（見《台灣詩鈔》）。《台北廳志》也寫道：「枋橋漳人與泉人激鬥」。由此可見，這次械鬥既是「頂下郊拼」，又是漳泉械鬥，二者交錯在一起。

三

有些是原始資料並無錯誤只是由於引用者的疏忽而造成錯誤，列舉如下。

九、「乾隆三十四年閩粵械鬥」應是三十三年事。

表 II、表 III 都將此案係於三十四年。查福建水師提督吳必達三十三年十二月初八日奏摺，其中指出台灣南路一帶「閩粵村莊聯絡庄民數萬，擁眾互鬥」。這個事件發生在以黃教為首的遊民暴動時期，但與暴動沒有直接聯繫，應當算是一次閩粵械鬥。同年十二月二十三日「上諭」指出，閩粵莊民仇殺是「乘勢滋事」，即乘遊民暴動的時機進行械鬥。《清高宗實錄》卷八八二（乾隆三十六年四月）提及「前據崔應階奏」「前歲冬閩粵莊民仇殺一案」（按：閩浙總督崔應階於三十五年十二月離任，《實錄》所載「前據崔應階奏」應是三十五年事，而所指「前歲冬」則是三十三年冬）。根據以上資料，這一械鬥事件應係於三十三年。

十、「乾隆四十八年淡水械鬥」不是漳泉械鬥，而是閩粵械鬥。

表 II 只說「淡水黃泥塘分類械鬥」，未指明是漳泉械鬥還是閩粵械鬥；表 III 則指名是漳泉械鬥。據《明清史料巳編》第十本所載奏摺，乾隆四十八年七月淡水廳屬黃泥塘一帶發生互相鬥毆、放火焚屋、殺傷

人命案件，後經查明是粵民以張昂為首，閩民以林云為首，各十餘人進行械鬥，「閩民林云等因爭抽埔租，連殺粵民張昂等四命，燒屍肢解」。這顯然是一次規模不大的閩粵械鬥，把它列為漳泉械鬥是錯誤的。

十一、「乾隆五十六年徐祥伯械鬥」與「乾隆五十六年嘉義沈川械鬥」，是一個事件而不是兩個事件。

表 II 把徐、沈列為兩個事件。據《台案滙錄癸集》所載乾隆五十六年二月「史部月終冊」與「刑部月終冊」，摘記台灣鎮總兵所奏，分別寫道：「嘉義縣拿獲徐祥伯等械鬥」；「嘉義縣民沈川等械鬥，毆斃徐祥伯等二命」。由此可見，徐、沈是械鬥的雙方，是同一案件。由於上述兩個「月終冊」文字上有所不同，引用者誤認為是兩個事件了。

十二、「嘉慶十四年彰化漳泉械鬥」與「淡水漳泉械鬥」是同一個案件；當年另有淡水閩粵械鬥事件。

表 II 只提到淡水漳泉械鬥；表 III 把彰化、淡水漳泉械鬥當作兩個事件。據《清仁宗實錄》載，十四年四月淡水中港漳泉民人因通姦起釁，後來大甲溪泉民搶割漳莊稻穀引起械鬥，「此案起於淡水，延及新莊、艋舺、彰化」，波及一廳二縣（淡水、彰化、嘉義），所以不能把彰化，淡水作為兩個事件。同年秋，「淡屬貓裡等處粵人糾集多人，名為保護村莊，實欲攻搶中港漳莊」，到了十二月十六日，清政府才接到奏報，中港械鬥已經止息。這個閩粵械鬥事件上述二表均未提及。

十三、「道光六年彰化閩粵械鬥」與「淡水閩粵械鬥」是同一案件。

表 II 提到「彰嘉閩粵分類」，未涉及淡水；表 III 把彰化、淡水當作兩個事件。據《清宣宗實錄》載，此案「已蔓延一廳二縣地方」，即淡水、彰化、嘉義。姚瑩《識小錄》也寫道：「鬥事之起，以彰化粵籍人

與閩籍人失豬相爭，互有擄掠，官治之不得要領，匪民乘機焚搶，遂分類相攻殺，蔓延及嘉義、淡水。」可見不是單獨的兩個事件。

十四、「咸豐三年淡水閩粵械鬥」並不存在，只有咸豐四年淡水、彰化閩粵械鬥，而沒有連續兩年的兩個械鬥事件。

表 II、表 III 都把三年、四年作為兩次閩粵械鬥事件，表 III 還註明引自《淡水廳志》。查該志只提到四年械鬥，並無三年閩粵械鬥的紀載。據軍機處錄副奏摺，咸豐五年六年台灣鎮總兵邵連科等二次奏稱：淡水「粵人何阿番因失牛隻，糾得匪黨張阿蹉、賴阿丁、賴得六、羅罄二等，借端擁槍中港莊閩人方諒耕牛。莊眾追匪，被匪拒捕殺死工人甘達一命。何阿番、賴阿丁亦被閩人格斃。因之匪謠四起，遂成閩粵分類」。「延至彰境，紛紛焚掠。彰淡被焚各莊，全為焦土，哀鴻遍野，觸目心傷」。上述奏摺都指明這個事件是從咸豐四年正月二十二日開始的。所以，並不存在咸豐三年淡水閩粵械鬥的事件。

十五、「咸豐九年淡水漳同械鬥」實際上主要是漳泉械鬥。

表 I、表 II 稱之為漳同械鬥，表 III 則稱為同籍械鬥。表 I、表 III 註明引自《淡水廳志》。查該志載：「九年九月七日，漳同分類械鬥。是日枋寮街火，漳同互鬥，並燒港仔嘴、瓦窯、加臘仔等莊，旋而擺接、芝蘭一二堡亦鬥，縱毀房屋。」

漳同械鬥確是發生過的，在軍機處錄副奏摺中，咸豐十年閩浙總督慶瑞的奏摺報告了一些具體情況：九年九月淡水塹北發生漳州、同安民人「分類鬥搶情事」，「漳州、同安民人許、呂兩姓，因挾夙嫌，彼此擄人起釁，又乘林、陳兩姓紳士積不相能，以致漳同民人疑懼搬徙，匪徒乘機攻搶，塹北一帶紛紛搖動」。

但是《台北縣志》則把這次械鬥稱為漳泉械鬥。該志指出：「秋九月七日，漳泉械鬥熾烈。泉州人以艋舺黃阿蘭為首，而新莊、樹林、坪

頂、和尚洲、港仔嘴、溪洲、加蠟仔等泉人附之；與枋寮、土城、大安寮、士林等地漳人定期而戰。是日枋寮街火，而港仔嘴、瓦窯、加蠟仔等莊悉為一炬，枋寮巨紳林國芳聞訊，自廈門趕回，率鄉勇反攻泉人，克瓦窯，嚴守樹林之竹篙厝。餘波遠及芝蘭二堡，縱毀房屋，村里為墟，其禍之慘，為北部械鬥之最。」由此可見，這次械鬥一方是以黃阿蘭為首的泉州人，另一方是以枋橋林家五少爺林國芳為首的漳州人，械鬥的嚴重程度是前所未有的，並非僅限於漳州、同安民人許、呂兩姓之間。所以用漳同械鬥還不足以說明這個事件的全局，還是應當稱之為漳泉械鬥比較合適。

以上十五例，大多數是比較重要的械鬥事件，可是卻發生了不少錯誤，其中有的是原始資料的錯誤，有的是引用者的疏忽；有的不屬於械鬥性質，有的尚未形成械鬥，有的把同一事件當作兩個事件，有的搞錯了年代，有的搞錯了械鬥對象。經過辨誤，在十五次事件中至少有十一次是不應列入械鬥年表的（其中不是械鬥的有五次，被重複統計的有六次），其比例如此之大，有必要提請研究者注意。

臺灣籍太監林表之死

本文敘述清朝嘉慶年間台灣府籍太監林表、林顯及其弟林媽定、姑丈劉碧玉這 4 個小人物的故事。

一、林爽文案的倖存者

乾隆五十三年（1788）林爽文起義遭到鎮壓。參加起事者的命運是怎樣的呢？根據史料記載，有如下的情況：

林爽文、莊大田等「逆首」，不僅要受到凌遲，還要梟首示眾。當年的奏折有如下描述：

「將林爽文、陳傳等二犯帶到菜市口，用夾板、板子、刮板、腦箍各樣嚴刑、盡快處治，即將該二犯凌遲處治訖。民人觀視行刑者，道旁屋上，不下數萬人，莫不同聲稱快。除將該二犯首級梟示外，謹奏。」

莊大田因病重，在台灣處決。「綁赴市曹，凌遲梟首，郡城內外民人觀者，不下一二萬，同聲歡忭。」[1]

其餘的參加者大多是在戰場上被打死的，究竟死了多少人，清方的奏折經常有「斃賊無數」「積屍遍野，無暇割取首級」「自行投海及入海中淹斃者，不計其數」[2]之類的報告，完整的數字無法統計；還有許多是被捕後「即於軍前正法」；有的逃匿被搜出則「盡行正法」；一般「賊目」「股頭」「匪伙」經過審問「審明正法」或「押赴市曹正法」，其中被列為「有名頭目」「緊要賊匪」都被「解京審辦」，凌遲處死。

由於呼應起義的民眾多達數十萬，殺不勝殺，因此規定凡是自首者（稱為「自行投出」）「免其一死，但究非良善之人，未便仍留該處，遷徙他省安插」。這些人實際上被流放到邊遠省份，成為「外省人」，永遠不能重回台灣了。

---

[1] 中國人民大學清史研究所等編：《天地會》第四冊，第 420，423 頁，中國人民大學出版社，1983 年。

[2] 《欽定平定台灣紀略》下冊，第 772，880，大通書局，台灣文獻史料叢刊，第七輯。

　　至於起義者的親屬，被稱為「犯屬」「賊眷」，也受到「緣坐」（因牽連而處罪）。根據「大清律」規定：謀反大逆正犯同居之人，不分異姓及伯叔父兄弟之子，不限籍之同異，年十六以上皆斬，母女妻妾給付功臣之家為奴，財產入官。這樣，涉案的成年男子一律處死，只有婦女小孩得以倖存。

　　婦女給功臣之家為奴，她們的命運可想而知。未成年的男子，有兩種處分方式，例如彭喜的三個兒子分別是 14 歲、10 歲、4 歲，一律「照律給付功臣之家為奴」[3]；另外一種則是要遭到「宮刑」（閹割）。大學士阿桂的奏折指出：「查其年在十五歲以下者，即遵旨將該犯加以宮刑」[4]。有一個小孩叫莊阿莫，因為他是林案要犯莊大田的孫子，盡管才 5 歲，也要受到「交內務府即行閹割」的嚴厲懲罰[5]。清朝政府雖然對起義者的家族沒有趕盡殺絕，但其直系後代則是不許再繁衍下去的。

　　本文的主角林表、林顯就是遭受宮刑、不能繁衍後代的倖存者。

　　林表的父親林達住在台灣諸羅縣北門外，1787 年 3 月被林爽文抓去，逼他入伙，封他為「宣略將軍」，叫他帶領 100 多人，與官兵作戰。[6]被捕後，遭到凌遲處死，時年 42 歲。

　　林達有 6 個兒子，大的兩個早死，第三林豆，在解往京城的途中病死。第四林表 11 歲、第五林顯 8 歲，因「年未及歲」（16 歲以下），免於處死，但都被閹割充當太監。

　　在這個案件中有多少人陷入同樣的命運，還找不到完整的記載，在一次「押解進京」的犯人中，就有 130 多「年未及歲」的男孩子，他們似乎都要被閹割。看來統治者似乎認為一旦被閹割就會老實守法，因而對他們相當放心，可以允許他們生活在「天子腳下」，於是，「犯屬」「賊眷」竟然成為清宮太監的來源之一。

　　林表、林顯總算免於一死，他們在十分屈辱的情況下苟延殘喘，在

3　同注 1，第 442 頁。
4　同注 1，第 444 頁。
5　同注 1，第五冊，第 45 頁。
6　劉如仲等編：《台灣林爽文起義資料選編》第 246 頁，福建人民出版社，1984 年。

宮中生活了 27 年。後來，他們分別混上了「澄心堂」和「淳化軒」的太監，結交了一些太監朋友，有的太監被提拔了，他們也會送些禮物，聯絡感情，以便日後有機會「打抽豐」（通過走門路求取財物）。他們也有了一些積蓄，可以買房子、做生意，唯獨不能娶親。他們在京城安居之後，就想把在台灣的親弟弟林媽定叫來共同生活，好讓彼此有一個照應。

林表之死是從他與在台灣的弟弟林媽定、姑丈劉碧玉的來往引起的。

二、林媽定進京

林媽定是林表、林顯的親弟弟，比林顯只小一歲。在林爽文起義前的 1784 年，林媽定 4 歲時，便過繼給叔叔林琴為子。林爽文起義時，林琴不但沒有參加，反而成為「義民長」，站在政府一邊，所以林媽定才能逃過那一場浩劫。

林媽定是兄弟中間最幸運的一個。他從小與養父林琴及繼母陳氏住在台灣嘉義縣的台斗坑[7]。他有一個童養媳，20 歲（1800 年）時「上親」，生過兩個子女，都沒有長大，抱養了江姓之子，8 歲（1815 年時）。他們一家似乎過著相當安定的生活。1810 年林琴去世，繼母已經 50 多歲，家境比較困難。

林表兄弟在京城難免想念台灣的親人，起初估計不敢設法打聽，後來年紀大了，日子過得習慣了，朋友也多了，膽子也大了，就想方設法和家裡取得聯繫。到了嘉慶十一年（1806），福建千總陳龍光隨同「進荔支貢」到京，認識了林表。林表便託他帶信給台灣，不知道通過什麼方法，這封信終於到了林媽定手中。林表兄弟要林媽定到京城來，可能由於林琴還在世，林媽定並沒有立即動身。

林琴死後第二年（1811）4 月，林媽定從家裡起身，9 月才到北京。

7　文獻記載是「台島村」，查嘉義縣沒有這個地名，可能是「台斗坑」之誤。

林表還托陳龍光中途給予照應。不知道林媽定走的是什麼路，估計從台灣渡海以後，應當是走陸路，所以花了 4－5 個月的時間。如果走海路、坐糖船則只要二個多月的時間。1814 年，「糖客」徐綜觀 6 月初從台灣動身，8 月就到天津。同年，嘉義縣拔貢、捐納郎中吳春貴 6 月從廈門搭糖船，8 月初到達天津。

林表兄弟要林媽定來京，主要是因為 1811 年林表與其他 5 個人合夥，每人出本錢 30 吊買了房子，合開一間米鋪，需要有人照料，此外，還讓讓林媽定娶妻定居，「給我們早晚漿洗衣服」，讓他們兄弟有一個家。

林媽定進京以後，在林表、林顯幫助下成家立業，辦成了幾件大事：

第一，林表要林媽定「歸支」，即從原來過繼給林琴，歸回林達這一支派。於是，由林表托海淀張三做媒，林媽定到達京城的當年就娶了盧廚子的女兒盧氏為妻。娶親時，林表要他供上父母的神主牌（木主），上面寫著父林達、母劉氏。每逢年節和七月十五都要上供、磕頭。

第二，1814 年林表花了 600 吊向樹村放賬的王姓買了水磨地住房，給林媽定居住，共有 10 個房間。

第三，林媽定向林顯借了 500 吊作為開花局[8]的本錢，在佟府地方，一共有 16 個房間，房子是姓李的，作錢 400 吊入在本錢內。林顯說，「我當了 27 年差使，500 吊錢是我歷年積攢的」。

第四，1812 年林媽定來京的第二年就回台灣，1813 年再來。這在當時也算是一件大事，因為來回需要不少路費。為此，林表、林顯還通過他們的「關係網」，為林媽定提供幫助。

林顯不認識字，他托在天福館的教書先生劉子玉代筆，寫一封信給和明，和明曾經在圓明當差 30 多年，與擔任「司房太監」的林顯相識，後來和明外放蘇州織造。林顯寫信的目的是托和明的兒子慶琛：當林媽定路過蘇州時，請和明借給盤費一二十兩，將來由他歸還。林媽定到蘇州時，和明的另一個兒子普琳果然借給他 30 兩。

8　也叫「花兒局」，即有妓女陪侍的酒宴。由太監借錢開花局，頗有些諷刺意味。

　　林顯也叫林媽定帶一信給阿克當阿，阿 1809 年入京升見時，林顯曾經送食物給他，後來阿克當阿放為兩淮鹽政。林顯叫林媽定路過揚州時，向阿要求資助。阿為人謹慎，交待家人，一切求情、抽豐書信，不准接收。林媽定到達揚州，向鹽號房投信，對方不肯收，只好把信帶回台灣。

　　林表則通過陳龍光的關係，請他的兄弟陳龍標幫忙，陳龍標是福建巡撫的「折差」，林媽定就「附折差回去的便」，和陳龍標一道南下。陳龍光之所以肯幫這個忙，是因為 1814 年他已經升為守備，將要提升為都司，帶信托林表在兵部替他「打點」。林表因為兵部沒有熟人，才沒有辦成。

　　看來林表、林顯兄弟，當了 27 年太監，已經有了一點點經濟資源和政治資源，他們可以通過人際縣係進行「利益交換」，互相利用。同時，林表兄弟通過林媽定，已經開始與老家台灣發生關係。

三、劉碧玉「走後門」

　　林表、林顯兄弟雖然不是「身居要職」，卻是「身居要津」，於是，有的台灣同鄉把算盤打在他們的身上，竟然想通過他們「走後門」了。

　　劉碧玉，又名劉秉義，是林表兄弟的姑丈，是農村裡的好事分子，即大膽妄為的「棍徒」，具有當時存在於台灣的眾多游民（俗稱「羅漢腳」）的性格。他得知林表兄弟的消息，又得知台灣噶瑪蘭地方有人企圖謀求充當「業戶」的消息，就想乘機撈好處，一個重大的案件就肇端於此。

　　台灣的開發基本上是從南到北、從西到東。噶瑪蘭在東北部，開發比較晚。乾隆後期漳州府浦縣人吳沙開始經營這塊地方。嘉慶十五年（1810）噶瑪蘭才收入清廷版圖。由於當地「田土膏腴，米價較賤」，前往開墾的漢民和土著居民逐漸增加。據統計，當年噶瑪蘭有 14452 戶，42904 丁，其中漳州府籍的就占 42500 丁，泉州府籍 250 多人，廣

東省籍 140 多丁。到 1815 年，噶瑪蘭已經有 62967 丁。不過，連年水災，水沖、沙壓，田園遭受破壞的情況也相當嚴重。[9]

　　清政府對噶瑪蘭採取了與台灣其他地區不同的政策，就是不設「業戶」。

　　所謂「業戶」，就是向官府登記的地主。他們必須向政府申請，經過許可，由官府發給「墾照」，然後招徠佃戶進行開墾，墾成之後，報請升科，這樣就取得業主的資格，稱為「業戶」或「業主」「田主」。他們又把田地租給他人經營，收取大租，所以又稱「大租戶」。在台灣各地開發過程中，就出現了許多這樣的業戶，他們只要申請到「墾照」，就成為大地主，坐收大租。「業戶」是權力、財富和身份的體現，是當年人們所嚮往和追求的一個目標。

　　在噶瑪蘭開發時，許多人企圖成為業戶，為首的吳沙等人就曾經力圖向台灣府甚至福建省的衙門提出了申請，為了走後門，不惜花費幾萬銀子，可是都沒有得到批准。因為當時台灣官府已經看到，如果設置業戶，由他們自己申報開墾的田畝數字，官府就會減少許多收入，田賦（正供）少則公費少，對政府收益不大，而業戶則可以獲取很大利益。嘉慶十八年（1813）台灣知府揚廷理算了一筆賬：如果不設業戶，噶瑪蘭開墾以後可以收到正供 4 萬多石，而田畝面積比噶瑪蘭大 10 倍的彰化縣，正供則只有 3 萬石。所以，楊廷理堅決主張在噶瑪蘭「力裁業戶」。[10]因此，噶瑪蘭沒有出現「大租戶」和「一田二主」的現象，這有利於防止土地集中在少數大地主手中，在當時應當是一種進步的表現。可是，它卻引起地方人士的不滿，他們仍然力圖通過「省憲」直至朝廷謀取業戶的身份。

　　在地方人士謀取「業戶」心切的情況下，劉碧玉找到了騙錢的機會。1814 年他向劉桂表示：他即將帶著林媽定的家信，前往京城，順便可以代為辦理噶瑪蘭業戶的事。劉桂就與有意申請業戶的吳光裔（吳沙之

9　方維甸：《奏請噶瑪蘭收入版圖狀》，《噶瑪蘭廳志》，卷七，紀文；又，卷五上，祥異。
10楊廷理：《議開台灣後山噶瑪蘭即蛤仔難節略》，《噶瑪蘭廳志》，卷七，紀略。

子）、周光遠商量，他們把噶瑪蘭東西勢田園面積清單（由吳光裔蓋上戳記），連同吳沙開墾噶瑪蘭埔地的「功勞簿」，托劉碧玉帶去。劉碧玉借口缺少盤費，向周光遠借了錢。

嘉慶十九年（1814）七月十五，劉碧玉到達京城。他先到水塘地方找到林媽定，然後一同到福園門外花洞去找林表。劉碧玉帶來了台灣的土產送給林表兄弟：佛手一包、番薯粉一包、龍眼肉一包。對於見過世面的太監來說，這些東西本來是看不上眼的，但它畢竟是從家鄉帶來的，物輕意重，也就收下了。

劉碧玉對林表說：「噶瑪蘭荒地很多，如果能夠辦成業戶，可以賺很多錢」。他一邊拿出銀票一張、簿子一本、名單一紙，說道：「這名單上的人都是情願打點管業（企圖通過門路取得業戶資格）的人，如果你能夠辦成，他們一定會給予優厚的報酬」。

林表說：「我是一個太監，這等犯法的事，我不敢管」。他畢竟當差多年，知道這件事非同小可，不敢承擔，而一口拒絕了。但看在親戚的分上，留劉碧玉在花洞（林表當差的地方）住了六七天。林表答應幫助劉碧玉把他帶來做回家路費的 39 斤藥材設法賣掉，並交代林媽定去辦，結果在前門外育寧堂藥鋪賣了京錢三十幾千文，扣除車費，把錢換成 14 兩銀子給他。

林表因為收了劉碧玉的禮物，就到海淀老虎洞的地攤上買了橫披一張、單條一張、福字一幅、天下太平、萬壽無疆大字一幅送給他。同時還送他 10 多兩銀子做路費。林表有一部舊的「縉紳」以及靴插一個、銀錁幾個、大香兩段、龍燭一對也被劉碧玉要去了。七月二十一，林表就打發劉碧玉回家了。

可是，劉碧玉並不死心，他把「地畝簿子」交給林媽定，要他再找找門路，如果辦理成功，答應以銀子一千圓為謝，一切開銷還可以由台灣方面承擔。林媽定是一個沒有見過世面的鄉下人，不知天高地厚，竟然把它接下來了。同時，他還把林表桌上的大內膳單、戲單等物擅自送給了劉碧玉。

後來，林媽定把申請業戶的事，托付林寅登去辦。林寅登是林表他們的「本家哥哥」，是一個武進士，當上了「三等侍衛」，他「一時糊塗」竟然把事情接下來了，後細想「此事關係重大，不敢多管」，就放在家裡不理它了。

直到這時，劉碧玉走後門並沒有成功，林表也沒有做過什麼壞事，可是，後來由於劉碧玉的貪圖錢財，偽造墾照，竟然鬧出了人命大案。

四、殺身之禍

劉碧玉確實是一個奸徒，他明明走後門失敗，卻要偽裝成功。從京城帶回來的一切物件，都成為他用來炫耀自己、招搖撞騙的工具。

他回到台灣之前，先到廈門私刻圖章，偽造戶部假照，如果那只是為了欺騙噶瑪蘭地方人士，「希圖牟利」，獲取一些「報酬」，還不至於把事情鬧大。可是，劉碧玉利令智昏，他想為自己撈到最大的好處，於是，他寫信給在噶瑪蘭的吳光裔等人，並且雇人楊人老、吳逢官送去。他在信中「捏稱業戶已辦妥，希圖詿騙銀兩」[11]，信上蓋了「總管蘭民莊東西業戶劉」的戳記，戳記上橫刻「戶局管」三字，中間又刻上吳、林、周三字。信中還說，他在京城去戶部繳交銀子 6000 兩，准劉碧玉充當業戶，並且要吳光裔在當地建公館 6 處，以便收租。這樣，劉碧玉居然成為大業戶，而原來在噶瑪蘭從事開墾的吳光裔、周光遠只能成為他的合伙人。這就激怒了吳光裔，他向噶瑪蘭通判山東人翟淦告發，要求拘捕劉碧玉到案。翟淦通過嘉義知縣直隸人宋廷枋逮捕了劉碧玉，在他家裡搜出戶部假照、象牙圖章、大小木戳以及他從京城帶回的大內膳單、戲單和林表送的橫批、條幅、字輻等等。於是，造成了「假借太監名色捏造准允噶瑪蘭業戶部照」的大案。

劉碧玉犯案，害了許多人，首先遭殃的就是林表兄弟。

林表、林顯、林媽定在受審時，如實交代了以上事實，沒有任何隱

---

[11]《台案匯錄戊集》第 164－167 頁，大通書局，台灣文獻史料叢刊，第七輯。

瞞。結果認定林顯沒有見過劉碧玉，林表對申請業戶一事也沒有經手。但是，他們卻擺脫不了許多罪名：他們二人本來屬於「免死之犯，理宜安靜守法」，卻做了「種種不法」的事：二人叫林媽定來京，而林媽定本身就是屬於「漏網」倖免緣坐的人，二人為他娶妻，企圖為被鎮壓的林達延續後代；林表膽敢容留「外省奸徒」在福園門外花洞住宿數天，私相贈送，把大內的膳單、戲單讓他帶回台灣，「借勢招搖」，媽定還將劉碧玉帶來的田簿托人打點，這就犯了「情同泄漏」罪；二人與蘇州織造、兩淮鹽政等相關人員來往。律裁：「諸衙門官吏，若與內官及近侍互相交結漏泄事情夤緣作弊者，皆斬監候」。

　　1815 年七月十六日，距離劉碧玉找到林表，正好一年，林氏兄弟都判處「斬監候」。但不久，林表卻被「即行正法」。林顯、林媽定則歸入本年朝審。結果如何，因為是小人物，也就沒有下文了，但他們悲慘的命運卻注定是無法改變的。林氏三兄弟都因為劉碧玉的罪孽而成為可憐的犧牲品。

　　涉案的林寅登受到「杖一百，流三千里」的處罰，被發配到伊犁。陳龍光被革職拿問。慶琛從內務府員外郎降為主事。普琳從候補主事降為筆帖式。[12]

　　至於始作俑者劉碧玉也不得好死。他在嘉義受審時，供認「捏造部照木戳、書信，希圖誆騙銀兩」，因而與吳光裔、周光遠、劉桂、楊人老等人一同於 1815 年七月十六日被押解進京，這個時間居然與林表兄弟被判刑是同一天，真有這樣的巧合。可是，從此杳無音信，這些人居然從人間「蒸發」了。

　　直到道光七年（1827）才查明真相，原來他們配坐的福建海澄縣船戶新得勝（即新藏隆）商船，從鹿耳門出口以後，在洋面上遭到大風，同行的 8 艘船中，有 3 艘躲進澎湖，5 艘船不見下落。就這樣，劉碧玉這個招搖撞騙的奸徒便葬身海底，而其他人卻無辜地成了他的陪葬。[13]

---

[12]《清仁宗實錄選輯》第 185 頁，大通書局，台灣文獻史料叢刊，第七輯。
[13]同注 11。

五、未列入「民俗」的民俗

從林氏三兄弟和劉碧玉的故事中，可以看到清朝年間台灣下層平民的一些生活狀況，值得注意的是，其中有些是未列入地方志書「民俗」，而在民間實際流行的習俗。

（一）籌集路費的途徑：林媽定由於生活困難不得不進京找林表兄弟，他的路費是怎樣籌集的，文獻上沒有記載。但他由京城回台灣，需要林表兄弟通過關係，向蘇州、揚州等地借用，需要「附」公差的「便」，說明從京城到台灣所費是相當可觀的。劉碧玉從台灣赴京，需要向周光遠借路費，同時還帶了 39 斤的藥材，究竟是什麼藥材，是鹿茸、樟腦或是其他，他們都沒有說清楚。

出門帶藥材，隨時準備變賣充當路費，可能是當時一種通用的辦法，無獨有偶，除了劉碧玉之外，林媽定也帶了藥材。他從京城到了廈門，通過相識的同鄉黃佛賜向和義藥鋪掌櫃張先生賒了人蔘三枝，重 3 錢，定價銀 30 兩，要拿到台灣去賣。他請「當家子哥哥」林三歡代賣，結果因為不是人蔘，而是高麗蔘，在嘉義賣不出去。

（二）通信的途徑：當年沒有郵局，信件只能通過熟人代為傳遞。於是，糖客便成為帶信的最佳人選。他們有沒有得到報酬，或者只是義務為同鄉服務，不得而知。徐綜觀是一位糖客，在天津經營「糖房生理」，每年七、八月間從台灣到天津。不過信也只能帶到天津，他需要再托人帶到京城。1814 年嘉義縣拔貢吳春貴經天津去京城，徐綜觀就托他把林媽定的家信帶去。此外，重要的信件需要專門雇人送達，劉碧玉給吳光裔的信，因為有「戶部假照」，就鄭重地雇了楊人老等人送去。

（三）走後門的途徑：當年台灣人在京城當官的可能微乎其微，要想通過政府大員走後門，可能性也不大。可是，奸徒之流是無孔不入的，當劉碧玉發現有台灣人當了太監，而且是自己的妻侄，便喜出望外，就想通過這個小小的「縫隙」，打開朝廷的後門。林表兄弟就這樣被選中，也因此遭到殺身之禍。其實，他們並不知道太監的能耐是極其有限的，

林表兄弟無論在戶部還是兵部都「沒有熟人」，他們即使想走後門也無能為力。

（四）建立人際關係的途徑：當時建立人際關係最主要的途徑是同鄉之間的交往。在外地，台灣同鄉成為互相交往的主要對象，通過同鄉關係互相幫助，已經成為民間的一種習慣。本案的主角林表兄弟，是台灣人，同時也屬於福建漳州籍，因為當年參加林爽文起義者多是漳州籍的。他們不僅把來自台灣嘉義縣的吳春貴、吳的同鄉徐繼觀、在廈門的台灣人黃佛賜當作自己的同鄉，也把福建漳浦籍的林寅登、來京會試住在漳州會館的漳州籍親友也當作同鄉。但是，看來他們的「同鄉認同」只及於分住各地的漳州府籍鄉親，而泉州府籍或客家籍的台灣人，則沒有被當作同鄉看待。這是清代前期台灣移民社會特色之一：「社會以祖籍地緣關係為基礎進行組合」的一個具體反映。

本文是通過刑案史料發掘社會生活某些具體情況的又一次嘗試，希望能夠提供研究清代台灣社會史的參考。

注：本文主要資料來自台灣故宮博物院藏清代台灣文獻叢編：《清宮諭旨檔台灣史料》（四）第 3118－3225 頁，部分參考許雪姬：《宜蘭開發史探微——吳光裔事跡考》（《台灣風物》第 31 卷 3 期）所引檔案。

清代兩岸航行時間

摘要

　　為了解決清代台海兩岸之間航行需要多少時間的問題，本文查閱文獻及檔案史料的具體記載，給予回答。總的來說，在木帆船時代，順風時，福建沿海不及兩天可達澎湖，甚至一晝夜即可到達臺灣，而一般則需要 4－5 天；在輪船時代，快則 17－18 小時，一般也要 2－3 天。當時氣候因素影響極大，有時候風長達一個月以上，有時遭風飄流，甚至觸礁沉沒，片板不留。

　　關鍵字：清代、台海兩岸、航行時間

　　臺灣海峽，最近的距離只有 130 公里，大陸到澎湖的航程則更短。現在貨輪從廈門到高雄大約 13 小時，從福州到澎湖 15 小時；最近臺灣「海洋拉拉號」從台中至廈門只要 4 個多小時，而福州到基隆估計則更快。那麼 100 年前、200 年前乃至 300 年前需要多少時間呢？

　　清代前期兩岸之間的距離以「更」為單位，有的說一更為 60 里，或稱一晝夜為 10 更。廈門至澎湖 7 更，澎湖至鹿耳門 5 更（或說 4 更半），或說廈門渡台海程 12 更，約計 700 餘里，蚶江渡台海程 9 更，約500 餘里[1]。以此推算，廈門至澎湖比一晝夜稍多一些時間即可到達。但到達澎湖大約只完成航程的 60%，而後一段航程也十分艱險。在順風的情況下，從廈門到澎湖「一日有餘乃至」，中午或傍晚出發，第二天早晨便可望見澎湖，但為了避免夜間抵達鹿耳門難以進港，還需要在澎湖等候；而從臺灣往廈門一般是黎明從鹿耳門放洋，午後到達澎湖，從澎湖到廈門，則是黃昏出發，第二天早晨可以望見內地的山影。船隻遠渡橫洋，只靠一帆風力，「固畏颶風，又畏無風」，如果無風，從鹿耳門到澎湖就要一兩天時間，到廈門就更慢了。如果遇到大風，更加難以估算，甚至到達鹿耳門以後無法進港，就要退往澎湖，甚至無法停泊澎湖，不得不退回廈門。

　　因此，航行時間與氣象、海象（marine　meteorology）有直接關係。一般地說，春天常有大風，不宜航行。陰曆四、五月，風暴較輕，船行甚穩，但行速較慢。六、七月常有颶風。八月白露以後，船行迅速。九月連續大風，幾乎無法航行。十月小春，天氣晴暖，風波恬和，便於航行。十一、十二月，時常有風，但可乘風隙往來兩岸。根據經驗最佳航行時間是四、五、八、十月。但也不可一概而論。

　　應當說明的是：本文主要根據臺灣出版的清代檔案史料、北京第一歷史檔案館未刊的檔案以及其他文獻資料，搜集有關兩岸間航行具體時間的資料，而不涉及各種船隻的大小以及兩岸各個港口之間距離的遠近，此外，相關民間傳說因無法證實未予採用。

---

[1]　閩浙總督孫爾准奏摺，道光六年三月二十日，一檔錄副奏摺，03－2855－025

　　現在以道光前後為界，通過一些實例，考察前期、後期兩岸航行實際需要的時間。

清代前期（1661－1820 年）

　　鄭成功進軍臺灣，順治十八年（1661）陰曆三月二十三中午，從金門料羅放洋。二十四日，各船俱齊到澎湖。[2]這裡沒有記載到達澎湖的時刻，但另一文獻記載：「至未刻，抵澎湖」[3]。即第一天中午出發，第二天未時（下午 2 時左右）到達，大約 26 小時。

　　施琅進軍澎湖，康熙二十二年六月十四日辰時，大小戰船 500 多艘，從福建銅山（東山）出發，十五日申時到達貓嶼、花嶼，當晚泊到八罩。十六日，進攻澎湖。[4]。第一天上午 8 時左右出發，第二天下午 4 時左右到達澎湖的小島，大約 30 小時。

　　康熙年間還有一些航行的記載，例如，郁永河三十六年（1697）正月二十一日黎明從廈門大擔門出發，二十二日中午就到達澎湖的馬祖澳。但到二十四日傍晚才到達赤嵌城。他自己說：「計自二十一日大擔門出洋以迄台郡，凡越四晝夜」[5]。從廈門到澎湖的時間大約 30 小時。

　　四十八年七月十五日，福建巡撫陳瑸從廈門開船，二十日抵台，需要五、六天時間，而五十四年（1715）四月，從臺灣渡海，「一日兩夜即順風過來了」。[6]

　　六十一年（1722）四月二十七日，巡台御史黃叔璥到廈門劉五店，五月十三日登舟，泊浯嶼。十四至十九日，大風。二十日，從小擔放洋，二十二日，過黑水溝，二十四晚泊烈嶼，二十五日收泊大擔，二十九晚泊金雞澳，東北望澎湖，六月初一日由將軍澳經西吉出洋，初二午進鹿

2　楊英：《先王實錄》，福建人民出版社，1981 年，第 245 頁。
3　江日升：《臺灣外紀》，福建人民出版社，1983 年，第 158 頁。
4　施琅：《靖海紀事》，福建人民出版社，1983 年，第 81 頁。
5　郁永河：《裨海紀遊》，臺灣文獻叢刊本，臺灣銀行，1972 年，第 6－8 頁。
6　《陳清端公年譜》，臺灣文獻叢刊本，臺灣銀行，1972 年，第 59 頁。

耳門。[7]這次航行遇風，從廈門小擔放洋到澎湖附近用了 9 天，到鹿耳門 11 天。

　　雍正年間每年都有新任巡台御史前往臺灣，他們都報告了航程，少則 5−6 天，多達近一個月。

　　二年，巡台御史禪濟布閏四月初十日抵廈門，十六日放洋，風順波恬，二十一日到臺灣。[8]前後 5 天。

　　三年，巡台御史景考祥三月二十八日至廈門，因風信延至四月十八日始能出洋，於二十六日進鹿耳門。[9]前後 8 天。

　　四年，巡台御史索琳五月三十日至廈門，六月十六日至澎湖，二十八日抵鹿耳門。[10]從廈門到澎湖用了 16 天。

　　五年，巡台御史尹秦正月二十六日至廈門，二月初九日至澎湖，十三日進鹿耳門。[11]從廈門到澎湖用了 13 天。

　　乾隆年間有關渡台時間的記載較多。二十一年臺灣鎮總兵馬龍圖六月十五日赴廈門候風渡海，至七月二十日到台[12]，前後 35 天，其中候風時間很長。

　　八年六月初一日一艘大船運載班兵 65 名，從廈門大擔門出口，因風信不順，收泊銅山（東山），初十日放洋，十二日到澎湖，十三日放洋前往鹿耳門，夜間颶風迅發，船隻被風擊破，兵丁于沙汕逃生[13]。儘管兩天到達澎湖，卻無法進入鹿耳門。

　　二十八年鳳山縣儒學教諭朱仕玠五月二十八日從廈門登船，二十九日從小擔出口，阻風折回，三十日五更放洋，因無風，航行緩慢，六月初六日才到達澎湖。用了 6 天時間。[14]

[7]　黃叔璥：《南征紀程》，見陳支平主編：《臺灣文獻彙刊》，第六輯第一冊，九州出版社，2005 年，第 52−55 頁。
[8]　《清宮宮中檔奏摺臺灣史料》（一），臺北故宮博物院，2004 年，第 198 頁。
[9]　《清宮宮中檔奏摺臺灣史料》（一），臺北故宮博物院，2004 年，第 350 頁。
[10]《清宮宮中檔奏摺臺灣史料》（一），臺北故宮博物院，2004 年，第 679 頁。
[11]《清宮宮中檔奏摺臺灣史料》（二），臺北故宮博物院，2004 年，第 1038 頁。
[12]《清宮宮中檔奏摺臺灣史料》（七），臺北故宮博物院，2004 年，第 404 頁。
[13]《明清史料戊編》，第七冊，第 617 頁。
[14]朱仕玠：《小琉球漫志》，臺灣文獻叢刊本，臺灣銀行，1972 年，第 7−8 頁。

三十年，臺灣道余文儀二十九年十二月二十四日在臺灣登舟候風，至三十年一月二十二日抵福州[15]，包括候風時間多達 28 天。

三十二年，巡台給事中覺羅明善七月二十九日廈門上船，八月十日抵台。[16]前後 12 天。

三十三年，福協副將戴廷棟十二月二十四日於廈門登舟，二十九日抵達臺灣。[17]，前後 5 天。

四十二年，巡台御史覺羅思義七月二十七日至廈候風，八月二十一日渡海抵台。[18]前後 26 天。

四十八年，福建水師提督黃仕簡四月二十九日從臺灣登舟西渡，「緣密雨連綿，繼以西南風盛，逐日在洋（左高右戈，左倉右戈）行駛，於五月二十七日始抵廈門」。[19]從臺灣到廈門長達 28 天。

五十二年，軍機大臣福康安率領大軍渡台，是一次十分快速的海上軍事行動。十月二十八日從蚶江崇武澳放洋，於二十九日抵達鹿仔港。「一晝夜間揚帆穩渡，所帶兵船百餘號，同時到港」。[20]

此後，來往兩岸之間很少有如此順利的情況。

五十三年正月初六日，福建巡撫徐嗣曾由蚶江出發，初十日抵達臺灣軍營。[21]二月，臺灣鎮總兵奎林前往臺灣，將抵鹿港，被風吹回，在泉州永寧澳登岸，由陸路赴崇武澳，於二月初九日放洋，十一日抵達鹿仔港[22]。

同年五月初九日，福康安由鹿耳門登船候風，十日順風揚帆，日暮抵黑水洋，距澎湖內澳二十餘裡，風息不能進，在洋面飄蕩。十二日午後風浪大作，竟夜不止，船隻雖覺欹側，幸而安穩無虞，行程甚速。十

[15] 《清宮宮中檔奏摺臺灣史料》（七），臺北故宮博物院，2004 年，第 618 頁。
[16] 《清宮宮中檔奏摺臺灣史料》（七），臺北故宮博物院，2004 年，第 716 頁。
[17] 《台案匯錄己集》（三），臺灣文獻叢刊本，臺灣銀行，1972 年，第 88 頁。
[18] 《清宮宮中檔奏摺臺灣史料》（八），臺北故宮博物院，2004 年，第 164 頁。
[19] 《清宮宮中檔奏摺臺灣史料》（八），臺北故宮博物院，2004 年，第 554 頁。
[20] 《清實錄臺灣史資料專輯》，福建人民出版社，1993 年，第 461 頁。
[21] 《清宮宮中檔奏摺臺灣史料》（十），臺北故宮博物院，2004 年，第 209 頁。
[22] 《清宮宮中檔奏摺臺灣史料》（十一），臺北故宮博物院，2004 年，第 16 頁。

三日晚間至大擔門外，十四日廈門港口登岸。[23]

　　同年九月，福建按察使萬鐘傑二十一日大擔門放洋，二十五日抵台[24]。

　　五十五年泉州知府報告說：「內渡（臺灣）生番頭目一十二名及義民、通事、社丁等於四月初九日自鹿耳門開舡，仰托聖主洪福，一路海波恬靜，十六日由廈門登陸」[25]。前後花了 8 天，還是「仰托聖主洪福」才能做到。但是，同年五月有哨船攬客 27 名偷渡臺灣，十九日上船，二十六日被風打到海豐港[26]，既非「海波恬靜」，又無「聖主洪福」，前後也是 8 天。

　　五十六年十月十六日臺灣鎮總兵奎林從臺灣登舟，二十二日放洋，二十三日到澎湖，遇風，至十一月初三日才繼續開船，初四日入大擔門，五日抵廈。[27]

　　五十七年閏四月十九日，有小商船從泉州南安內湖港載客 27 名偷渡，二十三日晚「駛至不知地方海灘」登岸[28]，前後才 4 天。

　　六十年四月，署理福建按察使劉大懿二十七日蚶江放洋，二十九日抵達鹿港[29]，而閩浙總督伍拉納則於第二天（二十八日）從泉州登舟，五月初四日才抵達鹿港。[30]

　　以上實例表明，從福建到臺灣一般航行時間需要 4－5 天，順風則 2－3 天即可到達。

　　嘉慶年間有關航行時間的記載較少，查到的有以下幾則：

　　九年二月，興泉永道朱理十二日到蚶江候風，至三月初六日才抵達

---

[23]《清宮宮中檔奏摺臺灣史料》（十），臺北故宮博物院，2004 年，第 589 頁。

[24]《清宮宮中檔奏摺臺灣史料》（十一），臺北故宮博物院，2004 年，第 5 頁。

[25]《明清史料戊編》，第二冊，中華書局，1987 年，第 146 頁。

[26]《明清史料戊編》，第二冊，中華書局，1987 年，第 148 頁。

[27]軍機處錄副，奎林奏報廈門登岸事，乾隆五十六年十一月初七日，一檔錄副奏摺，03－0247－051

[28]《明清史料戊編》，第二冊，中華書局，1987 年，第 154 頁。

[29]軍機處錄副，劉大懿奏明抵台日期事，乾隆六十年五月初二日

[30]軍機處錄副，伍拉納奏到台日期事，乾隆六十年五月初九日，一檔錄副奏摺，03－0470－042

臺灣。[31]

十三年三月，福州將軍賽沖阿十八日從鹿耳門放洋，二十九日抵達廈門。[32]

十四年八月，福建路提督許文謨十九日從廈門登舟候風，二十四日放洋，因風不順，九月八日到達鹿耳門。[33]

十五年一艘雙桅商船運載一百多名，六月二十二日由廈門放洋，二十五日酉刻駛至鹿耳門重山，忽然遭遇大風暴雨，大桅折斷，船隻漂流，沉礁擊碎[34]。即使 3 天可以達到鹿耳門附近，卻無法入港。

二十五年五月，臺灣鎮總兵音登額十六日在蚶江候風，六月初一日到台。[35]

以上幾次都不順利，航行時間均在 10 天以上。

嘉慶年間船隻遭風乃至船難的情況時常發生，文獻上有大量記載。諸如大桅折斷、船身被浪擊碎、或被沉礁南碎、「寸板無存」、兵丁溺斃數人、數十人乃至一百多人，也有得救逃生等等。從廈門出發的船隻，即使已經到達臺灣附近洋面，仍然會遭受颶風襲擊，甚至導致船毀人亡。例如，七年二月初六日，萬字 6 號哨船從廈門放洋，初八日靠近澎湖，遇到颶風，被擊碎，淹斃 147 名兵丁。[36]同年八月二十三日，海字 3 號哨船從廈門放洋，二十五日到達鹿耳門外，遇到颶風，大桅折斷，隨風漂流，被沉礁擊碎。[37]也有從臺灣出發，便在澎湖附近洋面遭風，五年臺灣鎮總兵愛新泰報告，九月十九日水師提標哨船載兵丁 92 名，從鹿耳門放洋，當晚在東吉洋面遇風，船隻被浪擊碎，兵丁大半受傷，4 人漂失。[38]

---

[31] 《明清史料戊編》第二本，中華書局，1987 年，第 161 頁。

[32] 軍機處錄副，閩浙總督阿林保奏摺，嘉慶十三年五月初二日

[33] 《清宮宮中檔奏摺臺灣史料》（十一），臺北故宮博物院，2004 年，第 806 頁。

[34] 《明清史料戊編》，第七冊（查），中華書局，1987 年，第 668 頁。

[35] 軍機處錄副，音登額奏摺，嘉慶二十五年六月初三日，一檔錄副奏摺，03－1679－016

[36] 《明清史料戊編》第七本（查），中華書局，1987 年，第 651 頁。

[37] 《明清史料戊編》第二本，中華書局，1987 年，第 161 頁。

[38] 《明清史料戊編》第二本，中華書局，1987 年，第 76 頁。

從以上資料可見，清代前期台海兩岸航行時間受氣象影響甚大。順風時不及 2 天便可到達澎湖，甚至從蚶江至鹿港「一晝夜」即可到達。一般來說，從大陸至臺灣需要 4－5 天，而 10－20 多天也很常見，包括候風時間長達一個月以上者並不足為奇。

清代後期（1820－1895 年）

道光以後，航行時間是否有所縮短？何時開始發生變化？這是我們需要考察的問題。先看以下具體的記載：

四年七月十四日福建巡撫孫爾准從滬尾登舟，由八里坌徑渡五虎門，舟行穩速，於七月十九日回至福州省城。[39]前後仍需 5 天。

二十二年十月初八日，臺灣官員派人乘坐「夷船」，護送遭風的「夷人」25 名，從臺灣放洋，初十日到廈門。而同年九月二十三日放洋，護送「夷目」9 人，因風不順，收入澎湖，至十一月二十一日才到達廈門。[40] 前後兩次時間相差二十多天。

二十七年正月，鹿港同知曹士桂來臺灣任職，七日巳刻從泉州獺窟出發，北風起，次日未刻到達鹿港番仔挖。「自獺窟至番仔挖，洋面八更，蓋八百里也，一日而至，每時計行六七十里」。[41]第一天上午 10 時左右出發，第二天下午 2 時左右到達，大約 26 小時。

同年四月初二日，臺灣道徐宗幹從蚶江登舟，初五日「得西北風，出口平穩」，後來風猛浪大，初六日日出，將到鹿港，但收帆不及，駛過二百餘里，停泊笨港，十五日到達府城。[42]雖然一天即可到達，但卻無法登岸。

應當提到的是，道光十五年當時在臺灣教書的蔡廷蘭從金門料羅出發去臺灣，估計十天內到達，但十月初二日登舟不及就遭到大風，船隻

---

[39]福建巡撫孫爾准奏巡台回省日期，道光四年七月二十一日，一檔錄副奏摺，03－2976－048。
[40]《籌辦夷務始末選輯》第一冊，臺灣文獻叢刊本，臺灣銀行，1972 年，第 36 頁。
[41]曹士桂：《宦海日記》，雲南人民出版社，1988 年，第 159－160 頁。
[42]徐宗幹：《斯未信齋文編》，臺灣文獻叢刊本，臺灣銀行，1972 年，第 127 頁。

隨風漂流，十一日夜間居然到達安南（越南）[43]。這說明那時兩岸航行的風險仍然很大。

咸豐年間運輸工具開始有些變化。四年六月徐宗幹乘坐「夷艇」，二十四日寅刻從鹿港附近的五條港出發，順風，二十五日辰巳間已近五虎門。[44]清晨 4 時左右出發，第二天上午 9 時左右到達，大約 17 小時。

同治二年九月丁曰健從福州來台，初八日由五虎門出發，初九日申酉間到達淡水的滬尾。[45]大約一天半。

五年十月十一日五鼓兼理學政吳大廷從福州出發，阻風，十三日泊南日澳，十四日至安海，守風一日，十七日抵達臺灣。七年二月二十五日「夜半」，他從安平出發，二十八日「午正」抵達福州。[46]大約兩天半。

十三年欽差大臣沈葆楨五月初一日辰刻從福州馬尾乘「安瀾」輪，初二日到泉州深滬，初三日到澎湖。[47]

同年六月二十一日羅大春從廈門乘「靖遠」輪船出發，當晚到達澎湖。[48]

光緒元年十月初四日福建巡撫王凱泰從安平乘「海鏡」輪船內渡，遇風，收泊澎湖五日，至十日，風浪略平，十一日抵達福州。[49]

二年十月初，新委臺灣府知府向燾乘坐輪船赴台，「至今數旬尚在海壇洋面守風」[50]。十一月十五日福建巡撫丁日昌由閩省輪船渡台，十八日到雞籠。[51]

三年四月二十五日督辦福建船政吳光祿從福州乘坐「海鏡」輪船，二十七日到達澎湖，因風潮不順，守候半日，乘夜開行，二十八日抵旗

[43]蔡廷蘭：《海南雜著》，臺灣文獻叢刊本，臺灣銀行，1972 年，第 3 頁。

[44]徐宗幹：《斯未信齋文編》，臺灣文獻叢刊本，臺灣銀行，1972 年，第 152 頁。

[45]丁曰健：《治台必告錄》卷 8，臺灣文獻叢刊本臺灣銀行，1972 年，第 563 頁。

[46]吳大廷：《小酉腴山館主人自著年譜》，臺灣文獻叢刊本，臺灣銀行，1972 年，第 42、50 頁。

[47]《清宮月摺檔臺灣史料》（二），臺北故宮博物院，1994-1995 年，第 1610 頁。

[48]羅大春：《開山日記》，臺灣文獻叢刊本，臺灣銀行，1972 年，第 15 頁。

[49]福建巡撫王凱泰奏摺，光緒元年十一月九日，一檔錄副奏摺，03－5101－035

[50]福建巡撫丁日昌奏摺，光緒二年十一月十九日，一檔錄副奏摺，03－5663－097

[51]《清宮月摺檔臺灣史料》（三），臺北故宮博物院，1994-1995 年，第 2425 頁。

後登岸。[52]

　　四年十一月十五日由臺灣內渡，在南日海面遇風，十七日到達馬尾[53]。

　　六年十月二十一日福建巡撫勒方錡從福州東渡，二十三日到基隆[54]。前後 3 天。

　　七年閏七月十八日福建巡撫岑毓英渡台，十九日抵達臺北。同年八月二十九日岑毓英乘「永保」輪船由臺北出發，九月初一日福州羅星塔。[55]前後也是 3 天。

　　八年十一月十九日署理福建巡撫張兆棟由福州乘坐輪船擬至基隆，20 日出五虎門，遇風。25 日波浪稍平，但無法直達基隆，26 日至澎湖，二十月初一日至安平。[56]

　　十一年正月十八日幫辦福建軍務、前陝甘總督楊崇斌，泉州坐「長勝」小輪船對渡鹿港，遇風折回金門山外，換平安輪過澎湖，探往臺灣後山，二十一日到卑南。[57]

　　十三年七月十七日福建布政使邵友濂從上海出發，二十日抵達臺北。[58]前後 4 天。

　　十八年二月二十二日未正（下午 2 時）全台營務處總巡胡傳乘坐「駕時」輪船從上海出發，二十四日辰刻（上午 8 時左右）到達小基隆。[59]大約 18 小時。

　　同年三月蔣師轍乘輪船遊臺灣，十九日辰刻從上海吳淞口出發，二十日晚到達滬尾。[60]大約 35 小時。

　　二十年八月初三日劉永福帶兵從汕頭乘坐「威靖」「駕時」兩輪船，

[52]《吳光祿使閩奏稿選錄》，臺灣文獻叢刊本，臺灣銀行，1972 年，第 4 頁。
[53]福建巡撫吳贊誠奏摺，光緒四年十二月十七日，一檔錄副奏摺，03－5797－087
[54]《清宮月折檔臺灣史料》（四），故宮博物院，1994-1995 年，第 3271 頁。
[55]《清季申報臺灣紀事輯錄》，第 1008 頁，臺灣文獻叢刊本
[56]署理福建巡撫張兆棟奏摺，光緒八年十二月二十日，一檔錄副奏摺，03－6018－006
[57]《清宮月折檔臺灣史料》（五），臺北故宮博物院，1994-1995 年，第 4119 頁。
[58]《清宮臺灣巡撫史料》（下），臺北故宮博物院，2006 年，第 190 頁
[59]胡傳《臺灣日記與稟啟》，臺灣文獻叢刊本，臺灣銀行，1972 年，第 6 頁。
[60]蔣師轍：《台遊日記》，臺灣文獻叢刊本，臺灣銀行，1972 年，第 12 頁。

於五日到達台南[61]。

以上資料表明，在沒有輪船之前，臺灣航行基本上與前期沒有什麼兩樣。

到了咸豐年間，開始乘坐「夷船」，後來又有「輪船」。同治末年至光緒年間，琛航、永保、飛捷、威利、萬年清、伏波、駕時、斯美等輪船，常川往來于臺灣、福州、廈門之間。此外，英國得忌利士公司也有輪船來往兩岸開展貨運、客運業務。這些輪船時速在 12－16 諾之間，「諾」（naut m）即海里，12 諾等於 43 華里。以此推算，兩岸之間航行時間可以縮短到 10 小時左右，但實際上少於 17－18 小時的記載尚未見到。

在清代後期，兩岸之間仍然無法有固定的航行時間。光緒八年九月二十二日「萬年清」輪船從福州開赴臺北，估計二十三日可到，但「船至五虎口外，即泊而不去，日候一日，至十月初八日，風勢已定，始敢展輪」。因此，時人感歎道：「行海者豈可克期而至哉。」[62]。直到民國年間，廈門到淡水 18－20 小時，福州到基隆 17－22 小時，航行時間比較固定了。[63]

綜上所述，我們對清代台海兩岸航行時間可以有如下看法：

一、在使用木帆船時代，由於受到氣象、海象的重大影響，一般都需要有候風的時間。如果單純計算由開船至到達的時間，則順風時「一日可達」，最快的記錄是福康安率領大軍從蚶江崇武到鹿港「一晝夜」到達，或從泉州獺窟到鹿港番仔挖 26 小時。一般都要 4－5 天，即使是封疆大吏如福建巡撫等人也不例外，至於十天、半個月也算正常。無風或大風都會影響航行時間，甚至導致船破人亡的悲劇。

二、有了輪船之後，情況有所好轉，大約 17－18 小時可以到達，

[61] 易順鼎：《魂南記》《劉永福援台始末》，臺灣文獻叢刊本，臺灣銀行，1972 年，第 65－66 頁。

[62] 《清季申報臺灣紀事輯錄》，臺灣文獻叢刊本，臺灣銀行，1972 年，第 1076 頁。

[63] 參閱施景琛：《鯤浤日記》，邱文鸞：《臺灣旅行記》，謝鳴珂：《臺灣旅行記》，張遵旭：《臺灣遊記》等，均見臺灣文獻叢刊本，臺灣銀行，1972 年。

但仍然沒有固定時間的保證，氣象、海象這些自然因素仍然嚴重影響兩
岸間的航行。

三、討論

臺灣史研究的史觀問題

　　兩岸史學界都有一部分學者正在從事台灣史研究,由於兩岸社會制度的不同,彼此之間存在不同的史觀,那是必然的,不足為奇的。由於史觀的不同,很容易產生這樣的現象:各自認為自己的觀點正確,而對方的觀點則有問題。這樣,在兩岸交流過程中,只能各說各話,無法交集,很難取得共識。因此,要推動台灣史研究和交流,就必須對雙方的史觀有一個清楚的認識,了解分歧的所在及其原因,找到關鍵問題,進而展開對話,在交流的過程中尋求解決分歧、取得共識的途徑,推進台灣史研究水平的提高。

一、台灣史學界存在不同的史觀

　　早在 1996 年台灣的《歷史》月刊就製作過一個「兩岸對峙下的台灣史觀」專輯,邀請台灣和大陸五位學者(王明珂、陳芳明、陳映真、陳其南、陳孔立)參加筆談。編者指出,近年來台灣史研究已經成為「顯學」,並且已經有了一定的成果,「但不同的認知取向所建構的『台灣史』,卻呈現了相當大的差異。觀念的分歧不僅反映在學術界的眾說紛紜,同時在某些層面上,也是現實政治的投射」。製作這一專輯「希望通過幾個不同『台灣史觀』的深刻論述與思考,讓我們來共同關心這塊土地的問題和未來」。顯然這裡所說的「台灣史觀」不是一個共同的觀點,而是指對台灣史研究的各種觀點。[1]

　　在這個專輯中,五位學者都發表了各自不同的「史觀」。

　　王明珂指出:「近年來愈來愈多,『驕傲的中國人』,變成『驕傲的台灣人』。現實政治經濟環境的變化,是這種認同變遷背後的驅力,而歷史記憶與失憶則是認同變遷的工具。」

　　陳芳明則提出他的「後殖民史觀」,他指出,荷鄭、清朝是封建殖

[1] 《「兩岸對峙下的台灣史觀」專輯》,《歷史》月刊,第 105 期,1996 年 10 月。

民時期，日據是現代殖民時期，戰後（國民黨統治）是「再殖民時期」，1987 年解嚴以後是「後殖民時期」。他把台灣歷史看成是一部殖民史，並且要用這種史觀來研究台灣史。他認為「國民黨史觀」與「中共史觀」則「極力避開觸及台灣的殖民經驗」。

陳映真主張用「社會史觀」解讀台灣歷史，他把台灣社會分成：殖民地社會（荷蘭），豪族封建社會（明邦），與清朝統一的封建社會，台灣統一在一個半殖民地的中國，殖民地社會（日據），1945 年台灣組織到半殖民地、半封建的中國，兩岸統一，1950 年美國全面介入台灣事務，使台灣淪為新殖民地，而兩岸分斷分離。他還明確指出：「台灣從來不是一個自來獨立的社會或國家。因此，在殖民主義和帝國主義的世界史中，台灣的反殖民地、反帝國主義鬥爭，就不是恢復原未曾存在的獨立這樣一個問題，而是祖國復歸的問題。」

陳其南指出，台灣史研究無法擺脫政治立場的糾葛，他批評台灣學者有的強調台灣歷史經驗的本土性和特殊性，「有些論著更是清楚地在為台灣的政治獨立尋求歷史研究和學術理論的根據」；也批評大陸學者「幾乎毫無例外地籠罩在統一論的民族主義旗幟底下。符合這樣一個目的的任何史實和論證不但不會被遺漏，而且被一再強調。至於那些可能喚起台灣歷史經驗中的獨特性和不同政治立場的解釋，如果不是加以忽略就是否認其意義」。他自己的觀點則是：「台灣社會基本上仍然是中國或漢人社會，台灣人不論如何強調其本土意識，在歷史文化上仍無法否定此一事實。」

陳孔立的觀點是：「台灣歷史作為中國歷史的一個組成部分，它與全國的歷史有著共同性；但台灣作為中國一個比較特殊的地區，它的歷史也必然有其特殊性。如果只強調共同性，而忽略其特殊性，就不能正確地認識台灣的歷史，也不能正確地認識台灣的現實；如果只強調其特殊性，而忽略了共同性，就不能正確地認識歷史上的兩岸關係和當前的兩岸關係，也無法正確認識和對待台灣的前途問題。」

顯然，十幾年前已經存在不同的史觀，根據陳芳明的看法，那時「真

正的台灣史觀」尚未建立,「而中華民族主義的『中原史觀』、『帝王史觀』、『國民黨史觀』、『共產黨史觀』,至今仍然還滲透於台灣歷史的研究中之」。[2]那麼現在的情況呢?

　　台灣的歷史學者張隆志提出這樣的看法:「1980 年代台灣史研究可溯自十九世紀後期以來的日本殖民地研究、戰後以來的中國邊疆及地方史研究,以及 1960 年代以來的西方區域研究等多重知識傳統。」此外,戰後海外反對運動及島內民主運動的台灣史論述,則包括史明與王育德等日本「台獨」運動者所撰寫的台灣歷史,黨外運動雜誌所體現的台灣歷史意識與本土史觀,但也出現了台灣結與中國結的論爭。他認為提倡「台灣中心觀點」,即以台灣島嶼以及人民歷史為主要問題意識的研究取徑,是當代台灣史研究的重要特徵之一。學者抱持不同政治立場與理論觀點,使得台灣史學界呈現出多元異質的現象。「由於族群及國族認同問題,因解嚴後台灣島內、兩岸及國際政治情勢的轉變而更加政治化,台灣史成為政黨和媒體的論爭場域。」[3]他沒有明確指出有哪些不同的史觀,但卻明確指出不同的政治立場也在史觀上得到反映,而史觀則體現了「國族認同」的問題。

　　台灣的政治學者張亞中從政治的角度論述兩岸不同的史觀,並且明確地給予「定性」。他指出:「兩岸現有的史觀包括國共兩黨所共有的『內戰史觀』、『統一史觀』,以及台灣所獨有的『台獨史觀』與『偏安史觀』。」他從政治角度研究「台獨史觀」與「偏安史觀」的形成與發展。他指出,從「台獨史觀」到「分離史觀」是民進黨與李登輝的成果,他們提出「兩國論」、「一邊一國」、「同心圓史觀」以及「認同『台灣主體』與認同『中國主體』,兩種價值觀是無法和解而共生」等等主張,極力推行「分離史觀」。國民黨的「分治史觀」變質為「分離史觀」,國民黨「中華民國在地化」的「轉型史觀」就是「獨台史觀」,如果放在整個中國的歷史經驗來看,這就是「偏安史觀」。[4]儘管張亞中主要是從政治角度分析不

2　陳芳明:《探索台灣史觀》,自立晚報社,1992 年,第 25 頁。
3　張隆志:《當代台灣史學史論綱》,《台灣史研究》16 卷 4 期,2009 年 12 月。
4　張亞中:《建立兩岸共同體史觀(一):現有史觀的問題在哪裡》,《中國評論》2010 年 11

同的史觀，但實際上在當代台灣史研究中確實可以看到這些史觀的存在與較量。此外，還有一些其他說法，例如，過去的「反共史觀」已經由充滿悲情的「反中史觀」所取代。這個史觀主張，台灣歷史經外來政權統治，民主化後理所當然應由所謂本土政權當家做主，對外力抗隔岸的「中國」，對內排斥其他政黨及族群。[5]還有「統派史觀」、「皇民史觀」、「以世界史為框架的史觀」等等說法。台灣史研究專家許雪姬從史學角度歸納為兩種立場、兩岸史觀，她說：「因受台灣政治氣氛的影響，學界至今仍存在「以中國看台灣」與「以台灣為主體看四鄰」，這兩種立場與史觀互爭的現象，此為台灣史研究難以避開的政治觀題。」[6]

我個人認為在「以台灣為主體」的史觀方面，還可以分成兩種，一種是「台獨史觀」，另一種是「台灣史觀」，二者有聯系也有區別。「台獨史觀」是一種政治主張，在台灣史研究上表現為「同心圓史觀」「後殖民史觀」等等，他們強調「台灣主體」，目的是「脫離中國的規範」，「脫中國化」。他們主張「把台灣史作為國史」，「中國史作為外國史」。「台獨史觀」已經在台灣史研究、教科書編撰方面發生嚴重的影響。「台灣史觀」是一種學術主張，一般不涉及政治，不願意讓政治干預學術，「無意捲入統獨之爭」。持此論者也主張「台灣主體」，強調「以台灣人的立場」研究台灣歷史作出評價。根據這種觀點，他們對不同時期的台灣歷史作出不同的定位：荷據以前，台灣是以「原住民」為主的歷史，澎湖則是元明兩朝的地方史；荷西時期，台灣史屬於外國史；鄭氏治台時期，台灣史是「國史中的國別史」；清領時期，台灣史是清廷的地方史；日據時期，台灣史屬於外國史；光復初期（1945－1949）台灣史是中國史的地方史；「中華民國在台灣」時期（1949年迄今）是「國史中的國史別」。這種主張，從表面上看是客觀的，對所有的統治者一視同仁，實際上關鍵在於它回避了一個要害問題，即台灣主權的歸屬問題。

從以上介紹可以看出，台灣方面對台灣史的研究存在各種不同的史

月號。

5　蘇起：《台灣的歷史與地理》，《聯合報》2010年9月2日。

6　《戰後史觀與台灣史研究演講側記》，203.68.,236.93/doc/discuss/Taiwan/1010309－01.doc

觀，相互之間存在分歧，而這些史觀與大陸學者的分歧更大。因此，史觀問題是從事台灣史研究必須重視的一個問題。那麼，為什麼會出現這些不同的史觀？不同史觀的關鍵問題何在？這是需要探討的問題。

二、史觀問題歸根結蒂是認同問題

在台灣史研究方面，兩岸現有不同的史觀都是與政治立場分不開的。大陸堅持兩岸統一的立場，在史觀上必然認定「台灣史是中國史的一個組成部分」；「台獨」主張「一邊一國」「獨立建國」，在史觀上則力圖切斷與大陸的聯系，「去中國化」；有些人主張「維持現狀」，在史觀上則強調「台灣主體」「台灣中心」，淡化和模糊與中國大陸的關係。張亞中在談論史觀問題與政治問題的關係時提出一個重要的見解，他認為「史觀」是「論述」的基礎、「論述」是「政策」的依據，「政策」的實踐又會強化「史觀」的認知，三者之間有著因果關係。[7]這個觀點值得重視。

從史觀與政治的關係必然引出認同問題，許多研究歷史與教育的台灣學者不約而同地談到這個問題。王汎森指出：「不同的歷史教科書把人們劃分成不同的歷史世界，而歷史知識之不同亦大幅影響了人們的政治認同與政治抉擇。」[8]劉阿榮認為「台獨」的「去中國化」是「將中華文化的文化認同及中華民國的國家認同，轉化成為台灣文化或隱含的『台灣國』的文化認同與國家認同」。[9]王晴佳指出：所謂認同本土，在實際的層面上，也就意味著要認同台灣。所謂從人民立場出發，就是認同台灣的歷史是台灣人的歷史。「台灣史教學與研究的廣泛開展，本身反映了台灣人歷史、認同意識的轉化，同時這些教學與研究的開展，又

7　張亞中：《建立兩岸共同體史觀(一)：現有史觀的問題在哪裡》，《中國評論》2010 年 11 月號。
8　王汎森：《歷史教科書與歷史記憶》，《思想》雜誌，2008 年第 5 期。
9　劉阿榮：《全球在地化與文化認同——台灣文化認同的轉變》，《全球在地文化研究》，桃園：元智大學通識教學部出版，第 123–129 頁。

促使台灣民眾與知識界更深入地考慮認同的問題」[10]蔡篤堅指出研究口述歷史，是要「勾勒出與台灣認同發展相關的視野」，「開創台灣認同的定位」。[11]陳翠蓮在《台灣人的抵抗與認同》一書中，描繪了從戰後初期台灣人認同祖國，到「認定台灣與中國的差異、我者與他者的區別」，直至「國族認同」的轉變過程。[12]宋佩芬則認為歷史教科書從「國編本」到《認識台灣》再到「一綱多本」，「台灣史的詮釋轉變，並沒有改變台灣借由教育，以國族歷史形塑國家認同的本質」。[13]

　　總之，台灣許多歷史書籍力圖「強化台灣認同」，「建構台灣國家認同」，「獨」派學者明確提出「台灣史才是國史」，[14]近年來的中小學的歷史教育也在這個方面發生影響。「事實上，改變台灣青少年的歷史認同與國族認同，從小學歷史教育即已著手，現在已經達到目的了。通過歷史教育，讓青少年意識到台灣史是我們的歷史，中國史是中國人的歷史，進一步意識到：我們是台灣人，台灣的歷史才是我們的歷史。在本質上，這已經不是教育改革，而是『國族認同』的改造了。」[15]

　　政治學者張亞中更明確地提出：「史觀不同，認同則必然相異。同樣的，去其認同必先去其史觀。」「杜正勝的『同心圓史觀』是綠營用來建構一邊一國認同的工具。」[16]楊開煌也指出：所謂「台獨史觀」是指那種企圖以台灣的史料來證明台灣不屬於中國，以便為「台獨」政治主張尋找證據和歷史合法性的一種解釋台灣歷史的觀點。他們企圖「掌握台灣歷史的解釋權，只有透過歷史，才有可能去塑造新的認同，才有可能將反中國的鬥爭長期延續」。[17]大陸學者張海鵬所寫的《關於台灣史

[10]王晴佳：《台灣史學 50 年》，麥田出版社，2002 年，第 118、123、126 頁。
[11]蔡篤堅：《口述歷史實踐與台灣認同發展》，
　　http://wenku.baidu.com/view/8a7ce94669eae009581bec77.thml。
[12]陳翠蓮：《台灣人的抵抗與認同》，遠流出版社，2008 年。
[13]宋佩芬等：《台灣史的詮釋轉變》，《教育科學研究期刊》第 55 卷第 3 期，2010 年。
[14]《學者：台灣史才是國史》，《自由時報》2010 年 2 月 27 日，
　　http://www.libertytimes.com.tw/2010/new/feb/27/today-life9.htm。
[15]《台灣歷史課綱涉大是大非》，http://www.chinareviewnews.comm/2010-12-26。
[16]張亞中：《異化的史觀與認同：從我者到他者》，《中國評論》2012 年 4 月號。
[17]楊開煌：《透析「台獨」史觀，解構「台獨」教育》，http://www.huaxia.com/zt/2001-19/32997.html。

研究中「國家認同」與台灣史主體性問題的思考》一文，也敏銳地觀察到在台灣史研究中「認同」問題是一個關鍵。[18]

三、對「認同台灣」要作具體分析

所謂認同問題，就是要回答「我是誰」的問題，在台灣，關鍵就是「認同台灣」還是「認同中國」的問題。這裡存在四種可能：一是「認同台灣，不認同中國」，二是「認同台灣，也認同『中華民國』」；三是「認同中國，不認同台灣」；四是「認同台灣，也認同中國」。

對大陸學者來說，關鍵是如何理解「認同台灣」的問題。「台灣認同」一方面是對「我者」的歸屬感，另一方面則是對「他者」的區隔，而這「他者」就是「中國」，因為國際上認同的「中國」是中華人民共和國。於是出現兩種對立的看法：有人認為認同台灣人，就是不認同中國人，是對中國的背叛，就是「台獨」；有人則認為認同台灣人只是與認同「中國大陸人」相區別，表明二者有不同的特點，並非與「中國人」處於敵對關係，認同台灣不等於認同「台獨」。

關於「台灣認同」要作具體分析，至少要考慮以下幾點：第一，生活在台灣的環境中，認同台灣是正常的現象。大家都住在台灣這個地方，大家都受到台灣現有的文化（包括語言、文字）的影響，大家都經歷過台灣近幾十年的歷史，有共同的歷史記憶，大家都生活在台灣現有的政治、經濟、社會制度之下，有共同的生活經驗。這一切都使得台灣民眾對台灣這塊土地有「歸屬感」，也把他們與不是生活在台灣環境下的人（大陸人）區別開來。第二，認同台灣不完全等同於政治態度，或者說認同台灣主要是一種社會認同，目前台灣多數人選擇維持現狀，那些以認同台灣來與大陸對抗、主張「台獨」的人畢竟是少數。所以認同台灣不等於認同「台獨」，同樣，「台灣意識」不等於「台獨意識」，「台

---

[18]張海鵬：《關於台灣史研究中「國家認同」與台灣史主體性問題的思考》，http://jds.cass.cn/Item/523.aspx。

灣史觀」不等於「台獨史觀」。第三，認同台灣與認同中國不一定對立。生活在台灣，認同台灣，要建立台灣命運共同體，這是正常的。如果生活在同一地區、同一社會制度下的台灣民眾都不能認同尊重自己所屬的「台灣人」群體，他們怎麼可能接受生活在不同地區、不同社會制度下的「大陸人」群體並形成「中國人認同」、建立起命運共同體呢？所以，「只能認同中國，不能認同台灣」、「必須拋棄『台灣認同』，而以『祖國認同』來取代」的看法是不切實際的。

　　現在台灣已經有不少人主張台灣應當建立「雙認同」，即「我是台灣人，也是中國人」，還有人提出「雙重認同」、「共同認同」、「兩岸認同」、「重疊認同」、「整個中國認同」、「兩岸人民的認同」等等，這種可能性是否存在，值得研究。

　　現在認同「既是台灣人，又是中國人」的占 40% 左右，加上認同中國人的已經在四成以上。換句話說，有四成以上不排斥、不放棄「中國人認同」。在民族認同方面，大約有八成認同「中華民族」，約有六成認同「兩岸同屬中華民族」。在文化認同方面，大約也有七八成認同自己是「文化上的中國人」。青年一代也有不少人存在「雙重認同」的意願。隨著兩岸交流交往的發展，兩岸人民在友好合作方面將建立美好的共同的集體記憶，在這種情況下，以往排他性的認同就有轉化為雙重認同的可能。從兩岸關係和平發展的方向來看，「雙重認同」是符合兩岸人民共同利益的一種取向，實現雙重認同的可能性是存在的。當然，這種建立在新的關係的基礎上的雙重認同不會是自然形成的，需要經過兩岸雙方共同努力消除種種障礙，有意識地、有計劃地共同去建構。[19]所以，不要害怕認同上的差異，而要努力建構新的認同，在這個方面，兩岸台灣史研究可以通過交流與對話作出自己的貢獻。

四、要開展平等的對話

---

[19] 參閱陳孔立：《台灣民意的三個層次》、《從「台灣人認同」到雙重認同》，《台灣研究集刊》2012 年第 1 期、第 4 期。

　　兩岸學者在台灣史研究方面存在不同的史觀，對具體歷史也有不同的看法，如果各自堅持自己的史觀，就無法開展對話。對於大陸學者的觀點，台灣方面很可能視之為「中共史觀」，一概拒絕，而台灣學者的觀點，大陸方面很可能認為是片面的「台灣史觀」，甚至是「台獨史觀」，而加以批判，或是「各講各話，永無交集」。這不是兩岸交流的正確態度。

　　台灣學者楊渡指出：「兩岸對於 1949 年以前的共同歷史，或國共內戰的歷史，實際上也有歧異，因為對於過去的抗日戰爭和國共內戰，國民黨寫國民黨的版本，共產黨寫共產黨的版本，以致兩岸對歷史的解釋很不一樣，對歷史真相所注重的點也不一樣。因此，如果對過去共同歷史的認知都不一樣，或者認識不足，兩岸要真正的了解對方，或者形成共識，就會有相當的難度。」[20]陳福裕也指出：「多年來我在推動兩岸青年交流工作過程中，兩岸在歷史解釋上的不同（例如關於國共兩黨在抗日戰爭中的角色和貢獻），就經常成為台灣青年在國家認同上的障礙。因此，要正確處理台灣人民的認同問題，首先就要正視兩岸在近代化過程中歷史經驗的差異性，並且通過這種對差異性的理解和包容，為一百多年來，兩岸人民在帝國主義壓迫下追求民族生存、發展與復興的奮鬥過程，書寫出民族的共同篇章。[21]這裡提出一個重要的問題，即兩岸在歷史解釋上的不同會導致認同上的障礙，抗日戰爭史如此，台灣史也是如此。所以，我想有必要針對兩岸在台灣史解釋上的不同，以及「兩岸在近代化過程中歷史經驗的差異性」，展開平等的對話，爭取作出能互相理解和包容的解釋，這可能是兩岸台灣史研究交流中的一項值得重視的工作。

　　我認為兩岸台灣史研究在史觀方面都存在一些問題，包括長期形成的一些並不正確的「固化的觀念」和「既定的結論」，因而對台灣史的

[20]楊渡：《台灣大大優勢　深厚中華文化底蘊》，
　　http://www.huaxia.com/jjtw/rdrw/2010/01/1721013.html。
[21]陳福裕：《從文化認同渡過到國家認同的契機》，引自張方遠編：《高中歷史課綱烽火錄》，
　　海峽學術出版社，2013 年。

解釋存在許多差異，這需要雙方作一番整理與反思，選擇一些重要問題，深入研究，展開對話。

　　就大陸方面來說，在歷史研究和教學方面就有不少「固化的觀念」和「既定的結論」，諸如「大一統」、「五階段論」、「起義模式」「變法模式」等等。[22]這些觀念是否正確，大家沒有去認真思考。這也涉及對台灣歷史事實的看法。葛劍雄教授舉了一個例子：「過去的歷史教科書都強調早在三國時期孫權就派衛溫、諸葛直到了台灣，以此證明台灣自古以來是中國的領土，卻從未講到衛溫、諸葛直去的目的是什麼。（譚其驤）老師讓我們查閱史料，一看才知道他們是去擄掠人口的。書本以此證明大陸跟台灣從那時起就是友好往來，這一方面是歪曲歷史，另外對促進兩岸統一也沒好處。[23]同樣，有人為了論證「自古」的觀點，竟然說早在「一千八百年前台灣就是中國的一個州」，把「夷洲」說成是臨海郡的「一個州」，我曾經寫過文章批評這個錯誤。[24]此外，有人說元代在澎湖設置巡檢司「管轄台澎地區」，實際上巡檢司的巡檢只是一個最小的官，九品或從九品，澎湖 36 島都管不了，怎麼能管轄整個「台澎地區」？這說明「自古」的說法並不準確，我曾經在中國社會科學台灣史研究中心召開的一次學術會議上表示：「嚴謹的學術語言應當與政治語言有所不同。」

　　同樣，我們常說的「台灣史是中國歷史的一部分」這句話也值得推敲。1895 年以前的台灣史可以說是中國歷史的一部分，但 1895 年後台灣在日本殖民統治之下，它的歷史就很難說是中國歷史的一部分了。陳福裕指出：「中國大陸從乙未割台之後，走過了戊戌變法、辛亥革命，最後在半封建半殖民社會基礎上，通過新民主主義革命自力更生地走向今日的「社會主義初級階段」的發展道路；台灣則在日本殖民統治、戰後新殖民體系的附庸性發展下完成了國家資本主義積累，最後在後冷戰

---

[22] 王曉漁：《歷史教科書的兩個怪圈和兩種敘事》，《同舟共進》2013 年第 5 期。

[23] 葛劍雄：《歷史教科書的「底線」》，《同舟共進》2013 年第 5 期。

[24] 參閱陳孔立：《夷洲非「夷州」辨》，《台灣研究集刊》2001 年第 1 期。

時期實現了資產階級民主。[25]是的，這個時期的中國史經過歷過中華民國的建立、軍閥混戰、北伐戰爭、土地革命、抗日戰爭、解放戰爭，這些歷史過程台灣都沒有參與，台灣史怎能成為中國史的一部分？1949年以後的中國是社會主義革命與社會主義建設的歷史，台灣史也不可能成為這樣的中國史的一部分。當然，即使在日據時代或戰後，台灣的歷史與整個中國的歷史都有密切的關係，抗日戰爭導致台灣光復，近幾十年來兩岸關係的變化和發展，就是一個證明。但「一部分」的籠統說法畢竟是不夠貼切的，需要研究出一種更加准確、更有說服力的提法。

　　台灣方面也有「固化的觀念」，例如，有不少台灣史的論著和教科書對日本殖民統治時期的「近代化建設」採取完全肯定的態度，有所謂「糖業王國」「米糖王國」「糖業現代化」之類的說法，對於「近代化的民生設施」，用「交通的整頓、電子資源的開發、新式教育的建設、發展米糧經濟、灌溉埤圳的整頓、嘉南大圳的貢獻、農作物品種的改良、金融環境的革新、財政的獨立自立」等等話語全面歌頌日本殖民者的功績，卻不提及殖民主義的掠奪本質及其對台灣民眾的傷害。這樣的史觀當然不能令不信服，在台灣也有不同的意見。

　　兩岸在具體歷史的看法上也存在差異。例如，對鄭成功收復台灣的看法。大陸肯定鄭成功收復台灣，台灣有的學者也有同樣看法，但另一些學者則認為不能說「收復台灣」的問題，只能說是「攻占台灣」或「進取台灣」。[26]對鄭成功進軍台灣的動機也有不同看法。[27]對於鄭成功的評價，一方面出現中國大陸、台灣以及日本都把他稱為「民族英雄」的情況：日本人把他當做「日本民族的兒子」，認為「日本血統賦予鄭成功尚武精神和勇氣」，使他成為「偉大的武士」，「蔣介石的中華民國認為從鄭成功抵抗大陸敵軍的故事和他跨過海峽光復失地的渴望中吸取了靈感。作為三軍統帥，蔣介石自己有時候也被稱為現代鄭成功，但是台

[25]陳福裕：《從文化認同過渡到國家認同的契機》，引進張方遠編：《高中歷史課綱烽火錄》，海峽學術出版社，2013年。

[26]知乎：《鄭成功收復台灣，還是攻占台灣》，http://www.zhihu.com/question/20126670。

[27]參閱孔立等：《鄭成功評價的方法論問題》，《廈門大學學報》1983年第1期。

灣顯然想要避免鄭氏家族的命運」；中國大陸的教科書把「鄭成功稱作中華民族的英雄，這是為了紀念他英勇地從荷蘭帝國主義侵略者的魔爪中『收復台灣』。他的豐功偉績是『愛國主義歷史』敘述中的關鍵部分，這種敘述給鄭成功反帝國主義者的身份提供了證明。[28]另一方面，也有分歧：「對荷蘭，鄭成功乃殘暴者。對大清帝國，鄭成功由逆臣漸變為御外英雄。對日本殖民當局，鄭成功展現大和魂，其節操源自母系日本血緣。而蔣介石，視鄭成功為志在『光復大陸』之復台英雄。對北京當局，鄭成功又為驅逐外國勢力，收復台灣回歸中國之英雄。現今，台灣主體論者，則有外來政權之質疑。」[29]民進黨在這個方面看法有過一些變化：「以前民進黨尚未執政前，因為鄭成功將台灣改名為『東都』，鄭經又將東都改為『東寧』，自稱『東寧王國』。當時英國人還稱他為『台灣王國』或『福爾摩沙王國』，所以把他當作『台獨』的象徵。但如今面對大陸崛起，經濟上越來越依賴對岸，當權者在政治上為了教導人民『仇中恨中』（戒嚴時代叫做『仇匪恨匪』），於是他又變成了討厭的『外來政權』。」[30]最近民進黨人士許添財表示：「因為有鄭成功，在東南半壁維護了海權，當時明末清初這樣脆弱的社會階段，才不至於被西方霸權所侵占。」他指出，鄭成功文化中的國際精神、開拓精神、和平精神非常值得借鑒。[31]看法與以往不同。

　　總之，兩岸存在不同的史觀，這就影響到對具體歷史的不同看法，類似這樣的問題，應當可以通過兩岸的交流，得到切合實際的處理。因此，為了提升台灣史研究的水平，兩岸學界有必要建立台灣史研究的交流平台，先進行廣泛的交流，暢所欲言，提出各種各樣的問題，然後加以整理，有步驟地開展平等的對話和交流，相信這對雙方都會有好處的。

---

[28]《經濟學人：如何紀念鄭成功》，http://bbs.tianya.cn/post-worldlook-531135-1.shtml.

[29]辛在台：《鄭成功蓋棺難定論》，《自由時報》2007 年 5 月 10 日。

[30]管仁健：《鄭成功為何要屠殺荷蘭牧師？》
　　http://go.paowang.net/news/3/2006-10-17/20061017234442.html.

[31]《許添財贊鄭成功維護海權》，http://paper.takungpao.com/html/2013-01-27/content_5_6.htm。

臺灣史研究的「兼顧史觀」——評許倬雲著《臺灣四百年》

美國匹茲堡大學許倬雲教授所著《臺灣四百年》，最近由浙江人民出版社出版，連同他過去所著的《從歷史看時代轉移》（2000 年）和《萬古江河》（2005 年）中有關臺灣史的部分，可以看出他對臺灣史有獨到的見解，也可以說，他對臺灣史研究有自己的史觀。他說：「我對臺灣的觀察和體驗，也是既非完全臺灣人的，也非完全大陸人的，而是嘗試著兩面兼顧，所以看得較為清楚」（前言）。我姑且把這種史觀稱為「兼顧史觀」。

本文重點探討「兼顧史觀」的特色，說明它對臺灣史研究的啟示，並對相關問題提出商榷。

一、兼顧史觀的含義

當今臺灣史研究存在各種不同的史觀，一般來說，有「從中國看臺灣」與「從臺灣看四鄰」的區別。許教授則採用一種「既非完全臺灣人的，也非完全大陸人的」史觀，這是他的首創，也是他與一般臺灣史研究者不同的地方。

「兼顧」是這種史觀的本質特徵，既要照顧到臺灣人的意願，又要照顧到大陸人（主要是指在臺灣的大陸人）的意願，似乎要做到不偏不倚。許教授曾經說過他自己是「學術界的世界公民」，「我視個人的良心和學術規範高於一切，不會因為任何民族情感、對組織的忠誠，甚至是國籍毀掉自己的學術聲譽」。他明確指出自己具有「世界性的歸屬感」。[1]他認為史學工作者要「以自己最大的努力誠實地揭去誤解與偏見，盡可能從自己提問題的角度不偏不倚地重建史事發展的輪廓。」[2]因此，

---

[1]　《許倬雲：做學術界的世界公民》，《南風窗》2004 年 12 月。
[2]　《許倬雲問學記》，廣西師範大學出版社，2008 年，第 171 頁。

他似乎可以超脫「完全臺灣人」或「完全大陸人」的局限，而對兩種不同史觀進行兼顧與調和。我認為這是一個美好的願望，但也是一個高難度的願望。

「同情」「理解」是兼顧史觀對待研究對象（臺灣史）的態度。許教授希望讀者要同情和理解臺灣人，「以同情之心，以彼此諒解之心來理解臺灣」。我完全贊同這個觀點，也相信只要抱著「同情的理解」的態度，有很多問題可以得到合情合理的解決。

「認同」是兼顧史觀關注的焦點。作者說自己具有「世界性的歸屬感」，也可以說是認同「世界性」。他又指出：「臺灣為了認同問題，轉而尋求本土化。這一本土化的構建工作，卻又陷入狹窄的自囿，不僅因為自外于中國文化圈，以致淘空自己的文化基礎，並且也不免與世界的大方向有所捍拒」。[3] 還說：「在臺灣，一黨專政的局面告終，誠為中國歷史空前盛事。但是另有俗諦，則是為了建立獨立的政治體，有人努力造作新民族主義，甚至自稱臺灣本土另有文化體系，切斷與中國文化的關係。這一『俗諦』雖然目前尚沒有合法權威，然而上有好者，下有甚焉者，其迫人的壓力，已彌漫全島，漸漸有挾政治權力排斥異論的趨勢。」[4] 顯然，他對認同有自己的看法，這一點就不一定能夠做到「兼顧」了。當然，實際上各種史觀都關注「認同」問題[5]，關鍵在於應當如何正確面對，這是各種史觀需要共同探討的問題。

這是我個人對「兼顧史觀」的理解和概括，不一定正確，但我想從以上要點出發，來閱讀許教授的著作，並做出自己的評論。

二、兼顧史觀的特色

兼顧史觀有許多特色，也有許多獨到的見解。我想概括幾個要點：
第一是兼顧「臺灣史觀」與「中國（或大陸）史觀」的觀點，對兩

3　許倬雲：《從歷史看時代轉移》，原版自序；85 頁。
4　同注 2，第 119 頁。
5　參閱陳孔立：《臺灣史研究的史觀問題》，將刊載於《臺灣歷史研究》第一輯。

個方面都給予肯定、同情和理解。例如，在《臺灣四百年》中寫「『二戰』中臺灣人民的屈辱與苦難」、「『二二八事件』對臺灣造成的傷害」、「民主運動的興起」乃至民進黨的成立反映了「形勢的需求」等等，這是對臺灣本土力量給予理解和支持。實際上，連本書的書名《臺灣四百年》也是滿足「臺灣史觀」的需求，「顧」到一部分人的意願，最近李登輝還說：「臺灣歷史不是 5000 年，而是 400 年」。[6]至於書中所寫的「來台的大陸精英幫助臺灣發展」、「蔣經國開啟民主政治革新之旅」等等則給予「來台的大陸人」一定的歷史地位。同樣的，出自「兼顧」的考慮，對日本的殖民統治，既給予不少肯定，當然也有所批評，此類論點在書中很容易看到。

　　第二是世界史視野。當前臺灣史研究有不同史觀，有的是「從臺灣看臺灣」，有的是「從中國看臺灣」，有的是「從世界看臺灣（跳脫中國）」，有的是「從世界到中國再到臺灣」（世界－中國－臺灣）。許教授說過：「我教學生理解，你讀歷史不能光讀中國史而已。你看了《萬古江河》之後會理解：中國從來不是孤立的。從新石器時代就給人家文化，拿人家文化。從新石器時代逐漸併合，併合中原，併合中國，併合到大中國。它的視野，它的領域都在跟外面接觸，準備走向大世界共有的大人類，為我們下一代的孩子準備這條路，將來中國必定是全世界的一部分，不能獨立於外。」[7]他又說：「中國文化由中原的基礎擴大為中國的中國，再擴大為東亞的中國，中國必須與四鄰交往，然後是亞洲的中國，最後將是世界的中國，中國終須是世界多國多文化社會中的一個參與分子。」[8]至於臺灣史，他說：「學生驟然學習臺灣四百年史，不溯前因即難知後果。例如，不知國際海上競爭，即難以理解臺灣歷史忽然出現。又如，不知明清興亡嬗替，即不能理解鄭氏來台始末。」[9]可以說，他的看法

---

[6]　《李登輝新書發佈會：臺灣人不是中華民族，臺灣歷史只有 400 年》，
　　http://www.haijiangzx.com/2013/china_0602/99045.html）
[7]　許倬雲：《只有"全人類"和"個人"是真實的》，http://ent.sina.com.cn， 2006 年 12 月 21 日
　　《南方都市報》。
[8]　同注 2，第 57 頁。
[9]　許倬雲：《我對史學爭議的看法》，《中國時報》2004 年 11 月 24 日。

是從世界到中國再到臺灣，或者說，把臺灣史放在中國史和世界史的框架下來解讀。在本書中，他指出：「臺灣正式進入歷史，卻是在 16 世紀；它進入中國歷史的同時，也進入了世界歷史」。「16 世紀，臺灣正是在這一跨洋航道上進入世界史，也在中國與西方接觸的場合，成為中國海洋的一個重要部分」。又如，他研究鄭成功的歷史，認為它「包含世界歷史、華夏認同和臺灣本土性三重意義」。再如，他把大陸向臺灣移民放在「亞太地區移民潮」的框架下論述，說明「移民臺灣應當是這個大潮流的一部分」。這種觀點不是孤立地研究臺灣歷史，而是把它與整個中國的歷史乃至世界歷史聯繫起來考察，這樣才能「擺正」臺灣史的地位。

　　第三是重視臺灣與中國大陸的關係。許教授指出：「中國歷史與臺灣地區歷史不應互相排斥，應該要互相補足，因為臺灣地區歷史是臺灣地區發展的過程，中國歷史之中有一部分是臺灣地區的發展過程，臺灣地區歷史之中也有一部分是中國歷史的一個模式」。[10]他又說：「臺灣史只有四百年，而臺灣進入世界歷史，實與開闢大洋航道密不可分，也跟中國史中的明清史分不開。」[11]實際上，這種「分不開」貫穿在整個歷史過程中，所以本書所寫的荷據時代的居民與海上貿易、鄭氏時期對大陸及臺灣的深遠影響、清代臺灣的開發、鴉片戰爭時期的列強侵略、近代化的成就、日據時期的兩岸交往、發展中的兩岸關係等等都不能不講臺灣與大陸的關係。臺灣史擺脫不了與整個中國史的關係，蓄意擺脫或力圖擺脫都無法正確認識臺灣的歷史。

　　第四是比較研究。許教授十分重視比較研究，他在《萬古江河》的序中指出：「比較研究可以有助於瞭解文化發展中，哪些是歷史的共相，哪些是自己的殊相。」「沒有可作為參考的比較，即不易有真正的自知之明。」在《臺灣四百年》中，可以看到許多運用比較方法的事例。例如，在「作為海上集團活動據點的臺灣」中，就舉了澳門、寧波附近的

10　同注 2，第 30 頁。

11　《看文史教育，許倬雲籲有所更張》，
　　http://enews.tp.edu.tw/paper_show.aspx?EDM=EPS200809221723288O3

雙嶼；在講到移民時，把移民臺灣與移民東南亞做比較，在《萬古江河》一書中，還與清初大陸湖廣人口移民四川做比較；講到日本殖民統治臺灣時，與日本殖民統治朝鮮做比較，說明「日本在臺灣推行的殖民統治採取了完全不同的方式」；講到臺灣民主政治形態時，與北愛爾蘭做比較；講到臺灣南北差異時，也與大陸做比較；等等。這樣的研究，不局限於一個地區就事論事，有助於開拓思路。

三、兼顧史觀對臺灣史研究的啟示

從兼顧史觀的特色，不難看出它確有與眾不同之處，對臺灣史研究可以帶來有益的啟示。

一、要有世界史視野，但也要反對有意切斷或跳脫歷史聯繫的「世界史視野」。

兼顧史觀特色中的「世界史視野」、「與中國大陸的關係」這兩項，是從世界史到中國史再到臺灣史，即把臺灣史放在與它有密切關係的中國史的框架裡，並聯繫到當時的世界歷史考察，這是完全必要的。它不是孤立地研究臺灣史，而是把臺灣史放在與它密切相關的大背景下來考察，這樣才能得到全面的認識。正如研究中國歷史要有「世界中的中國」這樣的觀念那樣，研究臺灣史也要有「中國中的臺灣」與「世界中的臺灣」的觀念。

在臺灣也有人主張的「世界史視野」，在名稱上是一樣的，但實質上卻不一樣。他們提出「臺灣史的研究不能只局限於中國史的範疇之觀點立論，只有站在世界史的觀點才能看到臺灣在歷史與未來所扮演的角色」。還有所謂「同心圓史觀」，本來說是要「從臺灣史出發，擴及中國史、亞洲史以至世界史」，可是它的目的是「不再把目光集中在中國」。根據這種觀點，他們把 17 世紀的臺灣，描繪成為荷蘭人的世紀，完全跳脫與臺灣的關係遠比荷蘭密切的中國大陸，從而得出臺灣歷史不在

「中國政治圈」「中國經濟圈」之內，17世紀臺灣的主人不是漢人而是荷蘭人的結論[12]。實際上，荷據時期臺灣居民以漢人為主，荷蘭殖民者把臺灣作為轉口貿易的基地，參與貿易的商人、商船、商品主要來自中國大陸，這是誰也無法否認的歷史事實。

由此可見，研究臺灣史要有世界史視野，但是必須實事求是地弄清臺灣所處的位置，如果有意「切斷與中國的關係」，那樣的「世界史視野」就會使臺灣史研究違背歷史真實，迷失正確的方向。

二、在臺灣史研究中應當提倡運用比較方法。

在臺灣史研究中，不同史觀的重要分歧之一是：對臺灣史與中國史的共同性與特殊性有不同的側重。有人過分強調共性，而忽略臺灣歷史的個性，不講或少講臺灣歷史與中國大陸歷史的差異，把臺灣歷史說成與整個中國的歷史基本相同，這是缺乏說服力的；同樣有人與過分強調個性，而忽視共性，不講或少講兩岸歷史的共同性與密切關係，把臺灣歷史說成很早就「走向世界」而與中國大陸脫離了關係，這同樣是缺乏說服力的。

採用比較方法，可能為解決這個問題提供有利的途徑。從古代直到臺灣被割讓前的臺灣歷史，如果與大陸的歷史相比較，特別是與福建、廣東的歷史相比較，可以看到有許多共同性，當然，由於臺灣開發較晚，是一個移民社會，它必然也帶有特殊性，這是無法否認的。日本殖民統治時代以及1949年以後的臺灣歷史，如果把與中國大陸相比，可以看出臺灣的特殊性或雙方的差異性也是十分明顯的，當然由於兩岸密切的關係，雙方仍然存在許多共同性，這也是無法否認的。

此外，臺灣史還可以與其他國家或地區的歷史做比較，《臺灣四百年》把日本在朝鮮的軍事統治與在臺灣的殖民統治兩種「完全不同的方式」進行比較，這就為臺灣史研究打開了思路，這項工作應當繼續做下去。總之，採用比較方法有許多好處，一是可以看出「就臺灣研究臺灣

---

[12] 杜正勝：《臺灣的誕生：十七世紀的福爾摩沙》，時藝多媒體公司，2003年。

史」所不能看出的問題，二是可以對臺灣史的因果關係做出正確的解釋，三是可以啟發研究者更為寬廣的思考。換句話說，如果採用比較方法進行研究，就可以避免過分強調共同性或過分強調特殊性的缺陷，這樣才能對臺灣歷史做出正確的描述、解釋和判斷。

四、兼顧史觀的難題

兼顧史學要做到不偏不倚，對「完全的臺灣人」和「完全的大陸人」都要照顧到，這是十分困難的。因為既然有史觀，就有認同的問題。許教授不認同「切斷與中國文化的關係」，說明他認同中國文化，這就與不認同中國文化的人「不兼顧」，因此對於不認同中國文化的人來說，他們是否承認許教授的「兼顧」，是否承認許教授「不偏不倚」就成了問題。再說，許教授專門寫了「來台的大陸精英幫助臺灣發展」，卻沒有專門寫臺灣民眾在近幾十年臺灣發展中的作用，如果有人從「後殖民史觀」提出問題，認為許教授對臺灣民眾沒有做到「兼顧」，卻美化了蔣經國，這種可能性應當是存在的。當然，如果有人從相反的角度提出問題，認為許教授的某個觀點只「顧」到「完全的臺灣人」，而沒有「兼顧」到另一方，這種可能性也是存在的。

就《臺灣四百年》一書來說，另一個難點是如何看待日本殖民統治的功過。許教授對日本的殖民統治有肯定，也有批評和揭露，這算是「兼顧」了。在這裡，我想著重探討如果看待日本統治的「好的方面」？

許教授指出：「臺灣成為日本的殖民地，五十年中，從好的方面講，是日本為臺灣帶來一些近代文明；從壞的方面講，屈辱與苦難多於幸福」。在本書中提到「好的方面」還有：「日本在臺灣嘗試了堪稱亞洲第一次的農業革命」，「臺灣現代化農業生產，無論質和量都提高了許多，而且，這些建設帶動了農村社會的巨大變化」。「凡此建設都使得臺灣的民間實受其益」。「日本帶來了現代文化知識和現代化的生活形態，給臺灣鋪設了一層從西方經過日本，移植到臺灣的世界近代文明」。此外，

許教授在《從歷史看時代轉移》一書中，寫了「殖民地時代（臺灣）的社會與產業結構」一節，對日本在臺灣的「現代化」工作給予很大的肯定，特別是對後藤新平給予很高的評價，指出：「他當時推動了一些建設，其動機是要讓日本成為全世界最有成績的『模範殖民者』，他的工作是『幫助』臺灣發展為相當現代化的地方，後藤在臺灣史上，因此佔有很重要的地位」。[13]

這裡就產生一些問題：殖民統治可否截然分為「好的方面」和「壞的方面」？日本殖民者在臺灣進行的一些現代化建設，是為了「幫助臺灣」還是為了殖民掠奪？所謂「農業革命」對誰有利，臺灣哪些民眾「實受其益」？怎樣看待日本帶給臺灣的「近代文明」？是否可以對殖民地的統治者給予在臺灣史上「很重要的地位」？此類問題，在臺灣史的教科書上也有所反映，史學界也有爭議。台籍旅日學者劉進慶就指出，日本在臺灣的「殖民近代化是外在的、從屬的近代化，是非工唯農的產業化，是差別、跛行的近代化」。[14]

其實，在殖民主義的歷史作用方面，史學界一向存在不同看法，有人強調殖民統治對殖民地負面的破壞的作用；有人強調在殖民地從事建設，其貢獻大於對當地造成的損失；有人則認為在不同的殖民時期，殖民主義的作用是不相同的；有人認為所有的殖民地建設對當地人民來說其影響都是雙重的。

對於這個問題，學術界已經有過許多討論，有的學者指出：「破壞需要適度的建設，適度的建設有助於殖民主義的進一步破壞。雖從整個歷史進程看，這種建設性作用對殖民地的未來發展具有某些積極的意義，但具體到當時那個歷史階段，它沒有積極的意義可言」。[15]高岱做出這樣的概括：「破壞性之中有建設性，建設為了更多的破壞；建設性對未來有積極意義，對現在（當時）則只有消極作用；建設性作用不應過

---

[13]同注 3，第 85 頁。

[14]劉進慶：《序論臺灣近代化問題》，《臺灣殖民地史學術研討會論文集》，海峽學術出版社，2004 年。

[15]高岱、鄭家馨：《殖民主義史（總論卷）》，北京大學出版社，2003 年，第 326 頁。

分拔高，因為它有經濟目的」。[16]類似這樣理論上的探討，對於評價日本殖民統治對臺灣的影響，回答上述問題，應當有一定的參考價值。

　　有史觀就有認同，有認同，就有「我者」與「他者」的區別，就很難做到「兼顧」，兼顧史觀無法避免「認同不能兼顧」的難題。

　　總之，「兼顧史觀」作為臺灣史研究的一種史觀，值得研究者的重視。本文率先從史觀的角度做出評論，希望能夠起到拋磚引玉的效果。

　　（附記：我寫成《臺灣史研究的史觀問題》一文之後，看到許倬雲教授本月份剛剛出版的《臺灣四百年》，提出一種獨特的史觀。因此寫就此文，作為前文的補充和續篇。作者 2013 年 6 月）

2013 年 6 月 27 日

---

[16] 《學術講座：殖民主義與殖民主義的雙重使命評析》，2012 年 12 月 14 日，上海大學全球學研究中心，http://cgs.shu.edu.cn/Chs/shownews.asp?ID=134）

評「臺灣漢人」與「中國漢人」

史明先生在《台灣人四百年史》一書的序言中明確指出，該書要站在「台灣人」的立場，來探索「台灣民族」的形成和發展過程。他為了炮製「台灣民族論」，還提出了一些「理論依據」，而所謂「台灣漢人」與「大陸漢人」的區分，則是其中最重要的觀點之一。儘管很少人同意這個觀點，但它在台灣還有一影響，有必要從史學的角度加以澄清。

史明的「理論」及其修正

史明把清末以前到達台灣的漢人分為「兩個陣營」：

統治階級：包括漢人文武官員、將兵、大租戶、大商人、大陸商業資本等。這些人「始終停留於統治台灣的外來者的地位」，所以稱之為「大陸漢人」。

被統治者：即「移住來台的漢人破產農民」，包括現耕佃人，漁民、鹽民、農村貧民、都市貧民、小商人、手工業者等。這些人「融合」於開拓農民社會，「定住在台灣」，「成為名正言順的一個台灣本地人」，所以稱為「台灣漢人」。

至於小租戶，則根據他們具有「中華思想」還是「本地人意識」，而分在兩類之中。

這是史明獨創的理論，他把所有的統治階級都說成是外來者、新參者、唐山人，是具有「中華思想」的不定居的「大陸漢人」，而把被統治者都說成是土著者、先住者，具有「本地人意識」的定居的「台灣漢人」，界限十分明確。

如果這個理論能夠成立，那麼只要把「大陸漢人」除去，「台灣漢人」便自然凸顯出來了。但是，如果一種理論可以簡化到這種地步，恐怕就會碰到許多難以解釋的問題。我想，可能基於這個原因，在《台灣人四百年史》日文版出版 26 年之後，史明又寫了《台灣獨立的理論與實際》（以下簡稱《獨論》）一書，對上述理論加以修正。《獨論》保留

了「兩個管道，造成兩個層次的社會」的基本論框架，即分為「外來的、不定住的漢人統治階級」和「定住的、台灣發展動力的漢人開拓農民被統治階級」，但它與《四百年史》有以下幾點不同：

一、不再提「大陸漢人」與「台灣漢人」；

二、不再提誰是新參者，誰是先住者；

三、不再把小租戶分列在兩類之中，而把小租戶稱為「台灣小租戶的買辦分子」，全部歸入「台灣的土豪劣紳階級」；

四、不再把商人全部歸入「大陸漢人」，除了大陸商人之外，還有本地的「商人高利貸資本」這樣的「上層勢力」，因為他們為「中國商人取得聯繫」，而稱之為「買辦商人」。

由此可見，史明對自己的理論已經有所修正，但他並沒有說明修正的理由。本文試圖說明史明為什麼要修正自己的理論，以及修正之後還有哪些需要修正的地方。這樣，可能對《四百年史》讀者有所啟發。

理論上的錯誤

史明的主要錯誤是：第一，他把清代台灣說成是一個「殖民地社會」；第二，他創造出一個「清朝時代的台灣本地人社會」，而把所謂「大陸漢人」排斥在這個社會之外。

大家知道，所謂殖民地，是資本主義時代的產物，是受資本主義強國侵略喪失了主權，在政治上經濟上完全受外國統治和支配的地區。早期，即資本主義原始積累時期，殖民者主要通過武力征服、海盜式的掠奪、欺詐性的貿易（以香料、糖、奴隸為主）、殘酷的剝削來榨取殖民地的財富。後來，在資本主義時期，則通過商品輸出和資本輸出，使殖民地成為工業國家的商品市場、勞動力和原料的供應地、投資場所和軍事基地。大家也知道，當西方資本主義興起時，中國還停留在封建社會階段，中國也沒有經歷過資本原始積累時期，它不但沒有成為殖民者，而且還成為殖民者的掠奪對象，甚至淪為半殖民地。

如果不從殖民主義產生的歷史背景進行考察，只是列舉某些似是而非的對象，而把清朝說成是殖民者，那就會歪曲了事物的本質。實際上，清朝當局與荷蘭殖民不同，它並沒有把台灣當作一個殖民地。清朝作為一個封建帝國，它把台灣收入版圖，設官置守，先是一個府，後是一個省，把它同內地省份以邊疆的移民地區一視同仁。台灣與清朝當局的關係絕不是殖民地與宗主國的關係。

其次，有沒有一個「清朝時代的台灣本地人社會」呢？一個社會是一個複雜的系統，是各種社會關係的總和。社會結構包含了組成這個社會的各種因素及其互相關係，而階級的結構則是社會結構的基礎和主要表現形式。在一個社會中，有統治者，也有被統治者；有地主，也有佃戶、有頭家，也有伙計；有船東，也有水手；如此等等。上述關係是相互依存的，沒有一方也就沒有另一方，沒有統治者也就沒有被統治者、剝削者，沒有地主、大商人的「台灣本地人社會」是不存在的。「台灣漢人」一定要和他所謂的「大陸漢人」結合才能成為一個社會。換句話說，「台灣漢人」和「大陸漢人」都是台灣社會結構內部的組成部分，只不過是存在著階級差別而已。

可能史明已經發覺，把統治階級完全排除在台灣社會之外是講不通的，所以在《獨論》中才做了修正。他寫道：「透過大陸官方管道來台的官員、將兵、大租戶的統治勢力，及台灣小租戶買辦份子，壓在開拓農民大眾頭上，而施加封建的、殖民地的壓迫剝削，就是滿清政府統治下的台灣殖民地社會的基本結構。」他還把大租戶稱為「滿清統治勢力的經濟代理人」，把小租戶稱為「台灣的土豪劣紳階級」，把大商人中的一部分列入台灣社會的上層勢力，稱之為「買辦商人」。這樣，台灣社會就不止是由被統治者組成，還包括了統治階級，也就是說，台灣社會內部存在著階級差別，存在著統治被統治、剝削與被剝削的關係。於是，他原來把統治階級全部說成是大陸漢人的「理論」已經站不住腳了──史明的修正本來應當說明這一點，可是他沒有公開改正這個錯誤。

為了進一步說明這個理論的錯誤，有必要對下列問題進行探討：

一、大租戶究竟是不是本地人？

按照史明的說法，大租戶是「外來特權階級」、「大多是住在城市或中國大陸而坐享其成」，日據時代有不少人「逃回大陸」。《獨論》則說大租戶「置本宅於大陸，富強者在台灣設私宅，置碉堡，養私兵，實有小諸侯之稱」。前後的說法已有差別。實際上，大租戶和開拓農民都是從大陸移民到台灣的。早在康熙、雍正年間，台灣就已經出現大租戶。那時為了開墾荒地，一些「有力者」出來籌集資金，「招佃」開墾。由他們請領墾照、購置工具、建造茅舍、領頭修築水利，這些人成了墾戶，收取大租，而其他人則成為佃戶。這是開發過程中階級分化的表現。大、小租制也是從福建移植過來的。《問俗錄》指出：「管荒埔者收大租，即內地（指大陸）所謂田骨也。墾荒埔者收小租，即內地所謂田皮也。「大租戶和多數的佃戶一同住在當地，有一部分住在城鎮，這和大陸的情況基本一致。從現在的土地文書中可以看出，住在大陸的大租戶只是個別的情況。所以把所有的大租戶都成為「外來特權階級」，顯然是不符合歷史真實的。

二、誰是「外來者」、「新參者」、誰是「土著者」、「先住者」？

早期台灣所有的漢人都是陸續從大陸移民來的，如果這樣就是「外來者」，那麼不論統治者和被統治者都應當稱為「外來者」，而都不是「土著者」。如果居在住台灣若干年以上，或若干代之後，便可以算是「土著者」，那麼在「土著者」中既有被統治者，也有統治者。顯然，外來與土著者不能以階級來劃分的。早期來台的墾戶和佃戶逐漸成為土著者和先住者，後來的移民多是一般平民，也有少數統治階級人物，相對於早期渡台者來說，他們是「新參者」。如果把後來渡台的平民歸入「土著者」、「先住者」，而把康熙、雍正年間來台的大租戶及其後裔稱為「外來者」、「新參者」，那顯然是講不通的。由此可見，所謂外來者、新參

者與土著者、先住者的區別，主要在於到達台灣時間的先後，從現在來講，這種區別已經毫無意義了。史明強調這個區別，是要為「台灣民族論」提供依據，可是這個論據是不能成立的。

三、所謂「外來的、不定住的漢人統治階級」是哪些人？

史明的說法只有一部分是對的，而他把「漢人統治階級」都說成是「外來的、不定住的」，則是錯誤的。「外來的、不定住的」是清朝駐台的文武官員和班兵，基本上是「官三年轉遷，兵三年一換」，官員還有五年一任的。官員不是常住人口，在當時全中國各地都是這樣，實際上台灣官員的任期比閩浙等地為長。至於班兵，也都是要輪換的，台灣三年換一次，駐哈密的班兵則是「二年一受代」。這些人可以列為「「外來的、不定住的」，但把班兵列入「統治階級」，則難免言過其實。至於其他的「漢人統治階級」，是否都是「不定住」的呢？如果這樣，台灣就沒有大租戶、小租戶、大商人之類的統治階級世家了。事實並非如此，大部分統治階級是屬於台灣本土社會的。「富戶曰頭家，上者數百萬金，中者百萬金，數十萬金之富戶，所在多有。」不住在台灣的地主為數不多。不住在台灣的大商人是有的，他們不僅對台灣進行貿易，其商號遍布大陸其他省分，甚至經營對外貿易，這些人屬於外省商人。但多數商人則是屬於本土社會的。由此可見，把統治階級全部列為「外來的、不定住的」，這種論點是沒有事實根據的。

四、清代台灣社會動亂的原因和性質是什麼？

史明把「三年小反、五年大亂」說成是反對外來統治的「反唐山」的武裝鬥爭，「在實質上，已經是非常合乎所謂近代殖民地解放的革命理論」。這個觀點顯然是在上述錯誤理論的基礎上形成的。實際上，清代台灣社會的動亂，除了分類械鬥以外，基本上都是農民起義、遊民暴動，還有少數的地主抗糧鬥爭。我們把歷次動亂加以分析，可以看出，這些動亂多是在社會主要矛盾（地主階級與農民及其他勞動人民的矛

盾）的基礎上爆發的。正如《問俗錄》所說：「全台田地大半歸於富戶（又稱頭家）。」他們勾結官吏，「以此虎嚇窮民，霸佔田業……故歷來匪民為亂，多起於攔米谷、搶頭家」。起義的一方基本上是農民、遊民和其他勞動者，而鎮壓起義的一方則是清朝地方當局以及地主、商人之類的「義民首」所組成的武裝力量。這種情況和當時大陸全國社會各地是一樣的，而不是什麼本地人反對外來人的「反唐山」鬥爭。

實際上講不通

所謂「台灣漢人」與「大陸漢人」的區別，不論從歷史和現實來看，都無法解釋實際社會的現象。

我們從台灣各個姓氏的族譜中，一般都可以查出「開台祖」的情況，其中有不少人是「隻身渡台」從事開墾或其他勞動，按史明的說明，這些人應列入「台灣漢人」。可是經過幾代以後，他的子孫發家致富，成為地主、商人，這樣，按史明的說法又變成「大陸漢人」了。還有些人初到台灣時，從事一般勞動，算是「台灣漢人」，後來發了財，買了田地，或成為商人，這時卻變為「大陸漢人」了。這種「由台灣漢人變成大陸漢人」的事例，可以舉出很多：

著名的板橋林家第一代林平侯，原來是米店學徒，後來自營米店，又通過賣鹽而成為富商，他的後代就是有名的林本源大租戶。

張秉鵬 17 歲隻身渡台，打雜為生，後來開船頭行，成為道光年間艋舺一代的大商人。

李志清道光年間隨父來台，起初提竹籃賣雜貨為生，後來開店、買船，成為泉郊大商人。

現在台南南勢港的許姓居民，其祖先是碼頭苦力，清朝末年有的開「簽仔郊」，經營食品雜貨進出口；有的開鴉片烟館，成為大商人。

台南蕃薯港施姓居民，早期多數充當碼頭苦力，到道光、咸豐年間出過一對父子進士，在新美街蓋了進士大厝。

　　台南西區西羅殿郭姓居民，其祖先原是苦力，道光年間，郭拔萃成為三郊領袖之一。

　　如果按照史明的說法，上述祖先從大陸來台，從事勞動，算是「台灣漢人」，而子孫出生在台灣，有的從未到過大陸，只因發財致富，卻成為「大陸漢人」，這顯然是講不通的。

　　至於清代的大租戶、大商人和個別官員的後裔，今天仍然生活在台灣的，為數也不少。例如著名的霧峰林家，板橋林家以及早期的大墾戶林成祖（林秀俊）、張達京，賴科，大郊商張德皇、李勝發、王益興；大稻埕廈郊郊長、三郊總長林右藻、雲林漳籍墾首鄭萃徘、林克明、蔡麟，福建水師提督藍廷珍，著名知識分子陳維英、鄭用錫等人的後代，還生活在他們祖先生活過的地方，或繁衍到島上各地。其他曾經是「一方豪族」「貲產巨萬」「家有田園數千甲」「累世以財雄於鄉」的大家族的後裔，仍然所在多有。如果按照史明的說法，他們的祖先都不是「台灣漢人」，現在能不能承認他們是台灣人似乎還成為問題了。

　　還有一些台灣知名人士，按其出身來說，也不能歸入「台灣漢人」。例如，被史明稱為「當代最為堅強的台灣民族自決主義者」蔡惠如，出身於台中清水望族，其曾祖經營「源順號」船行，叔祖是「富甲一方」的財主。被史明稱為台灣「解放運動的骨幹分子」、台灣新民報總編輯林呈祿，出身於桃園「世家耕讀之家」。光復後第一位台灣省議會議長、「台灣民意的最高代表」黃朝琴，出身於台南鹽水港富戶。早期從事「台獨」活動，自稱「台灣共和國，臨時政府大統領」的廖文毅，出身於西螺望族。按照史明的說法，都不能列入「台灣漢人」一類。

　　至於當今台灣在朝的本土政要和在野的本土精英，如果仔細查一查他們的家世，我相信會發現有不少人是「大陸漢人」的後裔，能不承認他們是台灣人嗎？

　　由此可見，史明的理論也很大的破綻，無法自圓其說，把大陸移民區分為「台灣漢人」和「大陸漢人」，進而把社會矛盾歸結為民族矛盾，這不僅在理論上，而且在實際上都講不通。

　　所以，史明不僅應當修正他的「台灣漢人」與「大陸漢人」相區分
的理論，而且必須修正他還在堅持的「兩個管道，造成兩個層次的社會」
的理論，以及由此產生的「民族壓迫史觀」。當前在台灣從事反對運動
的一位人士指出，史明這種「過度簡化的民族壓迫的觀點」，不僅對台
灣現實社會體制缺乏分析能力，而且在實際運用中將對反對運動帶來不
利。一旦抽掉了上述理論，就等於抽掉了史明的「台灣民族論」的基礎。
這樣，這種「台獨」理論就沒有多少依據了。

「有唐山公，無唐山媽」辨

　　有關早期台灣人口中的性比別例問題，史料上有一定的記載，表明在清代前期台灣人口中婦女人口為數甚少。於是，人們進而認為當時人們娶妻困難，因此只有一條出路，那就是「娶番女」，以致出現「有唐山公，無唐山媽」的傳說。一種具有代表性的說法是：「台灣省有句諺語：『有唐山公沒有唐山媽』，也就是說，從唐山來的單身漢都娶土著女，依此算來，在血緣上唐山人只不過占一半而已。」[1]事實究竟如何，有必要加以探討。

文獻史料的記載

一、有關婦女人數的記載

　　較早的記載見於康熙五十六年刊印的《諸羅縣志》上，例如，「有村莊數百人而無一眷口者」；「或無家可歸，乃於此置室，大半皆再醮、遺妾、出婢也」；「各莊傭丁、山客十居七八，靡有室家，漳泉人稱之曰客仔」。

　　康熙末年至雍正年間，藍鼎元寫的《鹿洲文集》也有不少記載：「客莊居民，從無眷屬，合各府各縣數十萬之傾，側無賴游手群萃其中，無室家宗族之系累，其無不逞也難矣。婦女渡台之禁既嚴，又不能驅之使去，可為隱憂」；「廣東潮惠人民，在台種地庸工，謂之客子，所居莊曰客莊，人眾不下數十萬，皆無妻孥」；「粵人全無妻室，佃耕行傭，謂之客子。每村落聚居千人百人，謂之客莊」；台灣「唯中路台邑所屬，有夫妻子母之人民，自北路諸羅、彰化以上，淡水、雞籠、山後千有餘里，通共婦女亦不及數百人。南路鳳山、新園、琅嶠以下四五百里，婦女亦不及數百人。合各府各縣之傾，側無賴群聚至數百萬人」；至於在諸羅哆囉國以東的大埔莊，「今居民七十九家，計二百五十七人，……中有

1　《民眾日報》，1996 年 11 月 16 日。

女眷者一人。……皆丁壯力農，無妻室」。但也有「台俗婚娶論財，三十老女，尚有待年不嫁者」的情況。

雍正年間的福建巡撫高其倬曾經奏稱：「台灣各處居住人民，多係隻身在彼，向皆不許攜帶婦女，其意以為台地遠隔重洋，形勢險惡，人民眾多，良莠不一，恐為害地方，近來……多謂人民居彼，既無家室，……無久遠安居之心，所以敢於為非，若使搬眷成家，人人守其田盧，顧其父母妻子，不敢妄為，實安靜台境之一策也。……台灣一縣，皆係老來住台之人，原有妻眷，諸羅、鳳山、彰化三縣，皆新住之民，全無妻子。」

到了乾隆二十五年福建巡撫吳士功又奏，他引用雍正年間廣東巡撫鄂彌達及大學士鄂爾泰等人的奏議：「台地開墾，承佃雇工貿易皆係閩粵民人，不啻數十萬之眾，其中淳頑不等，若終歲群居，皆無家室，則其心不靖，難以久安」。又說，閩粵兩省之民「從前俱於春時往耕，秋成回籍，只身去來，習以為常。迨後海禁漸嚴，一歸不能復往。其立業在台灣者，既不能棄其田園，又不能搬移眷屬，另娶番女，恐滋擾害」。「現在台地漢民已逾數十萬，其父母、妻子之身居內地者，正復不少」，因而請求准予搬眷。

康熙五十七年規定：「凡來往台灣之人，必令地方官給照，方許渡載；單身游民無照者，不許偷渡。」雍正八年規定：「台灣流寓之民，凡無妻室者，應逐令過水，交原籍收管。」乾隆二年，巡台御史白起圖等奏准，嗣後漢人不得擅娶番婦，番婦亦不得牽手漢民。

上述史料所記都是康熙末年至乾隆前期的事，它可以說明以下幾種情況：

第一，康熙雍正年間，台灣婦女確實相當少，但不能一概而論，需要加以分析。

第二，「台灣一縣原有妻眷」，可見在台南一帶婦女並不少；甚至有三十老女未嫁者。此外，在諸羅縣溝尾莊也有「楊姓數百人，聚居已久，室家婦子，相安耕鑿」，可見，在台灣縣以外，並不是都沒有婦女。

第三，婦女最少的是在客莊，幾乎沒有女眷。因為客仔多是受雇於

人，自己未能成家立業，其中不少人是「春時往耕，秋成回籍」的單身漢。

第四，當時已有不少「無賴游手」，即游民，這些人當然是單身無妻的。

第五，到了乾隆時期已經有所改變，只是說其眷屬居內地者「正復不少」，並非多是無妻者。

第六，當時對人口的估計過多，有的說數十萬，有的說數百萬，相形之下，婦女似乎更少了，實際比例當不至於這樣。

二、有關「娶番女」的記載

康熙年間《裨海紀游》記載：社商「皆納番婦為妻妾，以至番民老而無妻，各社戶口日就衰微」。《諸羅縣志》記載：開墾者「巧借名色以墾番之地、廬番之居、妻番之婦、收番之子」。

《台海使槎錄》中《番俗六考》部分，有如下記載：「郡中有漢人娶番婦者」（諸羅大杰顛）；諸羅半線，「多與漢人結為副邏（盟兄弟也）。漢人利其所有，托番婦為媒，先與本婦議明，以布數匹送婦父母與其夫，結為副邏，出入無忌」。鳳山，「近日番女多與漢人牽手」，「婦女番女亦有與漢人為妻室者」；「琅嶠一社喜與漢人為婚」。此外，「通事或納番女為妻妾」。

康熙年間通事張達京以岸里社六個部落各一女為妻，後其長子與三子亦娶上官潘家族女為妻[2]。也有的說，「早期除清康熙年間通事張達京曾與土官阿莫之女聯姻，清代並未見有漢人娶番家女子，或入贅番家之事」[3]。

後來還有這樣的記載：「社番有女，嫁山下居民」。嘉慶年間，「有奸惡社丁，恃強奸占（番婦）」，「無籍游民，竄匿番社，包娼開賭」。《問俗錄》也說：「沿山一帶，有學習番語、貿易番地者，名曰番割。……

2　陳秋坤：《清代台灣土著地權》，第53頁，台北，「中研究」近代史所，1994。
3　洪麗完：《大社聚落的形成與變遷》，《台灣史研究》第三卷第一期。

生番引重，以番女妻之。」道光六年閩粵械鬥時，粵人與「番割」黃斗奶引生番參與。至於近人調查的《赤山地方的平埔族》也指出：當地平埔族，通常和本部落或他部落的同族者通婚，很少和福建或粵民結婚。其和福建或粵籍民通婚，大率係女子出嫁或招贅，幾乎不娶福建或粵籍女子。

以上史料表明，在早期有些漢人娶了「番女」，其中以社商、通事為多，後來「娶番女」受到禁止，與土著居民通婚者主要是和他們有密切的「番割」。以張達京與岸里社的關係為例，可以說明漢人娶潘墩仔家族為妻是個別的情況。所以，所謂漢人娶番女為妻，以致土著居民無法娶妻的，只是早期個別地區的情況。

族譜資料的統計和分析

為了弄清清代前期台灣實際的性比例狀況，本文似就若干族譜資料進行研究。一方面採用一些綜合性的資料，如《閩台關係族譜資料選編》、《南靖與台灣》、《草屯鎮鄉土社會史資料》，一方面選擇一些姓氏的族譜，並以寫明在康熙年間出生者為研究對象，因為他們活動的年代在康熙年間到乾隆前期。將他們的婚姻情況加以統計和定量分析，有助於比較具體地了解當時的性比例狀況。

現將資料列表如下：

	人數	有妻	百分比	無妻	百分比
錦江林	1	1	100	——	——
蓮江林	7	5	71.4	2	——
玉山林	31	22	71	9	29
武城曾	35	29	83	6	17
宮西蔡	3	3	100	——	——
東石郭	13	7	54	6	46
潯海施	25	20	80	5	20

安平顏	24	14	58.4	10	41.6
後埔柯	5	4	80	1	20
霞宅陳	62	45	72.6	17	27.4
鳳山康	31	19	61.3	12	38.7
莆山林	40	25	62.5	15	37.5
小計	277	194	70.04	83	29.96

資料來源：閩台族譜

	人數	有妻	百分比	無妻	百分比
梧宅賴	4	3	75	1	25
葛竹賴	5	3	60	2	40
梧宅林	27	25	92.6	2	7.4
下版劉	9	8	88.9	1	11.1
小計	45	39	86.67	6	13.33

資料來源：南靖與台灣

	人數	有妻	百分比	無妻	百分比
洪氏	2	2	100	——	——
李氏	11	7	63.7	4	36.3
林氏	15	15	100	——	——
簡氏	19	17	89.5	2	10.5
小計	47	41	87.2	6	12.8
三項總計	369	274	74.25	95	25.75

資料來源：草屯資料

除了上述綜合性的文獻以外，下面介紹幾種族譜，作為比照：

	人數	有妻	百分比	無妻	百分比
鄭氏族譜	10	10	100	——	——
大灣劉氏	3	3	100	——	——
陳氏大族譜	9	6	66.67	3	33.33

| 莊氏大族譜 | 5 | 5 | 100 | —— | —— |

資料來源：各姓族譜

　　從以上資料和統計可以看出以下一些情況：

　　第一，有妻和無妻的人數。在清代前期，移民人數還比較少的情況下，有妻的人數並不是很少，而是占成年男子的四分之三左右，無妻者占四分之一。無妻者有以下幾種不同的情況：一、有的是未娶而夭折的，多是十幾歲、二十幾歲的年輕人。如草屯李氏無妻者四人中，有李丙、李勿兄弟二人，好手拳，在朱一貴起義中落水而死，未娶；李天送未娶；只李延一人終身無娶。二、為數不少的無業游民，終身無娶，這部分人在族譜中基本上沒有記載。三、有兄弟或其他家人而終身無娶者，這部分人在族譜是有記載的。四、「春時往耕，秋成回籍」的雇工，在台灣也是無妻者。五、還有些人估計是沒有後代的，是否娶親，情況不明。

　　第二，前期移民多數是在大陸娶親的。族譜中常記有其妻家的地名，如龍窟洪氏、岑兜陳氏、石獅亭鄉黃氏、水頭王氏等等。有不少人的妻子仍在大陸，也有來到台灣的。

　　第三，康熙年間出生者已有台灣娶親的。如林際思，娶鳳山縣謝國團長女。施榮齊，娶台灣王氏。林宏祿，娶台灣諸羅縣人。林際尊，妣台灣諸羅縣人。曾尚儉，配台灣林氏。蘇隆深，妣吳氏，台灣人。蘇隆蘭，在台灣亦有娶妻。康登穆，娶台灣施金娘。但早期娶台灣女子者為數並不多，而後期則因為移民大量到台，互相娶妻的情況更加普遍。

　　第四，康熙年間已有娶繼室和側室的記載。在族譜中可以看到如下資料：李胎，配妻黃氏，繼配王氏；薛迪三，娶吳氏，又在台灣娶某氏；陳國兒，先娶王氏，早喪，繼娶林氏；陳國杰，妣周氏，側室邱氏；陳國裁，繼妣某；林為謨，娶莊氏，繼娶王氏。可見一夫多妻的情況已經出現，這在婦女人數較少的條件下是難以想象的，同時也說明了當時娶親並非十分困難，性比例並沒有差別到過於驚人的地步。

　　第五，在族譜中不能直接看到「娶番女」的記載，但在「不得擅娶番女」的規定下，可以推測「娶番女」者主要限於「社商」「通事」及

其他少數人，為數不可能太多。

初步的看法

　　從以上的資料以及對它的分析，可以得出以下看法：

　　早期台灣婦女人數確實較少，但早期移民中的無妻者並不占多數。這是因為：許多移民在原鄉已經娶妻，然後才到台灣來；有些人還可以在台灣娶妻；有些人則是春來秋回，不在台灣娶妻；至於為數不少的游民是無妻的，但他們也不可能在台灣娶妻。所以，所謂「從唐山來的單身漢都娶土著女」，這句話有必要加以分析。從唐山來的並非都是單身漢，其中有不少人已在原鄉娶妻，有的回籍娶妻，有的終身不娶；單身漢也不是全部娶「土著女」；所謂「土著女」，可能有兩種解釋，一是專指土著居民，即過去所謂「番女」，一是包括「番女」和在台灣出生的漢女在內。從族譜資料看來，早期娶台灣女子的為數不多，所以在族譜中還特別給予注明，而且主要是娶漢人移民的後代。「娶番女」的情況當然存在，可惜在族譜中難以查出。但不管怎麼說，「娶番女」者只是少數，而且受到明令禁止。至於說會導致「在血緣上唐山人只不過占一半」，則無法找到根據。

　　在雍正末年至乾隆前期，清政府曾經三次開禁，允許民人攜眷赴台，請照搬眷者甚多，不請照而冒險攜眷偷渡者就更多了。乾隆五十三年，清政府取消禁止赴台民人攜眷的政策，台灣人口中的性比例失調的情況有所改變。

　　由此可見，「有唐山公，無唐山媽」這句所謂諺語是值得懷疑的。事實證明，台灣存在大量的「唐山媽」，它包括住在唐山而未過台灣的、從唐山遷來的以及大陸移民所生的女子，這在現存的台灣各姓族譜中不難找到證據，足以否定這句所謂「諺語」。所以，有必要查尋「有唐山公，無唐山媽」這句話的出處，它究竟是從什麼時候、在什麼地區開始

流傳？在清代的文獻中可以找到出處嗎？是先人傳下的，還是後人「製造」的？如果能夠查出出處，了解它的背景，才有可能做出正確的解釋。顯然，籠統地說「無唐山媽」是不符合歷史事實的。

本文引用的族譜資料：

1.莊為璣、王連茂編：《閩台關係族譜資料選編》，福建人民出版社，1985。

2.林嘉書：《南靖與台灣》，台灣，華星出版社，1993 年。

3.林美容編：《草屯鎮鄉土社會史資料》，台灣風物雜誌社，1990。

4.陳建章主編：《陳氏大族譜》，台灣，新遠東出版社。

5.鄭福財主編：《鄭氏族譜》，台灣，新遠東出版社。

6.莊吳玉國編：《莊氏大族譜》，台灣，百族姓譜社，1992。

7.陳奮雄編：《台南縣永康鄉大灣劉氏族譜》，台灣，宏大出版社，1989。

臺灣歷史的「失憶」

　　台灣的歷史並不久遠，台灣的史料也不缺乏，要寫出一部客觀的台灣史，在現今台灣的條件下，是不難做到的。許多台灣學者正在那裡精心地研究，他們已經做了很多工作。有水平、有份量的論著已經不少。可是，也出現了不少歪曲歷史、捏造歷史和製造歷史的「失憶」的著作和言論。尤其是一些不懂得台灣歷史的政客，竟然大談台灣歷史，力圖歪曲、改寫歷史，為他們的政治目的服務。於是，錯誤百出，謬種流傳，而一般人卻無法辨明是非，以致人云亦云，以訛傳訛，造成很大的混亂，錯誤的歷史幾乎變成了真實。

　　就以日據時期來說，距離現在只有半個世紀，可是當時的情況已經被許多人所淡忘了。在日本殖民統治下，台灣人民在政治上、經濟上的處境究竟如何，說法很不一致。台灣的歷史學者有鑒於此，已經做了不少口述歷史的訪問和紀錄，希望能夠提供真實的歷史，並在這個基礎上，寫出日據時期的台灣歷史，這項工作是非常重要的。

　　由於目前台灣學者多側重於學術的研究，不願意出面批評台灣史論著中的錯誤，更不願意觸動某些政客的觀點，這就可能使得製造歷史的「失憶」的企圖得逞，這是相當令人擔憂的事情。

　　我認為，作為研究台灣歷史的學者，不僅要告訴人們正確的台灣歷史應當是怎樣的，而且也有必要告訴人們哪些說法是錯誤的，這樣才會使得偽造歷史的人不能得逞，才會使得年輕讀者免受其害。

　　我從來認為現實是和歷史不可分割的。有些不研究台灣歷史的人卻大談台灣歷史，顯然他們的興趣不在於歷史，而是在於現實。過去的史明、王育德等人，我們已經做過批評，現在這些人已經沒有多大影響了。現在鼓吹此類觀點的，多是對台灣歷史沒有研究的人，他們還比不上史明，儘管史明的觀點有不少錯誤，但他對台灣歷史確實花了一些研究功夫。有些研究過台灣歷史的學者，出於某種原因，也會有一些偏激的觀點，產生一些錯誤的認識，但總的來說，這些人的說法還不太離譜。只有彭明敏等幾個人，對台灣歷史發表過不少錯誤的言論，而他們又有學

者的身分，欺騙性較大。特別是在紀念《馬關條約》一百年活動時，一些人夥同外來的政客、學者，集中地對台灣歷史作出不少「新」的解釋，明白地表示他們是要為分裂主義的政治目的服務的。對於這些人的錯誤言論，我們有必要給予反駁。

這裡發表一組批評錯誤觀點的文章，回答被他們歪曲的十幾個歷史問題。我想主要靠歷史事實說話，讓人們看一看他們是如何歪曲歷史、篡改歷史的。這樣，他們借以製造的政治觀點也就不攻自破了。

一、台灣歷史的特色

台灣歷史有什麼特色？相對於大陸來說，台灣歷史有什麼特殊性？這本來是一個值得研究的課題，需要經過深入的探討，才能得出正確的結論。可是，有人未經論證，提出了各種見解，似是而非，給台灣歷史製造了一個新的盲點，所以有必要加以澄清。

《認識台灣（歷史篇）》指出，「多元文化是台灣歷史的一大特色」，「國際性是台灣歷史的另一特色」（指的是「與四鄰關係密切」），「對外貿易的興盛是台灣歷史的又一特色」；「冒險奮鬥、克服困難的精神也成為台灣人獨特的性格」。[1] 還有人強調台灣具有「海洋型文化」，例如，鄭欽仁認為大陸是大陸型文化，以農立國，安土重遷，民族觀（即中原文化本位主義）是內向的。台灣則具有「海洋性因素」，開放、自由、進取，但又自謙自卑。[2] 由此引申出台灣社會上一種更加「化約」的觀點：台灣是海洋文化，求變，求新；大陸是中國文化，封閉，保守。把二者斷然區分，成為對立體。

上述幾點能算是台灣歷史的特色嗎？

所謂「海洋型文化」

---

[1] 《認識台灣（歷史篇）教科書，第 4 頁。
[2] 鄭欽仁：《生死存亡年代的台灣》，稻鄉出版社，1989 年。

　　對於上述看法─即台灣與大陸的區分在於，一個是海洋型的文化，一個是大陸型的文化─許多台灣學者已經提出不同的看法。

　　台灣中研院三民所 1984 年出版的《中國海洋發展史論文集》，陳昭南的引言指出：「中國不只是一個大陸國家，也是一個海洋國家」，「今日台灣乃是中國人向海洋發展所造成的歷史事實」。李亦園的序言更明確地指出，中國海洋發展史「如從地理區域的觀點而言，大致可分為三個部分，其一是做為海外發展基地的沿海地區，其次是沿海的島嶼，包括台灣與海南島，再次是非本地的海外地區」。[3] 余英時在《發現台灣》序《海洋中國的尖端─台灣》中指出，海洋中國「是從中國文化的長期演進中孕育出來的」，從 16 世紀以來，「中國已不僅是一個內陸農業的文明秩序，另一個海洋中國也開始出現了」。所謂「海洋中國」，包括東南沿海地區以及向海島海外的發展，鄭芝龍、鄭成功父子依靠海上商業力量建立的政權「象徵了現代海洋中國的開始」。至於台灣「真正成為海洋中國的尖端則是最近四十多年的事」。（不過，余先生在同一篇文章中也說過「三百多年來台灣一直扮演海洋中國的尖端的角色」這樣前後矛盾的話）。[4]

　　民進黨人中對此稍有研究的人士，也沒有對台灣與大陸作出前述斷然的區分。

　　陳芳明認為台灣「一方面背向古老的亞細亞大陸，一方面又朝向浩瀚奔放的太平洋」，因而「不能不帶有大陸性的保守與海洋性的開放之雙重性格」。許信良認為「海洋與大陸的依違游移，就成為台灣歷史的一出主要戲碼」，「它（台灣）既不完全屬於海洋，又不完全屬於大陸」。[5]

　　實際上，從文化角度來看，「海洋中國」是中華文化的一個組成部分。

　　根據文化生態理論，一種文化的形成與發展，是和自然環境、社會

---

[3]　《中國海洋發展史論文集》，中研院三民所，1984 年。

[4]　《發現台灣》，天下雜誌，1992 年。

[5]　許信良：《新興民族》，遠流出版公司，1995 年，182 頁。

經濟環境、社會制度環境密切相關的，而不單純取決於地理因素。中華文化是在遼闊而複雜的地理環境中，在農業文明和宗法社會的條件下發生和發展起來的。與歐洲海洋文明相比，中華文化具有明顯的大陸型文化的性格，或稱之為「大陸海洋型文化」。古代中國濱海地區也有海洋文化，但未形成為中華文化的主流。唐宋以後，現在的閩粵江浙一帶，海上交通和對外貿易逐漸興盛，如果要用「海洋中國」的概念，首先應當是指這些地區，正如李亦園先生所說，它是向海島和海洋發展的基地。東渡開發台灣和漂洋過海到東南亞及世界各地謀求發展的，絕大多數是這些地區的人。

台灣是「海洋中國」發展的產物。東南沿海人民不斷向海島和海洋發展，早在宋元時代，福建泉州就是當時世界大港之一，明末鄭成功父子以閩南為基地向海外發展，台灣正式在這種歷史背景下，由閩粵移民開發的。

通常海島的文化不是來源於本土，而是來源於大陸，移民則是大陸向海島傳播文化的一個重要途徑。當然，通過與其他地區的交往，海島也會吸收其他外來文化因素，匯入原有的文化體系，從而形成具有本土特色的文化。

台灣文化源於中國大陸，在相當長的時間哩，台灣文化與中國文化（尤其是閩南文化和客家文化）沒有太大差別，是中國文化中的一種區域文化，並沒有形成一種與中華文化不同的特殊的「海洋文化」。日本殖民統治以後，台灣受到日本文化的影響，近 50 年來受到西方文化的影響也較大，對外往來較多，「海洋文化」的因素明顯增強。而大陸則受馬克思主義的影響較大，在國際勢力的封鎖下，「海洋中國」的發展受到限制，但改革開放以後，這種特徵正在恢復。現在兩岸仍然都屬於中華文化，兩岸文化的差異是在吸收外來文化和繼承傳統文化上的差異。林滿紅指出：「將台灣的歷史根源窄化為海洋文明實不完整。中國文明是台灣的資產，也是與大陸合作的重要基礎。」[6]這個觀點是符合

6　林滿紅：《馬關條約百年省思》，《聯合報》，1995 年 4 月 14 日。

客觀實際的。

多元文化並非特色

什麼叫特色？特色應當是與眾不同的地方，你有他也有，就不算特色了。要談台灣的歷史特色，就應當把台灣與周邊地區相比，看出它與眾不同的地方。

多元文化是不是台灣歷史的特色？實際上中國古代文化是多元發生的，它的發源地散佈在廣闊的土地上，由各地的民族文化逐漸融合而形成中華文化。此外，中華文化還吸收了一些外來文化的成分和因素。中華民族的成分是複雜的，中華文化是多元的。可見，多元文化並非台灣所特有，不能算是台灣歷史的特色。

對外關係密切和對外貿易興盛是不是台灣的特色呢？如上所說，台灣是「海洋中國」發展的產物。早在台灣與外國交往之前很久，大陸沿海地區已經與外國有相當的交往，對外關係的密切和對外貿易的興盛，遠非台灣所能相比。後來台灣成為荷蘭殖民者的貿易重鎮，但對外貿易的主要貨物是大陸的絲綢、瓷器，並且主要由大陸商人供應，到了大陸發生戰亂時，台灣的轉口貿易就衰落下來了。到了清代前期，台灣在政治上、經濟上或其他方面幾乎與外國沒有任何來往，大陸成為台灣出口貿易的唯一對象。鴉片戰爭以後，福建的福州、廈門首先開放為通商口岸，1960 年以後，台灣的港口才陸續開放。由此可見，台灣的對外關係和對外貿易並沒有比國內其他地區特殊，也談不上特色。

至於冒險奮鬥、克服困難的精神，恐怕也非台灣所獨有，以此作為台灣歷史的特色，就過於「一般」了。

那麼，什麼是台灣歷史的特色呢？本文不做專題的研究，只是舉出一些事例參與討論：

一、台灣曾經被荷蘭侵占達 38 年，被日本殖民統治達 50 年，這是國內其他地區所沒有的，不能不算是台灣歷史的特色。

二、台灣與其他地區相比，是一個開發較晚的地區，而且主要是由

福建、廣東的移民開發的，這更是其他地區所沒有的。由此還帶來其他的特點，例如，台灣在歷史上，不僅在經濟上、文化上、社會關係上，而且在政治上與福建、廣東都有特別密切的關係，這樣的「歷史特色」是任何人所無法抹殺的。

二、台灣歷史的開端

從考古發現可以知道，台灣至少有幾萬年的歷史。「左鎮人」、「長濱文化」、「大坌坑文化」、「圓山文化」「十三行文化」等等，都是台灣早期人類活動的遺跡。

至於有文字記載的歷史，也有 1000 多年，從公元 230 年的「夷洲」，到 607 年的「流求」、1291 年的「琉求」、明朝後期的「東番」，所有這些，都比荷蘭人入侵台灣要早得多。

可是，有些主張「台獨」的人士，竟然說什麼「台灣的信史是從荷據開始的」，「1624 年荷蘭人入台是台灣史的弊端」，[7] 「最早開發台灣的是荷蘭人」，[8] 這如果不是對歷史的無知，就是有意偽造歷史，有意創造「歷史的失憶」。

早期台灣歷史的簡況是眾所周知的，不需要重複。就以荷蘭人侵台前後的歷史來說，以下幾點是誰也無法否定的：

早在荷蘭人入台以前，就有許多漢人居住在台灣。

明朝中葉以後，大陸居民前往台灣的人數不斷增加。有許多漁民在魍港、雞籠、淡水等地捕魚，並且在島上搭寮居住，還有不少商人在台灣一帶活動。明朝當局為了防禦倭寇，每年定期派兵巡哨台灣。1603年，福建浯嶼把總沈有容曾經帶兵到達台灣，和他同行的福建連江縣人陳第還寫了《東番記》，記載了當時台灣的風土人情以及當地居民與福建人民進行貿易的情況，被稱為全面記述台灣的創始之作。

7　鈴木明：《台灣起革命的日子》，前衛出版社，1992 年，19 頁。
8　岡田英弘：《台灣的歷史認同和清朝的本質》，馬關條約一百周年研討會論文。

荷蘭人的記載也可以證實這一點。

1622 年荷蘭人來台時，看到有漢人在那裡定居，並且經營商業，買賣鹿皮等物。在番社裡也有漢人居住。

1623 年荷蘭人來到蕭壟，發現在土著居民住處有一千到一千五百名漢人，從事各項商業貿易。

據外國人記載，在荷蘭入侵的初期，居住在台灣的漢人就有五千人左右。[9]當時，荷蘭人和鄭芝龍雙方都佔有一部分「平地」。

1885 年 C.I.Huart 寫的《台灣島之歷史與地志》指出：「西班牙人在台灣發現許多從南方大陸出發的中國移民，早在十五世紀，便已定居在那裡。」

1898 年 W.A.Pickering（必麒麟）寫的《老台灣》也說：「在荷蘭人佔領之前，台灣早已成了中國人與日本人之間重要的貿易中心」，「當荷蘭人在 1624 年到達台灣並且準備在那裡定居時，他們發現很多中國人的小社會，其數目之多，足以為他們引起不少難題」。

鄭成功與荷蘭人都承認台灣屬於中國

早在明朝萬曆末年至天啟元年（1618-1621），海上武裝集團首領顏思齊、鄭芝龍先後入台，康熙年間季麟光的《蓉洲文稿》指出：「台灣有中國民，自思齊始」，這當然不是指顏思齊是第一位到達台灣的中國人，而是把他看成是有組織地開拓台灣的第一位領袖人物。至今在雲林縣北港鎮還有一座「顏思齊先生開拓台灣登陸紀念碑」，表達了台灣人民對開拓先驅的崇敬與緬懷。

荷蘭人入侵初期，在納稅問題上與日本人發生爭執，日本人強調他們比荷蘭人先到台灣，但荷蘭人認為「台灣土地不屬於日本人，而是屬於中國皇帝。……如果說有什麼人有權利徵收稅款的話，那無疑應該是中國人。」[10]

9　曹永和：《台灣早期歷史研究》，聯經出版公司，1979 年，129 頁。

10　《鄭成功收復台灣史料選編》，福建出版社，1982 年，95-96 頁。

　　鄭成功在收復台灣過程中，與荷蘭發生曾經有多次書信來往，提到了以下幾點：

　　1660 年，鄭成功寫信給荷蘭方面，指出：「多年以前，荷蘭人前來大員附近居住，我父一官當時統治此地，曾予開放、指導。」當時鄭芝龍是海上武裝集團的首領，在台灣設有佐謀、督造、主餉、監守、先鋒等官職，管理他們所佔據的地區。

　　1661 年 4 月，鄭成功再次寫信，指出：澎湖鄰近廈門、金門島嶼，因而就歸其所屬；大員（台灣）位於澎湖附近，此地應由中國政府管轄。「這兩個位於中國海的島嶼上的居民都是中國人，他們自古以來有開耕種這一土地，，以前，荷蘭艦隊到達這裡請求貿易，當時他們在此沒有任何土地，但本藩父親一官出於友誼才陪他們看了這個地方，而且只是將這個地方借給他們。……你們必須明白，繼續佔領別人的土地是不對的（這一土地原屬於我們的祖先，現在理當屬於本藩）。」[11]

　　1661 年 5 月，荷蘭方面致函鄭成功，指出：「尊大人在此時，常對本公司的無數寬厚行為表示感激，並願真誠友好，……不意殿下不願如此，而竟然對本公司採取敵對態度。」鄭成功明確答覆：「該島是一項屬於中國的。在中國人不需要時，可以允許荷蘭人暫時借居；現在中國人需要這塊土地，來自遠方的荷蘭客人，自應把它歸還原主，這是理所當然的事。」[12]

　　由此可見，當時台灣的歸屬並沒有發生問題。

台灣主要是大陸移民開發的

　　除了早期漢人在台灣從事捕魚和貿易以外，海上武裝集團還在這裡與日本人進行貿易，顏思齊、鄭芝龍到達台灣以後，更多漳州、泉州一帶人民前往台灣，開闢土地，形成部落。

　　荷蘭人入台以後，為了提供所需的糧食，以及發展殖民經濟，以利

---

[11] 吳玫譯：《有關鄭成功軍隊進攻台灣登陸過程的若干史料》，台灣研究集刊，1988 年 2 期。

[12] 《鄭成功收復台灣史料選編》，福建出版社，1982 年，153 頁。

掠奪，也鼓勵中國大陸人民移居台灣。當時有如下記載：

「荷蘭人從澎湖移居台灣以來，中國人急遽增加。」

「（荷蘭東印度）公司由於迫切希望同中國貿易，就離開澎湖，遷到福摩薩，並答應准許該地的中國移民照舊居住和生活，新從中國來的人，也准予定居和貿易，以此作為交換條件。結果，有很多中國人為戰爭所迫，從中國遷來，於是形成一個除婦孺外，擁有二萬五千名壯丁的殖民區。男人大部分依靠經商和農業為生。從農業方面，生產出大量的米和糖，不但足以供應全島的需要，而且每年能夠用船載運到東印度群島地區，我們荷蘭人從這項上獲利不小。」

從 1640 年到 1661 年，在赤崁附近的中國移民大約從 5000 人增加到 35000 人，在全島大約有 45000 人。他們開墾土地，年產糖 10000 至 20000 擔，稻米近 20 萬擔。這些開發工作都是中國移民辛勤勞動的結果。

當時在台灣的荷蘭人大約有 1000 多人，他們是為荷蘭東印度公司服務的。其中有長官、評議長、政務員、商務員、稅務員、會計長、檢查長、法院院長等官員，還有牧師等神職人員以及經紀人、職員、譯員等雇員，此外有數量達 900 名以上的軍官和士兵等軍職人員，當然還有一些婦女和兒童。他們都不直接從事生產和開發。

荷蘭人不從事生產和開發，但在台灣開發中也起了一定作用，主要表現在：第一，他們參與了招徠大陸移民的工作。當時除了鄭芝龍、蘇鳴崗以及其他大陸商人招徠移民以外，也有一些是自發的移民，此外，還有一部分移民是由荷蘭人用船只運載去的；第二，荷蘭人曾經獎勵移民進行農作，提供耕牛，減免稅收，目的是為他們提供糧食和砂糖，公司通過收稅和經營貿易，取得巨大利益。

當時，土著居民地區除了在台南附近以外，基本上尚未開發。大約 35000 名大陸移民開發了台南地區，並擴及北部的北港、蕭壟、麻豆、灣里和南部的阿公店等處，耕地面積達到 12252morgen（荷蘭的地積單位，相當於台灣田制的一甲，約等於大陸的 11.31 畝），這是任何人無

法否定的事實。

　　以上的歷史事實證明，早在荷蘭人入侵以前很久，中國大陸移民就已進入台灣從事生產和開發，即使在荷蘭佔領時期，開發台灣的主力仍然是中國大陸的移民。所以，說「台灣歷史是從荷蘭人入台開始」，說「台灣是荷蘭人開發的」，進而主張「台灣只有四百年的歷史」，都是不符合歷史真實的。宣揚這些論點，是歪曲了台灣歷史，是對台灣人民的欺騙，是對殖民者的歌頌，也是對台灣人祖先的背叛。

三、明鄭政權的性質

　　鄭成功收復台灣以後，以台灣為東都，設一府二縣，即承天府與天興縣、萬年縣，在台灣建立了行政機構，其後，由他的子孫繼續實行有效的統治達 22 年之久。這就是台灣歷史上的鄭氏時期，或明鄭時期。

　　鄭氏在台灣建立的政權屬於什麼性質？有些人提出了一些看法。例如，有人認為在鄭經統治下，已經是獨立的政權，當時中國出現兩個政府，也就是兩個國家。有人則認為「鄭氏乃亡命漢人於中國海之外建立的政權，所以不能以此說台灣是中國的一部分」。[13]有人則說，鄭氏是一個外來的政權。[14]

　　要成為一個國家必須具備四個要素：有定居的居民，有確定的領土，有一定的政權組織，擁有主權。主權是國家獨立自主地處理對內對外事務的最高權力，是國家的根本屬性。如果有政權機構和定居的居民，而沒有主權，那只能是一個國家的行政單位，或殖民地，而不是一個國家。

明鄭不是一個獨立的政權

　　鄭氏政權始終沒有把自己作為一個獨立的政權看待，他們曾經極力

[13]岡田英弘《台灣的歷史認同和清朝的本質》，馬關條約一百年研討會論文。
[14]李筱峰等：《台灣歷史閱覽》，《自立晚報》文化出版部，1994 年，68 頁。

爭取成為一個半獨立的政權而不可得，怎麼能說它是一個獨立的政權乃至國家呢？

　　鄭氏三世一向以「藩」自稱，只承認自己是一個「王」，即延平王，這個王是由南明王朝永曆帝冊封的，歸南明王朝管轄。當然，當時南明王朝名存實亡（到 1662 年，南明亡），延平王和寧靖王成為南明王朝的兩大支柱，互不相屬，也不受桂王的實際領導。但是，鄭氏始終遵奉南明的正朔，直到永曆帝死後 20 多年的康熙二十二年（1683 年），「海上猶稱永曆三十七年」，[15]鄭氏第三代仍然稱為延平王世子，表明自己始終是明朝的臣子。鄭氏從來沒有稱帝，沒有成為一個獨立於南明王朝之外的政權，更沒有成為一個獨立的國家，而只是明朝政權的一個地方行政單位。這是根據歷史事實對鄭氏政權作出的定位。

明鄭也不是一個外來政權

　　所謂「外來政權」，要有一個明確的界定，究竟是指從外國來的，還是指從外地來的？

　　台灣歷史上曾經兩度受到外國人的統治，及荷蘭的殖民統治（1624-1662 年）和日本的殖民統治（1895-1945 年），都是由外國人來統治中國人，它們都是「外來政權」。

　　可是有人卻把鄭氏政權和清朝政府，乃至以蔣介石為代表的國民黨政權也稱為「外來政權」，那就混淆了與前者的界限，而實際上二者是有本質區別的。

　　在鄭氏政權下，統治者與被統治者主要都要自中國大陸。當時在台灣的漢人約有 10-12 萬（其中鄭氏軍隊為 60000 人）。土著人口據估計為 10-15 萬，但在鄭氏統治下的土著人口並不多，其餘的多數是到清代才「歸附」的。所以，鄭氏政權統治的居民，主要是過去和當時從大陸移民到台灣的漢人，有的還是由鄭氏招徠的。正如前文所說，即使在荷蘭侵占時期，荷蘭人也承認台灣是屬於中國皇帝的。鄭成功也多次明確

---

[15] 《海上見聞錄定本》，福建出版社，1982 年，76 頁。

指出台灣是中國的。中國人的政權，統治中國人開發的土地，怎麼能說是「外來政權」呢？

如果以為統治者是從台灣以外來的，就是「外來政權」，這意味著只有本地人統治本地才不叫「外來政權」，而這種情況卻不多見。在中國古代，逐漸形成一種迴避制度，本省人一般不能在本省當官。所以，歷來福建的官員多是外省來的，浙江的官員也多數不是浙江人，按照上述說法，福建、浙江以及全國各地豈不都是「外來政權」？由此可見，不由本地人統治，不是台灣的特例，而是全國各地的通例。不能以此作為「外來政權」的依據。

「照朝鮮例」只是談判的籌碼

有人說，當時中國已由清朝統治，而「鄭氏乃亡命漢人於中國海之外建立的政權，所以不能以此說台灣是中國的一部分」。鄭氏確實不願臣服於清朝，他們多次與清方談判，總是堅持鄭氏是「於（清朝）版圖疆域之外，別立乾坤」，甚至說「台灣遠在海外，非屬（中國）版圖之中」[16]，因此要求對他們「照朝鮮例，不剃髮，世守台灣，稱臣納貢」，這就是要以台灣未受清朝統治作為談判的籌碼，爭取得到「半獨立」的地位，但沒有得到清朝的允許。清朝認為「朝鮮系從來所有之外國，鄭經乃中國之人」，不能援朝鮮例。不管不同的統治者對台灣歸屬的看法如何，當時台灣畢竟是由中國人的政權實行管轄權的，並沒有外國人在那裡統治，台灣主權歸於中國是十分明確的。

以上是從主權歸屬的角度，說明鄭氏政權的性質，即它既不是「外來政權」，也不是「獨立政權」，而是自稱歸屬於明朝的中國人組成的政權，在它的統治下的也是中國人。儘管它還沒有歸附於清朝，但它和任何外國都沒有歸屬關係。至於有人認為鄭氏政權是以海商為主幹的反清割據勢力，那是從階級屬性角度提出的看法，不在本文討論之列。

---

16 《康熙統一台灣檔案史料選輯》，福建出版社，1983 年，70 頁。

鄭氏時代台灣的開發

有人為了說明鄭氏是「外來政權」，就說它把台灣當作殖民地，對台灣的搜括搾取不比荷蘭人仁慈，從而認為「鄭氏的來臨對台灣是不利的。」[17]

所謂殖民地，是資本主義時代的產物，是受資本主義強國侵略而喪失了主權，在政治、經濟上完全受統治和支配的地區。鄭氏既不是外國政權，又沒有發展到資本主義階段，它與殖民統治有本質的差別。

鄭氏政權作為封建政權，它必然要剝削百姓，但它與荷蘭殖民者不同，荷蘭人把所有的土地收歸公司所有，稱為「王田」，而鄭氏在將「王田」改為「官田」之外，還有私田（當時稱為「文武官田」，實際上是土地私有制的表現形式）的存在，而且其數量達到 20000 多甲（約 23 萬畝），而官田則不及 10000 甲，這些私田都是在鄭氏時代開發的。鄭氏時代開發的地區比荷蘭侵占時期要大得多，就是說，當時不但在台灣中南部地區有成片的開發，而且西部沿海的地區（北港溪以北和下淡水溪以南）也有了點狀的開發，其中鄭軍屯墾的營盤田就有 40 多處，遍布今日的台南、高雄、屏東、嘉義、桃園、台北等地。只是由於後來鄭軍退出台灣，大量土地拋荒，實際增加的田園數量並沒有那麼多。此外，這個時期台灣「人居稠密，戶口繁息，農工商賈，各遂其生」，商業有所發展，對外貿易也相當發達，遠洋船隊與日本、暹羅、交趾、東京、呂宋、蘇祿、馬六甲、咬留巴等地直接往來，鄭氏還和英國簽訂了通商協議，英國東印度公司在台灣建立商館。這也反映了鄭氏時代台灣開發的成績。鄭氏還把大量大陸居民移居台灣，把大陸的政治、經濟、文教制度移植到台灣。早期移民（包括軍事移民—鄭氏的軍隊）為台灣的開發作出了自己的貢獻。由此可見，否定鄭氏時代的開發，說鄭氏對台灣不利，都是不符合歷史事實的。

---

[17] 宋澤萊：《台灣人的自我追尋》，前衛出版社，1988 年，69 頁。

四、移民與祖籍地的關係

　　台灣主要是由中國大陸移民進行開發的，移民主要來自福建和廣東兩省。從明末到清代前朝，有上百萬移民到了台灣。他們為什麼要移民台灣呢？本來這在歷史上是可以找到答案的。可是近來有些人出於某種政治目的，卻妄自作出解釋，他們說，「移民來台，放棄中國，不願接受中國的統治」，「是帶著和中國斷絕關係的心情移民台灣」，[18]移民「被當政者放逐於中國社會之圈外，而和中國大陸完全斷絕了關係」。[19]這些說法完全背離了歷史真實。

移民的原因和目的

　　一般來說，移民的原因，大體上可以用「推力」和「拉力」兩個方面的因素進行解釋。推力，主要是指原居住地在經濟上、政治上、宗教上、種族上給全部居民或部分居民造成困難的條件，迫使他們向外遷移。經濟蕭條、失業嚴重、糧食缺乏、人口過剩、天災人禍、生態環境惡化、外族入侵、內部戰亂、政治迫害、種族歧視、宗教矛盾等等都可以成為移民的推力。拉力，主要是指移居地提供了比原居地較好的生活條件，吸引人們向那裡遷移，例如，便於尋找財富、有較好的經濟出路、比較容易獲得土地或其他就業機會、可以擺脫政治上的迫害和其他敵對力量的威脅等等。

　　從移民的類型來說，基本上有兩種，一種是開發型的，一種是強制性的。前者是為了生存而遷往他地，在那裡尋求進一步的發展；後者則是以行政手段或是出自軍事目的而強制遷移的。

　　大陸對台灣的移民，基本上屬於開發型。早在鄭芝龍時期，就有大批「飢民」前往台灣，其目的顯然是為了從事開墾，尋找生路。在荷蘭統治時期，多數移民則是為了逃避戰亂而來到台灣的，而荷蘭人鼓勵和

---

[18] 彭明敏：《自由的滋味》，台灣文藝出版社，1987 年，250 頁。
[19] 史明：《台灣不是中國的一部分》，前衛出版社，1992 年，36 頁。

人前去耕種，也成為一種拉力。鄭成功時代，清朝當局在大陸沿海實行遷界政策，迫使沿海居民失去土地，遭到破產，這時鄭氏招募沿海人民從事開墾，形成一股強大的拉力。同時，還有幾萬名「軍事移民」，即鄭氏的軍隊，他們出於政治原因到達台灣，這是帶有強制性的，後來這些人幾乎全部回到大陸。到了清代前期，從 1684 年到 1811 年，這 120多年間，台灣人口從七八萬人，增加到 190 萬人，顯然主要是「移入增長」。大量移民來台，其中主要是「無田可耕、無工可雇、無食可覓」為生活所迫的下層貧民，而當時台灣剛剛設立府縣，許多土地尚未開發，開墾以後，產量很高，這就吸引了廣大大陸人民冒險偷渡前來謀生。移民中還有一些是「犯罪脫逃」的「觸法亡命」。此外，也有一些商人，有的從事小本經營，有的則經營進出口貿易；還有就是少數專門前來台灣從事招墾的富豪。

並沒有「放棄中國」

從以上移民的原因和目的來看，可以看出，主要的是經濟因素，就是為了生存，為了發展，不得不背井離鄉，前來台灣。從移民的成分來看，除了少數罪犯以外，並沒有人懷著非「同中國決裂」、非「放棄中國」、非「斷絕關係」不可的仇恨心理。即使是罪犯，在當時條件下，恐怕也難有這種強烈的分離主義的「政治意識」。歷史事實提供了恰恰相反的證據：移民與祖籍地不但沒有「完全斷絕了關係」，而且始終保持著密切的聯繫。

以從事招墾的富豪為例，他們作為墾戶，在領到墾照以後，往往從原籍招徠佃戶，前去開墾。同安籍的王世杰曾經回來招募泉州籍的鄉親100 多人，開墾竹塹。林成祖墾號為了籌集資金，曾經向在廈門的陳鳴琳、鄭維謙招股。更多的移民是以祖籍地緣關係為基礎，共同進行開發的。至今台灣各地還保留著一些地名，諸如同安、南安、南靖、安溪、平和、永定、大埔、饒平、鎮平、海豐、惠來等等都是以原籍的縣來命名的，也有採用大陸上更小的地名的，如田心、田中央、大溪等等，都

是當年大陸各地人民前來台灣共同開發的見證，也是移民們懷念故鄉的一種表現。

移民在台灣定居以後，有的回故鄉把妻子兒女遷移過來，有的回原籍娶親，還有的把父母、兄弟等親屬也帶來台灣。這在乾隆、嘉慶年間更是普遍存在。閩南各地的族譜中，有不少「率眷往台灣」的記載。同時，也有從台灣回原籍祭祖、修墳、蓋祠堂、修族譜的記載，有的甚至要歸葬祖籍，有錢人是以靈柩歸葬，一般人只能用「瓦棺」歸葬了，這表明移民們至死還懷念故鄉。至於大量的移民死後只能埋葬在台灣，但在他們的墓碑上卻不忘寫上「安邑」、「南邑」、「和邑」、「靖邑」、「惠邑」、「銀同」、「金浦」等等祖籍地名，以表示自己的根在大陸，也為後人尋根留下了依據。

有些移民發財致富以後，在台灣建造房屋，俗稱「起大厝」。他們往往從大陸請來「唐山」匠師，採買大陸出產的福杉、烏心青石、紅磚等建築材料，按照大陸建築格式興建。現在台灣還保留著一些這樣的傳統民居。至於民間風俗習慣，更是和祖籍地十分相似，祭拜「唐山祖」，奉祀祖籍地的保護神。所有這一切都表明移民們對祖籍懷有深切的感情，他們是不會和祖籍「斷絕關係」的，說他們「放棄中國」，完全是蓄意的捏造。

也沒有「在中國社會之圈外」

移民生活在台灣，不論在經濟上、政治上，還是其他各方面，都沒有和大陸相脫離，他們仍然生活在中國社會的「圈內」，而沒有跳出圈外。

清朝前期，台灣基本上沒有同外國進行貿易，「大陸卻幾乎成為台灣對外貿易的唯一對象」。在最初的 100 年中，只有廈門與台灣的鹿耳門對渡，後來增加了晉江的蚶江與彰化的鹿港、福州的五虎門與淡水的八里坌對渡。當時台灣各地有北郊、南郊、糖郊、泉郊、廈郊等，從事與大陸各地的貿易；大陸也有台郊、鹿郊等相應的組織，說明兩岸貿易

關係相當密切。

　　台灣出產的大米需要出售，福建缺糧需要購買，台灣出售大米，換回所需的日用品。兩岸互通有無，互惠互利。台灣的糖也運到廈門及大陸各地出售，運回紡織品、日用雜貨、建築材料以及各地的土產，兩岸間每年有幾千艘商船往來。

　　在政治上，台灣與福建的關係特別密切。台灣作為福建的一個府長達200年之久。起初還設立了「台廈兵備道」，後來改稱「台廈道」。從1684年到1727年，台灣與廈門在行政上屬於同一單位。長期以來，台灣的餉銀是由福建撥給的。直到台灣建省前不久，沈葆楨還指出：「閩省向需台米接濟，台餉向由省城轉輸。」可見，從行政上看，兩地的關係也是十分密切的。

　　台灣屬於福建，台灣人民的生活同大陸並沒有脫離。在經濟上，沒有脫離相同的經濟圈，在政治上，也沒有脫離中國政府的統治。移民不是被放逐的，大陸人民，祖籍地人民從來沒有「放逐」移民台灣的骨肉同胞，台灣人民的先輩也沒有自我「放逐」在中國社會的「圈外」。這樣的歷史是不應當「失憶」的。

險惡的用心

　　有人企圖篡改這段歷史，其目的不在於昨天而在於今天。有人居然這樣說：「我們的祖先在十六世紀，不惜違背大清禁令，背棄祖墳，甘冒天險遠渡來台，目的不在擴大中國的領土或主權，而在脫離悲慘貧困的生活，來台灣開創新世界。因此，今天任何欲將台灣交給中國的說法都是數典忘祖的。」[20]

　　是的，移民們是為了生存、為了發展而前來台灣，他們並沒有擴大領土主權的政治目的，也不可能有其他的政治目的。由此可見，上述引文作者所說的移民要「放棄中國」要「斷絕關係」，「不願接受中國的統治」等等說法是多麼荒謬。

---

[20]《自立早報》，1995年4月17日。

　　但是，移民沒有政治目的，並不能用以說明一個地方領土、主權的歸屬問題。台灣是中國領土，台灣領土主權屬於中國，這是全世界公認的，不會因為早期移民缺乏政治意識而有所改變。

　　提出上述觀點的人，其目的在於分裂祖國，這是他們的險惡用心所在。一方面，他們運用偷換概念的手法，把早期移民不是為了「擴大領土主權」而來，與台灣的歸屬混為一談，妄圖用以否定台灣領土主權歸屬於中國的事實；另一方面，他們又歪曲早期移民的意志，說移民是要「放棄中國」，「不願接受中國的統治」，從而引出要把台灣交給中國是「數典忘祖」的謬論。實際上，我們在以上兩則中所引用的資料，足以批駁它們的說法。台灣人的先輩始終沒有「放棄中國」，他們一直與原鄉保持著密切的關係。由此可見，真正「數典忘祖」的，正是那些歪曲台灣歷史、企圖分裂祖國的政客們。

五、台灣開港後與大陸的關係

　　外國列強通過鴉片戰爭，打開了中國的大門。1842 年簽訂的《南京條約》，規定開放五個通商口岸：廣州、廈門、福州、寧波、上海。第二次鴉片戰爭以後，1860 年又簽訂了《北京條約》，規定開放一批新口岸，包括天津、牛莊（後在營口設埠）、登州（煙台）、潮州（汕頭）、瓊州、南京、九江、漢口等，台灣（安平）、淡水兩個口岸也在這時開放。

　　開港以後，台灣與大陸的關係如何？有人不從歷史實際出發，而是憑自己的想像，認為既然開放了，對外國的貿易必然發展，與大陸的關係必然削弱，甚至互相脫離。有人武斷地說：「1860 年，台灣開港通商以後，產品輸往世界各地，與世界的關係日益緊密，漸漸走向世界，而脫離中國」，[21]「1860 年後台灣成為國際貿易體系的一環」，「台灣經濟

---

21 張炎憲：《威權統治和台灣人民歷史意識的形成》，《馬關條約》一百年研討會論文。

永遠有自己的經濟圈，是絕對不屬於中國的」。[22]這些說法對不對呢？我們先從台灣開港以後與廈門的關係講起。

台灣與廈門

根據早期歷任廈門稅務官（都是外國人）的報告，台灣和廈門有著十分密切的關係，而且廈門處於主導地位：

「台灣是福建的糧倉。它的港口與廈門間整年都有著大量的商業往來。」（1871）

「本口岸與打狗和淡水口岸間的貿易是非常有價值的。打狗和淡水口岸每年都從廈門運去大量的外國棉毛製品、棉紗、金屬、鴉片和其他雜貨。」（1872）

「台灣所有的商行都是廈門商行的分行。」（1873）

「由於廈門所處的有利位置，台灣的通商口岸對廈門處於附屬的地位。」（1875）

「廈門是台灣的貨物聚散地，本地的所有商行都在台灣設有公司。」（1878）

「廈門的復出口貿易幾乎完全在本口岸與台灣之間進行。本口岸與台灣島有著密切的商業聯繫。」（1881）

當時台灣的重要出口貨—茶葉，與廈門的關係特別密切，台灣茶葉主要是經由廈門出口的：

「台灣茶葉貿易以前僅由外國商人經營，過去三年來，則主要由中國商人經營。但所有茶葉運到本口岸後仍然在本地轉售外國商人，由外國商人經辦復出口。」（1876）

「就台灣茶的貿易而言，本口岸是它的總的貿易中心。」（1878）

「淡水的主要貨物是茶葉，經由廈門轉船復出口。」（1880）

「台灣茶葉貿易一直是經由本口岸進行的。」（1882）[23]

---

[22]宋澤萊：《台灣人的自我追尋》，前衛出版社，1988年，70頁。
[23]以上均引自《近代廈門社會經濟概況》，鷺江出版社，1990年。

據統計，從 1872 到 1891 年間，台灣烏龍茶有 98%是經由廈門轉口美國的。

這些史實可能已經被許多人所忘記，但是它畢竟是事實，這些事實足以說明台灣在「走向世界」的過程中，並沒有「脫離」廈門，台灣是和廈門一道成為「國際貿易的一環」，所謂「台灣開港以後就和大陸脫離」的論調是沒有史實依據的。

台灣與大陸其他地區

台灣不僅與廈門有著密切的關係，而且與大陸其他地區也有不少貿易往來。

台灣學者林滿紅在兩岸經貿關係史方面有相當深入的研究，在她的論著中，可以看到這樣的記載：[24]

糖：台灣白糖主要供華北食用，只有小部分輸出日本。赤糖供大陸和日本食用，也有一些供歐美澳各國精製用。1860-1895 年間，大陸和日本一直是台糖的主要市場。華北、華中是台灣糖的主要出口地。大陸進口台灣糖的口岸以芝罘（煙台）、天津、上海、寧波、牛莊為主。

米：「台灣北部因茶、樟腦等非糧食作物從業者增加，由開港前原有二十幾萬擔米出口到大陸，轉而漸需由大陸進口，量多時亦達二十幾萬擔。但與此同時，台灣中部每年又有五十萬擔米出口到大陸。」

開港後，大陸貨進口增加。每年仍有 2800 艘左右的中國式帆船進出於兩岸之間。鹿港等地還有不少郊商從事對大陸各地的貿易。當時兩岸貿易主要是由大陸資本所控制，往來兩岸的船隻是由大陸商人提供的經營。所以，開港以後，「1860-1895 年間，台灣的貿易對象雖擴展而包括全球，與大陸之間的貿易仍然增加」。

「台灣境內南北之間的商貿關係，反不如台灣與大陸間的商貿關係密切。」

由此可見，這個時期，台灣並沒有「脫離中國」，台灣也沒有形成

---

[24] 參閱林滿紅：《四百年來的兩岸分合》，自立晚報文化出版部，1994 年。

「自己的、絕對不屬於中國的經濟圈」。

台灣所處的地位

　　正如上面所說，台灣兩個口岸是第二批開放的。在當年西方列強的心目中，這批新口岸當然也是他們所覬覦的對象，但就重要性上說，絕不會超過第一批。福建的四個口岸，廈門、福州都是 1843 年開埠的，淡水則是 1862 年開埠的，而作為淡水子口的雞籠口則於 1863 年開港，打狗口原來定為安平港的子口，先於 1864 年開港，實際上後來打狗成為正口，安平則到 1865 年才設立分關，歸打狗關管轄。這就是說，福、廈兩口比台灣兩口大約早 20 年開放。所以，講台灣歷史，如果不同全國歷史聯繫起來考察，就不全面。只說「台灣的戰略商業地位的重要性，一直受到國際的覬覦」，而不講其他地區，就可能使人誤認為當時台灣的重要性超過了全國任何地區，這是不符合歷史的真實的。

　　開港以後，台灣的淡水、打狗都成為對外貿易的重要口岸，在全國對外貿易中佔有一席之地。那麼和其他口岸相比，台灣處在什麼地位呢？我們可以把台灣兩個口岸的進出口值與福州、廈門、上海列表比較如下：

進口值比較

單位：萬海關兩

年份	上海	台灣	廈門	福州
1868	4491	115	339	341
1870	4632	146	420	273
1875	4688	222	461	273
1880	5604	359	541	280
1885	5941	319	724	280
1890	6625	390	612	264
1893	8376	483	671	415

出口值

單位：萬海關兩

年份	上海	台灣	廈門	福州
1868	3502	88	100	1325
1870	3061	166	164	756
1875	3080	182	347	1222
1880	3617	487	363	913
1885	2765	382	453	773
1890	3272	426	351	556
1893	4997	634	534	515

（台灣包括淡水和打狗在內）

　　從上表可以看出，在進口值方面，台灣兩口合計起來從來沒有超過廈門一口；台灣和福州相比，在前期進口不及福州，後期則超過福州。在出口值方面，台灣與廈門不相上下，總的看來略多於廈門；而台灣與福州相比，則基本上不如福州，有時相差甚遠，但最後一年則超過福州。如果把台灣和上海相比，少則相差七八倍，多則相差三四十倍。總之，台灣和福州、廈門一樣，在清代後期中國的通商口岸中屬於不很發達的地區，對它的「走向世界」和「國際化」程度不能估計過高。

六、是荒蕪之地，還是先進省份？

　　從 19 世紀 70 年代開始，清朝當局為了防禦外國的侵略，一方面加強台灣的海防，一方面籌備台灣建省。1874 年欽差大臣沈葆楨到達台灣，他著手籌建閩台水路電線，建設新式炮台，購買洋炮和軍火機械，建立軍裝局和火藥局，調用兵輪，採購鐵甲艦，使用機器開採基隆煤礦，這表明台灣的近代化已經開始。後來，新任福建巡撫丁日昌，繼續購買洋槍洋炮，造鐵路，設電線，開礦，招墾，進一步推進台灣的近代化。到了建省以後，第一任台灣巡撫劉銘傳更是全面推行近代化，到甲午戰

爭以前，台灣已經是全國最先進的省份之一。

建設成就和經費來源

當年值得一提的近代化建設，有以下幾項：

新式炮台：從 1886 年開始，在澎湖、基隆、滬尾、安平、旗後五個海口興建十座西式炮台，購買鋼炮，加強防禦。

製造軍械：1885 年在台北興建機器局，自造軍械，並設立軍械所和火藥局。

鐵路：1887 年開始修建鐵路，台北至基隆段 28.6 公里，1891 年完工；台北至新竹段 78.1 公里，1893 年完工。是全國最早一批自建的鐵路。

郵政：1886 年設電報總局，架設水陸電線 1400 多華里。1888 年設郵政總局，是全國最早自辦的郵政業務。

工礦：1885 年重辦基隆煤礦，1887 年成立煤務局，採用機器採煤；1886 年在滬尾設立官辦硫磺廠；1887 年設立官辦機器鋸木廠。

招商興市：1886 年設立商務局，購買商船，設立輪船公司。1885 年建設兩條大街，1887 年繼續建設街道，裝設電燈、自來水，建造大稻埕鐵橋。台北城為商業發達的邁向近代化的城市。

新學堂：1887 年創立西學堂，1890 年設立電報學堂。

附帶談一談台灣近代化建設的經費來源問題，大家知道，19 世紀 80 年代，正是台灣建省的時期，當時由於經費困難，建省工作拖延了相當長的時間，可是，既然經費困難，為什麼卻能夠開展這麼多的新式建設呢？建設經費究竟從何而來？

實際上，在台灣建省以前，台灣的財政一貫需要福建給予協濟，大約每年 20 萬兩，它是從閩海關四成洋稅中撥付的。建省時，就是為了經費問題，反覆討論，最後決定，由閩海關每年照舊協銀 20 萬兩，再由福建各庫每年協銀 24 萬兩，此外，粵海、江海、浙海、九江、江漢五關，每年協濟 36 萬兩，以五年為期。後來，粵海等五關並沒有協濟，

而是由戶部一次性撥給 36 萬兩，作為籌辦台澎防務之用。所以，台灣長年的協銀只有福建的 44 萬兩了。

　　五年中，福建一共協銀 220 萬兩，這些錢主要用於辦理台灣海防、修築鐵路和防軍的兵餉。澎湖、基隆、滬尾、安平、旗后五口購炮築台的經費，就是從這裡開支的。建築鐵路的經費一時無法籌集，也只好「先行挪用」福建的協餉，實際上，後來有一大部分就是由這項經費開支的。

　　據統計，當年幾項重要建設：修建從基隆到新竹的鐵路、架設台灣到福建的水陸電線、清賦、興建台北機器局，一共用銀 213 萬兩，相當於福建的全部協餉[25]。所以，可以說，在台近代化建設中，福建人民給予了一定的支持。當然，其餘經費則是由台灣自行籌集的，主要的功勞應當歸於台灣人民。正是由於台灣人民的辛勤勞動，許多新式的事業蓬勃發展，使台灣這個最後設立的行省後來居上，成為全國洋務運動中的先進省份之一，這個歷史功績是不能「失憶」的。

台灣的地位

　　當年台灣的近代化建設，在全國範圍內處於什麼地位呢？我們可以逐項比較如下：

　　從官辦軍事工業來看，全國早期建立的機器局之類的機構有 21 家，其中最大的是江南製造總局（1865）、金陵機器局（1865）、福州船政局（1866）、天津機器局（1867）等，不僅規模比台灣的大，而且建立的時間也比台灣早了 20 年左右。

　　從民用工業來看，全國主要的企業有：輪船招商局（1872）、開平礦物局（1878）、電報總局（1880）、漠河礦物局（1887）、上海機器織布局（1880）、湖北鐵政局（1890）等等。其中，輪船招商局比台灣早了 14 年，電報總局早了 6 年。基隆煤礦開辦雖然比開平煤礦早，但規模遠不如開平，而最早的煤礦則是直隸磁州煤礦（1874）、湖北廣濟興國煤礦（1875）。早在 1874 年，沈葆楨就提出要在台灣架設電線，這本

---

[25] 參閱鄧孔昭《台灣建省初期的福建協餉》，台灣研究集刊 1994 年 4 期。

來是最早的嘗試，但沒有成功，不久，外商在福州、廈門架設電線，後來又有官辦的津滬線（1881）、蘇浙閩粵線（1883）等。台灣的電線是在 1887 年丁日昌買回福廈線後才架設的，第二年劉銘傳又架設了福州到滬尾的海底電纜。

至於鐵路，1874 年美英商人非法修建了吳淞鐵路，兩江總督沈葆楨經過交涉將它收回，並準備把它移到台灣，後來因為經費問題，不了了之。最早自建的鐵路是開平礦物局建成的從唐山到胥各莊的單軌鐵路（1880），後來擴展到閭莊、大沽。台灣的鐵路也是屬於最早的一批。

中國的郵政最初是由海關試辦的（1878），到 19 世紀 90 年代才收歸官辦。台灣可以算是最早自辦地區郵政業務的。

全國最早設立的新式學堂，大約有 20 多所，其中著名的有：北京同文館（1862）、上海廣方言館（1863）、廣州同文館（1864）、福州求是堂藝局（1866）、天津水師學堂（1880）等，都比台灣西學堂建立得早。

採購洋炮和修築西式炮台，在全國其他地區也都較早進行，例如，大沽、北塘、新城築洋式炮台（1875），山東煙台等地炮台用克魯伯後膛大炮（1875），閩江口南北岸及長門建洋式炮台（1880-1881），旅順口仿築德國新式炮台（1882），江陽、吳淞炮台用西洋 14 口徑 800 磅子大炮（1884）等等。

總之，台灣的歷史是中國歷史的一個組成部分，不能孤立地就台灣講台灣，因為台灣的情況是和全國總的形勢分不開的，只有把台灣和全國各地聯繫起來考察，才能看到它的歷史地位，才能看到它和全國各地的聯繫和區別。

經過中國人民開發、建設，尤其是經歷了清代後期的近代化建設，台灣已經成為全國先進的地區之一。可是，現在有人卻企圖否定這些事實，彭明敏竟然說：「日據當初，台灣是荒蕪之地，可說是世界上最落伍、野蠻的地方。」[26]這不僅是對歷史的無知，而且是對台灣人先輩最

---

[26] 《自由時報》，1995 年 4 月 18 日。

大的不敬。

但是，另一方面，當時的台灣，在全國範圍內也不是唯一的先進地區。這是因為推行「自強新政」「富國強兵」的「洋務運動」早在 19 世紀 60 年代就已經開始了，而台灣則晚了十幾年。儘管台灣的發展比其他地方要快，但就具體項目來說，不見得都是最早的、最先進的。以天津地區為例：它擁有天津機器局，是早期軍事工業中較具規模的；它有全國第一條鐵路；最早一批船塢—大沽船塢（1880）；最早用西法開採的煤礦之一—開平煤礦；最早設立的電報局（1879）；最早的近代郵政總匯，發行了全國第一套大龍郵票（1878）；它擁有全國最重要的新式海軍—北洋水師；較早開辦的新式學堂—水師學堂和武備學堂等等。由此可見，天津在當時也是全國最先進的地區之一。所以，說台灣是清代後期全國最先進的地區之一，是符合實際的，說它是唯一先進的地區，並且超過全國其他任何地區，則未免言過其實。

七、誰應當對《馬關條約》負責？

1895 年 4 月 17 日，清朝政府與日本簽訂了《馬關條約》，規定把台灣「永遠讓與日本」。這是中國近代史上最慘痛的喪權辱國的條約之一。從此，台灣同胞陷入日本侵略者的殖民統治達 50 年之久。究竟誰應當為《馬關條約》負責？是日本，還是清朝當局，或者是整個中國？有必要加以辨明。

日本蓄謀已久

早在明治初年，日本就竭力向外擴張，他們提出：「為了征服中國，我們必須先征服滿蒙；為了征服世界，我們必須先征服中國。」後來又以奪取朝鮮作為「渡滿洲的橋樑」，以占領台灣作為向東南亞擴張的基地。當時，日本統治集團中興起一股「征台論」，開始對武力侵台進行準備。日本對台灣的覬覦是這樣一步一步逼近的：

1873 年，日本官員向清朝的總理衙門進行試探，企圖了解清廷對台灣「土番」的態度。同時，日本派海軍少佐樺山資紀和陸軍少佐福島九成企圖對台灣進行偵察，未能取得成效。不久，福島九成便成為日本駐廈門的領事，潛入台灣，蒐集情報。

1874 年，日本借口三年前琉球人遇風，漂流到台灣南部，被牡丹社居民殺害，組織「台灣生番探險隊」，發動 3000 多人的軍隊，進攻牡丹社等處，並且建立都督府，實行屯田、植林，企圖長期佔領。這是日本企圖占領台灣的第一次嘗試。

1884 年，日本乘中法戰爭的機會，派軍艦到台灣窺探。

1886 年，日本參謀本部長山縣有朋派人來中國調查，事後寫出《討伐清國策案》，提到要把中國的許多地方「併入日本之版圖」，其中就包含了台灣。

1894 年，日本發動甲午戰爭，首相伊藤博文提出「直取威海衛並攻取台灣」。[27]他認為直逼京師可能招致列強的共同干涉，而奪取台灣則符合朝野的議論。這個意見得到日本上層人士的支持，他們同意把奪取台灣作為戰爭的目標之一。

只要列出上述事實，人們就不難看出，日本當局對於侵占台灣是蓄謀已久的，而通過戰爭，逼使清廷割讓台灣，則是他們的一種手段。

清廷戰敗屈服

1895 年 2 月，日軍攻陷威海衛，北洋艦隊覆滅，清廷無力繼續抵抗，只得俯首求和。

日本早已準備好了條約草稿，割地賠償已不可避免。在談判過程中，日本已經派兵進軍台灣，攻佔澎湖。後來，日本同意在北戰場上停戰，而台灣澎湖則不在停戰之列。這說明，日本不僅要通過談判奪取台灣，而且在軍事上已經開始了占領台灣的行動，他們企圖先行占領，迫使清廷就範。

---

27 參閱黃秀政：《台灣割讓與乙未抗日運動》，台灣商務印書館，1992 年。

　　當時清廷已經沒有力量阻擋日本的侵略，但是他們也知道割讓遼東和台灣是一個十分嚴重的問題，有人還反對割讓台灣，連光緒皇帝也哀嘆道：「台灣割則天下人心皆去。」清廷還想在遼東、台灣之間留下一處，那當然是所謂「龍興之地」的遼東了。但是，同李鴻章談判的伊藤博文回答說，對於所提條款「但有允與不允兩句話而已」，沒有商量餘地。這樣，連遼東也沒有保住，被割讓的不僅僅是台灣一省。

　　在當時的條件下，有所謂「弱國無外交」的說法，戰敗國的使臣基本上沒有討價還價的能力。李鴻章在談判中所做的任何努力都無濟於事，最後只能接受日本的全部條款。伊藤還特別指出，台灣要在換約後一個月內交割清楚。李鴻章說，要兩個月才行，貴國何必這麼急，台灣已經是你們口中之物了。伊藤竟然回說，還沒有吞下去，肚子餓得很呢。戰勝國的首相盛氣凌人到了極點，戰敗國只好接受喪權辱國的不平等條約。

　　對於割讓台灣，祖國人民採取什麼態度呢？

　　早在談判之前，朝廷內部以翁同龢為代表的主戰派極力反對割地，認為「台灣萬無議及之理」，他們同主和派展開了激烈的爭議。後來，在北京的一些中下級官員也紛紛上書抗爭，反對割讓台灣。他們責問：台灣「何罪何辜而淪為異域？」割讓台灣，勢必造成人心渙散，「民心一去，國誰與守？」並且指出，今天可以割讓台灣給日本，明天就會把其他地方割讓給法國、英國、俄國。他們主張拒絕和議，同日本展開持久的戰爭。

　　《馬關條約》簽訂以後，在北京應是的各省舉人，深為台灣人民反對割讓台灣的行動所鼓舞，它們紛紛集會，向督察院上書、請願，提出要求「嚴飭李鴻章訂正和款，勿割台灣」。以康有為為首的 1000 多名舉人聯名「公車上書」，反對和約，反對割地，要求變法自強。在簽約到換約的 20 多天中，有 3000 多人上書，反對割讓台灣，這是中國近代上一次空前的壯舉，一次規模盛大的愛國運動。儘管當時全國人民的抗爭無法改變台灣被日本侵占的命運，但是兩岸人民的心是連在一起的，祖

國和人民並沒有忘記台灣和台灣人民，這就是當年的歷史真實。

卑劣的手法

可是，1995 年，在紀念《馬關條約》100 年時，有人提出，「台人被祖國出賣」，「被祖國出賣的台灣人有什麼資格自稱中國人呢」。在某些人策劃的所謂「告別中國遊行」中，有人則提出，「中國是出賣台灣的國家，中國在任何危急的時候，隨時可能在出賣台灣」。[28] 這是以卑劣的手法偷換概念，篡改歷史，為其分裂主義的政治目的服務。

從上述史實可以明顯地看出，日本侵佔台灣是蓄謀已久的，日本是侵占台灣的罪魁禍首，它應當對《馬關條約》負主要的責任。清廷腐敗無能，在日本侵略者面前，無力抵抗，戰敗屈服，被迫割地求和，它也應當為《馬關條約》負責。如果只強調清廷的罪責，而不譴責日本的侵略，那是本末倒置。

至於說「台人被祖國出賣」，那是偷換概念，把腐敗的「清廷」等同於在清朝統治下的祖國。對於割讓台灣，清廷是難逃罪責的，而祖國和人民則反對割讓台灣，不願意讓台灣淪為日本的殖民地；台灣是被清廷割讓的，不是被祖國和人民割讓的。如果從批判的角度，可以說，腐敗的清廷「出賣」了領土和主權，不僅是台灣，連同他們稱為「龍興之地」的遼東也「出賣」了。即使這樣講，「出賣」台灣和台灣人民的，也絕不是祖國和人民。

至於說「中國是出賣台灣的國家」，那更是懷有惡意。它不僅把清廷等同於當年的中國，而且企圖把「出賣」台灣的罪責強加到今天的中國和中國人民頭上。事實上，清廷與各國簽訂不平等條約的罪責，已經不能追究於推翻清廷的中華民國了，更何況現在的中華人民共和國。

問題的要害還不在這裡，接下來的一句「中國在任何危急的時候，隨時可能再出賣台灣」，這種無中生有的謬論，已經超出了製造「歷史的失憶」的範疇，而是對中華人民共和國政府和人民的嚴重誹謗和汙

---

[28]《自由時報》，1965 年 4 月 17 日。

巇，也是一次嚴重的挑釁，它不能不引起人們對分裂主義言論的嚴重關切。

八、所謂「自由選擇國籍」

根據《馬關條約》第五條的規定，條約批准及換文後兩年內，台、澎住民欲遷出者，可自由處置、出售及財產而離去，但限期屆滿後仍未遷出者，則宜視為日本臣民。台灣總督府發布告示，並制定有關台灣居民去留和國籍歸屬的法規，以 1897 年 5 月 8 日為限期，逾期未離去者，則視為「日本帝國臣民」。對於這些規定有人作出這樣的評論，彭明敏說：「馬關條約中有一則相當民主的規定，明令兩年內生活在台灣的住民可自由選擇回中國或留下；結果只有 4000 人選擇回中國，這證明，人民所認同的是台灣這塊土地。」[29] 還有人說：「幾乎全部台灣人民，雖是違反自己的意志被置於日本的統治下，卻是以自己的自由意志拋棄清國國籍。」[30] 當時台灣人民有這樣「自由」「民主」的權利嗎？請看歷史的事實。

自由選擇是空話

1897 年究竟有多少人決定離開台灣回到大陸，有不同的說法：彭明敏說是 4000 人；戴寶村說是 5640 人，佔全島人口的 0.19%；史明說有 6456 人；李筱峰也說是 6456 人，佔 280 萬人口的 0.28%。可見資料來源不一，統計數字不一定準確。

當然，回到中國大陸的在總人口中佔少數，那麼是不是台灣人民「違反自己的意志被置於日本的統治下，卻以自己的自由意志拋棄清國國籍」呢？這句話本身就是矛盾的，既然台灣人民在「違反自己意志」的日本統治下，他們怎麼有可能「以自己的自由意志」來選擇國籍呢？在

---

[29] 《自立早報》，1995 年 4 月 17 日。
[30] 張德水，《激動，台灣的歷史》，台灣前衛出版社，1992 年。

當時並不是每個人可以輕輕鬆鬆「自由遷回大陸」的。請看從日據時代過來的前輩老人的敘述：

黃旺成：「因故土房產難遷，所以多不敢輕易返大陸。」

陳逢源：「當時有財產的人很少返大陸。」

林熊祥：「板橋林本源家各房，為了避免和日本人接觸，都搬廈門鼓浪嶼去居住。只留下林嵩壽等人管理他們龐大的產業。」

林土木：「不願受日本統治而內渡的台灣移民是沒有台灣籍的。林維源子林爾嘉始終不願取得台灣籍。」

當時日本人也看出這一點，他們指出：農民工人安土重遷，又因貧而無力遷徙；商賈則因在台經營已久，獲利甚多，並多在台灣安家，遷居處，將會人地生疏；仕紳則因有志於宦途或在大陸已有家業，而大多返回陸。由此可見，返回與否，主要根據切身利益和經濟條件而定。

早在《馬關條約》簽訂之前，在北京的台灣舉人們就指出：「祖宗墳墓，豈能捨之而去？田園廬舍，誰能挈之而奔？」這就是絕大多數台灣人民不得不留在台灣的根本原因。「故土房產難遷」正是主要的原因之一，所以「有財產的人很少返大陸」。但這也不是絕對的，有些有財產的人也回大陸，只留下一些人在台灣管產業。《台灣新報》指出，台灣「大稻埕的茶商大多是泉州、福州、廈門等地的豪商，其在故鄉均有妻眷財產，在台灣不過是買小妾，購置大廈，無怪乎多數不想歸化」。至於沒有財產的人也有難處，他們所耕種的土地和所居住的房屋一時也離不開，而在大陸卻舉目無親，無法謀生。受到這些條件的限制，一般平民還有多少「自由選擇」的空間？絕大多數人不論意願如何，只能留在台灣，他們是毫無選擇餘地的。連日本人寫《台灣近代化秘史》都說：「清國的官憲和接受清國的開拓許可證支配廣大土地的大租戶都有逃往大陸的自由，然而在台灣出生、在台灣死的台灣人則沒有可逃的去處，只有在日本統治下活下去一途而已。」由此可見當時台灣人民的處境。而鼓吹日本「相當民主」、台灣人民有「自由選擇」的權利，就是歪曲了歷史的真相。實際上，在當時的條件下，所謂台灣人民可以「自

由遷回大陸」，只是一句空話；所謂台灣人民可以「以自己的自由意志選擇國籍」、自動「拋棄清國國籍」的說法，不僅是歪曲歷史，而且是捏造歷史。

並不排斥中國

台灣人民認同台灣，並不排斥認同中國。在當時，即在日本侵占台灣的初期，台灣人民的「自由意志」是什麼呢？請聽聽老一輩的回憶：

林呈祿：「對日人的殖民地統治懷抱不滿，景慕祖國，這恐怕是每一個台灣人的心情，當然想有機會就擺脫這個枷鎖回到祖國去。」

黃旺成：「台灣人對日本人之抵抗，當然是希望復歸祖國。」

林熊祥：「日軍據台灣初期，草野之民多以干戈相向，毀家紓難者不勝枚舉；仕紳巨商則以服倭為恥，舉家西渡者為數亦眾。」

施江西：「先父懷念祖國，所以在替我們兄弟命名時，決定以長江為中心，因此我們四兄弟，按排行列為江東、江西、江南、江北。」

早在簽訂《馬關條約》的過程中，台灣人民就表明「抗倭守土」「全台灣赤子誓不與倭人俱生」的堅強意志。後來成立的「台灣民主國」也表示了「台灣紳民，義不屈倭，願為島國，永戴聖清」的立場。日據初期台灣人民的抗日武裝鬥爭，更以實際行動表明了自己的意志。全島從北到南，處處展開抗日鬥爭。全體軍民同仇敵愾，奮起抵抗。連日本人都說：抗日軍民「有一種不怕死的氣概，相當不可輕侮」。是什麼力量在鼓舞他們呢？義軍在抗日檄文中指出：「此次征倭，上報國家，下救生民」，「奉清征倭」，「殲滅日本軍，以回復清政」。後來還以「驅逐日人」「光復台灣」為號召。這些用無數人的鮮血和生命寫成的光輝歷史，才是真正的台灣人民自由意志的體現，是任何人也抹殺不了的。相反地，所謂台灣人民「以自己的自由意志拋棄清國國籍」的說法，卻永遠也無法找到事實根據。企圖歪曲歷史為自己所用，卻受到歷史事實的無情批判，這正是歷史偽造者的悲哀。

九、所謂「地方自治選舉」

日據時期，日本對台灣實行殖民統治，本地人民毫無政治權利，因此，台灣人民發動了許多反抗民族壓迫的鬥爭。議會設置請願運動和地方自治運動是其中以比較溫和的方式進行的抗爭，卻也被日本殖民者視為眼中釘，始終受到壓制，而不能達到目的。1920 年，台灣當局公布實行所謂「通往地方自治之基礎」的市街庄制，1935 年則舉行僅有的一次半官選半民選的地方自治選舉，對此，當年的台灣人士紛紛加以抨擊，揭露其假自治的實質。可是，現在有人卻把這種選舉吹捧為「台人初嘗自治之味」，從此「台灣成為重視法治程序的公民社會」，「日本高效率的殖民統治，讓台灣第一次有了現代法律上的人格觀念」等等。[31]歷史的真相究竟怎樣，讓我們先看看時人的評說。

自治的欺騙性

1920 年實施的地方自治制度，街莊長和州市街莊協議會員全部是官選的，在州市協議會員中，日本人比台灣人多出一倍。後來進行過改選，情況沒什麼變化。對此《楊肇嘉回憶錄》寫到：這種自治「純粹是屬於欺騙性的」，「純屬安撫性質」，正是由於那是假的自治，才引起台灣進步人士長達 15 年的議會設置請願運動。《台灣民報》的評論指出，各街莊協議會員多是「不合用的舊人物」和不曉世事的「土富」，被選者「專重在富有金錢和奴隸根性的二大要件」。結果選出來的多是「御用紳士」和「依靠官廳勢力的事業家」。

1928 年全島改選 2200 多名協議員及 200 多名街莊長，十之八九仍是「舊御用者」，並且以財產取人，以金錢換取地位，無法代表民意。因此，《台灣日日新報》要求選出「有才能、有人望之士」。當時台灣人士還羨慕同樣淪為日本的殖民地的朝鮮，《台灣民報》指出，朝鮮的地方自治改革方案，除了道的議員還有三分之一官選外，州府、郡、縣、

---

31 《民眾日報》，1995 年 3 月 31 日。

的議員都改為民選,「比之我台灣州市街莊諮詢官選制十年不改,可說是進出數步了」。

　　對於這樣的「地方自治」,《台灣民報》對他做出這樣的評價:「官選的協議會,年年開會都沒有什麼議論,沒有特別的研究,變成一種無用的機關。」他們認為那是「假裝民意機關」「假民意的各州市街莊協議會」「官命的協議員」,做的是「御用的奉行官事」,「日本內地勢力憲法治之國,台灣仍是警察萬能之地方自治制實行了六年,沒有表示改為民選的誠意,可謂台人只有納稅的義務,全無參政的權利了」。

可憐的選舉

　　1935 年,終於做出了一個小小個改變,即改為一半民選一半官選。這次選舉規定年滿 25 歲、有獨立生計的男子,納稅年額在 5 元以上者才有選舉權。有多少台灣人有資格參加選舉呢?根據楊肇嘉的統計,台灣人有選舉權的只有 28952 人,而日本人卻有 30969 人。《台灣近代民族運動史》也寫道:在台中市,有選舉權的日本人為 2000 餘人,而台灣人中則有 1800 餘人。另一種統計是向山寬夫《日本統治下的台灣民族運動史》所提供的,有選舉權的日本人(包含少數的朝鮮人)39627明,台灣人 186672 名,整個台灣只有 20 多萬人參加選舉。

　　對於這次選舉,台灣人士紛紛表示反對。從事地方自治運動的楊肇嘉說:「我不滿意街莊仍為諮詢機關以及各級民意代表的半數官派。這根本失去了地方自治的意義。」對於選舉權的限制,他也極端反對,他認為這是少數人操縱多數人的選舉。台灣自治聯盟發表宣言指出:「即將實施之改正地方自治制度,僅改正舊制度之一小部分,雖則前進一步,但仍不能副島民之輿論,尤與本聯盟年來所要望者相距甚遠。不但不能反映民眾之利益,在文化向上、民風進步之今日,殊難喚起民眾熱烈之關心。」

　　這次選舉的參選者大多是花得起選舉費用的人物,而中產階級以下者則沒有人可以出來競選。選舉的結果是,在市一級的議會中,日本人

佔 51%，台灣人佔 49%，在街莊一級中，則台灣人佔大多數。當選者都
有相當的資產，多數人還曾擔任過助役、街莊長、協議會員。大實業家、
實業經營者、開業醫生、區長、莊長、公學教師、律師、地主、富商等
被民選或官選為州、市議員。「上流階級議員永遠壟斷議會，真正能傳
達民眾心聲的議員很少」，「如此，將使中產階級以下者感到迷惑」，「顯
示州會議員實質的參與管道開放有限」。[32]

這樣的「議會」，由行政機關首長兼任「議會」的議長；各級「議
會」不能罷免同級的行政首長，而台灣總督可以命令各級議會立即解
散。黃昭堂也認為「將其視為地方自治的話，是沒有什麼實質意義的」。
日本人古野直也把這種制度稱為「有名無實的地方自治」，並且說「50
年的台灣統治，本質上脫離不出殖民地支配的框架，所謂一視同仁，只
不過是一個空洞的口號罷了」。

《台灣省通志》「政治志議會篇」對 1935 年的「議會」也做了這樣
的評價：「半數雖為民選，復因選舉權、被選舉權嚴加限制，又為間接
選舉，事實上雖有議決權，本已談不上意見表達，而日人復於制度上，
以設置參事會為方法，進而由行政長官控制議事機關，實際上離地方自
治甚遠。」

這些看法表明，有不少台灣學者是否定日據時期的地方自治的，吹
捧「議會」選舉是對歷史的歪曲。

至於說日據時期台灣已經「成為重視法治秩序的公民社會」，「讓台
灣第一次有了現代法律上的人格觀念」，更是顛倒是非，混淆黑白。對
此，台灣的法制史學者早已做了深入的批評。戴炎輝指出：「台灣（人
與地）只是（日本國家統治權）支配的對象，而不是為其本國之同體構
成分子。」黃靜嘉指出：「殖民地法制，其基本性格系為適應殖民地資
本主義發展的需要而產生並存在的，目的完全是為殖民地資本主義的利
益，殖民地人民的自由、尊嚴、財產、生活與生存的權利，當然不是此
一法制所需維護的客體。實際上它正是毫無憐憫地以法律的形式，或法

---

[32] 吳文星：《日據時期台灣社會領導階層之研究》，台灣正中書局，1992 年。

律外的形式，桎梏、役使、剝奪、搾取殖民地人民之脂膏去奉養財閥獨占資本的利益。」由此可見，吹捧日據時期「法治」的人，離開歷史真實已經不知道有多遠了。

十、所謂「生活水準急速提高」

日據時期台灣人民的生活狀況如何，這本來是不難回答的問題，有許多當事人還健在，也有不少當年的文字記載。顯然不同階層的人們有不同的生活處境，一般人民的生活水平並不高，在戰爭期間，人民的生活更加困苦。可是彭明敏卻說：「在日本人的重整和引導下，台灣經濟有了可觀的發展，生活水準急速提高。」[33]實際情況如何，不妨先看看老一輩人的回憶。

一般生活狀況

黃旺成：日據初期，台灣人「大部分從事農商業，謀生不易。白領階級之職位是很難得的。民房，在市區多為瓦厝、土角厝，鄉下則多為草厝。三餐吃稀飯過日者頗多」。

林土木：「日據時的公學校簡陋極了，廟宇當校舍，學童都是赤腳而不穿鞋襪的。」

陳逢源：日據初期，「一般人生活艱苦，只可做小生意。地主階級之生活比較好，醫生、教員、低級官吏之生活都還好。地主之子弟才有辦法到日本留學」。「日據時期台灣人之知識階級不能上進，而且人民生活艱苦，所以才發生政治社會運動。」日據後期，物資缺乏，「三餐副食只有蔬菜而已。油類、魚、肉類甚為缺乏，黑市盛行。余又常到黑市小店吃些魚、肉補充營養，但又不新鮮。有錢無物可買，人民都營養不足，健康情形不佳」。

蔣渭川：日據前期，主要衣料是粗布，「處處染房林立，以台灣土

---

[33]彭明敏：《自由的滋味》，台灣文藝出版社，1987 年。

產的藍色、黑色染料代客染布。在農村家家戶戶都用泥土自行染衣，習以為常」。

朱昭陽：「學校的伙食簡單，當時社會生活水準不高，我們鄉下來的同學都不覺得差，但家境富裕的同學就認為不好，他們往往突破禁令，自備食物佐餐了。」

吳火獅：「依稀記得母親常喚我們這些小孩子去田裡撿些番薯葉、田螺之類的東西來供她養豬、養雞的。有時候跑出去外頭玩也是隨時留意，看看能不能撿到別人丟棄不要吃的、用的回來」，「說是開店做生意，其實在那個年頭能謀個溫飽，生活應付得過去就心滿意足了」，「記得我和大部分同學也都是光著腳去上學，至於鞋子通常是吊在肩頭，一路帶去學校，放學在帶回家裡而已」，「我母親常從富人家殘餘的飯菜中，撿出還能食用的米粒和醬瓜」。

吳修齊：村裡普渡本來要演戲，因為「查看結果大多數人家沒有番薯乾可煮，煮蕃薯藤的居多，戲也就不演了」。

到了第二次大戰期間，台灣人民的生活更加困苦。「台灣人被迫勒緊褲帶，飲食狀況在數量上和質量上都惡化了；減少糧食消費所造成的缺口，由白薯代替」，「戰時一星期的米糧分配只夠吃 4-5 天」。吳濁流回憶說：「1941 年，戰時物資缺乏，一個月配給的米只夠吃二十天。」吳修齊說：「當時腳踏車缺乏新的內胎可替換，都是舊胎一補再補，實在不堪修補了就以草繩替代內胎。」

工人的生活

20 年代，煤礦工人平均每人一年生產 432 元 48 錢，而每日工資只有 1.60 元，當時米價每斗 3.143 元，工資「尚不能夠追及米價之昂漲，而他們生活的低下是愈急變的，所以石炭（煤）生產額的膨脹，可以說是皆由他們的膏血成立的」。經營者「以苦力頭為直接責任者，而使包辦之，酷使坑夫像牛馬一樣」。織布熟練女工每月 27-28 元，普通女工 11-12 元，而在日資工廠扣除午飯每日 1 元 50 錢，工錢百分之五的儲金，

熟練女工每月只領 14-15 元。日華紡織會社工資最低的女工每日約有 18
錢，勞動時間為 10 小時 40 分，後來又延長為 11 小時。茶箱工一人一
天工錢 60 錢，有時更少，供應三餐，都是稀的稀飯，菜又不足，工人
每天要買 10 錢的菜。最熟練的工人每月才 14-15 元。當時工廠大量雇
用女工，因為女工的工資只有男工的一半，「後來日本人認為雇用女工
的工資還太高，所以就派人到廈門，雇用中國流氓在街頭宣傳『有機會
到台灣發財』，誘騙中國人到台灣來」，這些「支那苦力」的工資比女工
還低，而且往往都有賣身契約。「很多支那苦力不堪虐待，沒有多久就
死在九份、金瓜石，能夠苟全生命回到中國的，實在是寥寥無幾。」

農民的生活

1930 年，台灣本地人「約有四分之三盡皆從事於農業，同時僅 8%
從事於工業礦業，並包括從是家庭工業之人數」。1929 年發表的《告農
工兄弟書》指出：「我們四百萬的大多數民眾早已無業可就，無生可享，
尤其農工兄弟所受的壓榨更是慘不忍睹，工資日日降低，物價太高，住
家要戶稅，耕田要地稅、車稅、馬稅、牛稅、保甲費、街莊費……還要
用強權來霸佔農民兄弟的土地，強奪農民兄弟的香蕉、鳳梨、竹林、甘
蔗等等。」1926 年底，台灣總督府將官有地 3886 甲預約出售給退職官
員，而其中有的是兩次洪水後，農民經過艱辛勞動才恢復的田地。當時
大甲農民組合提出：農民生活的降低，日甚一日，不堪設想。1927 年
的大甲農民陳情書更具體地指出：「近來我們無產農民的日子怎樣也沒
辦法維持了，每天家族總動員，不分老幼都出動，不分晝夜牛馬一般工
作，生活一點也不好轉。不僅如此，借債則越來越多，陷入連番薯都三
餐難繼的情形。」大肚鄉農民祖傳土地 50 多甲被「退官」所佔，提出
抗議：「若以征服者之態度，而對吾等之被征服者，不肯絲毫反省，則
吾儕農民不得不做相當之決心。」農民的竹林被三菱會社佔領，確立了
業主權，要農民承租，租額比以前多 6 倍。農民砍竹子自用，卻被告發
為盜伐罪，而被拘留於郡警察課。當時，台灣一半以上農民沒有耕畜。

佃農和半佃農約佔 69%，有 77% 的農民每人只耕 0.75 甲以下的土地。「農民的食料，家家都是番薯籤和炒鹽白豆，又沒有能力供兒童上學。」

在這種情況下，農民發動了抗爭。《台灣民報》指出：「最缺乏社會教育而最富於傳統概念的農民，能共同一致的緣故，不消說是他們的生活條件已經到飢餓線下，不能維持其口腹，任他們終日勞苦，猶不能改善絲毫。」到了 30 年代，台灣農民的生活不僅沒有改善，反而更加惡化：「台灣農村實在已經如此殘破不堪了。以北部農民為例，西海岸的島民一日只能吃兩頓，而那兩頓也不過是番薯籤。」1931 年，稅金苛重，公地租、戶稅、所得稅的金額即達一億二千萬元，每戶平均每年需繳 300 餘元，其他的臨時苛稅不計其數，無日不繳稅，農民成為納稅的奴隸。

在日本統治下，台灣以米、糖為主要產品。從事米、糖生產的農民處境是怎樣的呢？

先談稻米的情況。生產蓬萊米成本較高，大部分費用用於購買肥料等，農民收入減少，但又不能不種，因為其他食米不能銷售日本。蓬萊米增產並不表示景氣，只要能維持各項消費（租稅、灌溉費等）就不錯了。米價提高，農民獲利也不多，因農民售米的價格並非市場價格，期間經過地主、高利貸者、經營商、進出口商及日本輪船公司的層層盤剝，扣去利潤，農民所得很少。同時其他物價也隨著上漲，農民生活無法提高。如果稻米降價，例如，30 年代初，稻粟每千斤價從 80-90 元降到 20-30 元，價格減低為三分之一，農業收入也減到從前的三分之一，這樣的價格已經低於生產費用，而稅金、公課依舊不減，農家連最小限度的生活都已無法支持。嘉南、桃園兩圳被認為日據時期對台灣農業貢獻最大，在這個區域內的農家，生活是不是會好一些？答案是相反的。《台灣民報》指出，這些地區「其狀更慘了」，在嘉南一帶，因水租不能繳納，而土地被其差押竟賣的不計其數；在桃園，土地所有者因不能完納水租，要把土地所有權放棄尚且不許逃責，而對水租滯納的利息很高，所以農民的土地面臨被差押、竟賣的命運。這些地區因為租稅過重，不

僅農民，甚至地主也入不敷出，「賣田而不得買手，不得已典子借錢繳納公課者不乏其人」。

所以，稻農當米價下跌時，吃了大虧，而在米價上漲時，則無米可賣，反而要買米充當伙食，賣賤買貴，同樣要虧。1934-1935 年日本國內稻米豐收，生產過剩，台灣總督府便限制農民種稻，命令良田改種苧麻、黃麻和亞麻等，故意讓台灣缺糧，以便輸入日本剩餘的稻穀。1943 年，每百斤上等米 15.47 元，而成本每斤卻要 1-2 元不等，農民多生產多賠錢。

再看蔗農的處境。蔗農的命運操縱在日資糖廠資本家手中。1930 年，嘉南大圳鬥爭委員會指出：「嘉南大圳竣工啟用的今天，有的說是為了貧民群眾的福祉（應為「毒死」），有的說是為了增進幸福（應為「下毒」）……大圳組合規約完全是為了擁護製糖公司啊！與公司共謀，用三年一次的灌溉法來害我們民眾。」蔗農只能把甘蔗賣給糖廠，「甘蔗價格由會社（製糖公司）自定，而且秤量也有欺詐，肥料成分的不實和其價格的不公平，（蔗農）受會社數重的剝削，徹底的站在被榨取的地位」，「製糖會社的煙筒，是農民眼中的催命鬼。」《楊肇嘉回憶錄》也指出：「他們（日本當局）為了維護其官僚資本家投資於糖業的利益，竟不惜以法令來限制蔗農，並由官方規定價收購，致使蔗農蒙受重大損失。」製糖公司任意採收，任意秤重，任意規定價格，而蔗農不得越區出售，吃虧很大。1933 年，蔗農負債的達 87.42%；1936 年，一甲地一年半的蔗作收入只有日幣 50 元，而種稻和薯則有 200 元收入；日據後期，強行收購甘蔗，每百斤 6 毛錢，一萬斤 60 元，而生產費用達 500 多元。「農產物無端廉賤，而且租稅公課有加重而無減輕，所以民眾的經濟困難至於極度，加之製糖會社更將糖價的損失轉嫁於農民」，而在糖價上漲時，日資糖廠也不肯減輕農民的負擔。所以，日據時期有一句民諺：「第一戇，種甘蔗給會社磅。」

以上是一般工人、農民的生活狀況，當然，地主的生活要好得多。吳修齊家是小地主，他回憶說：「大多數人住茅草屋時；我們家已住有

儋瓦房了，養了好幾頭牛，也有牛車。當別人番薯乾不夠吃時，阮沒聽說缺少的。」有人回憶說：「我們在佃農家中吃過中飯，飯菜都還不錯，原來那不過是為了請『頭家』特別地煮的，我想我家附近的都市小孩在吃地常常是番薯稀飯和空心菜，更何況鄉村人呢。至於我家，每餐都是大魚大肉、山珍海味。」戴國煇說：「家叔念了後藤新平所創立的台北醫學校，畢業後成為開業醫生並賺了大錢。」柯台山家有不少土地，是所謂「篤農家」，「除了日本警察時常光顧，在我們田地上的日本退休官員，以及鹽水港製糖會社的人也不時上門。每次這些人來，家父都得弄日本醬菜罐頭給他們吃」。

我們引用上述資料，不過是為了提供比較具體的情況，說明從日據初期到中期、後期，台灣大多數人民的生活並沒有多大改變，尤其是一般工人、農民始終生活在困苦的環境中，所謂「生活水準急速提高」完全是不符合歷史實際的。

十一、怎樣看待日據時期的建設

日本殖民統治台灣達 50 年之久，在這麼長的時間哩，台灣當然有所建設，有所發展，例如：一些基礎建設（電力、交通、港口等）、米糖經濟開發的基礎（土地資源、水利設施、生產技術）、工業化某些成果（電力、機械、水泥、肥料、工礦等）和近代的社會經濟制度（管理體制、教育和勞力素質等）。

怎樣看待這些建設成果，歷來有不同的看法。有人著重揭示其殖民掠奪實質，有人則讚揚日本發展台灣經濟的良苦用心；有人認為它對台灣經濟發展影響不大，有人則強調它為台灣經濟發展奠定了基礎。彭明敏就說：「日本當時將台灣建設成一個東南亞數一數二的地區，這是觸目可見的事實」，「若客觀地論述功過，日本領台這段是極為重要的一段歷史，不容加以抹滅」，「現在台灣經濟發展奠基於當時」。[34]這是為日本

---

[34]彭明敏：《自由的滋味》，台灣文藝出版社，1987 年。

殖民統治歌功頌德的典型實例。

這裡涉及對殖民主義的認識問題。唯物史觀對殖民主義不是用簡單的道德判斷評定是非，在揭露其侵略、掠奪的罪惡本質的同時，也肯定其在客觀上的進步作用。可以說，殖民主義具有兩重性：一方面通過商品輸出和資本輸出，破壞殖民地的社會結構，另一方面也帶來了新的生產力和新的社會因素；一方面進行破壞和掠奪，另一方面進行開發和建設。其動機是卑鄙的，一切都是從殖民母國的利益出發，但卻充當了歷史的不自覺的工具，不得不為殖民地留下一些「遺產」。

用這個觀點看日據時期的台灣社會經濟建設，可以得到如下一些看法。

殖民主義的掠奪本質

日本殖民者的目的在於「工業日本，農業台灣」，後來則要把台灣作為其「南進政策」的基地。所以，日本在台灣的建設就是為這個目標服務的。在前期，「台灣一方面輸出農產品以彌補日本農產品之不足，另一方面亦成為日本工業品的市場，雙方形成垂直分工關係，此為殖民地經濟之普遍模式」。[35]何保山也指出：「殖民地策略是開發台灣作為日本的補充，因此重點放在把這兩個地區的經濟一體化上面。即把台灣變成日本的附庸，幫助日本養活不斷增加的工業人口。」從台灣對日本的貿易來說，從 1905 年開始，幾乎連年出超，平均約佔輸出貿易額的 30% 左右，1939 年從台灣輸出日本的比日本輸入台灣的價值竟多了 6 倍，「表現出對台灣人民的高度剝削」，「台灣的巨額經濟剩餘都轉移到日本去了。」[36]從台灣財政來看，台灣支付日本的大部分款項不是來源於日本企業的利潤，而是來自日本殖民當局的稅收。日本曾經將台灣歲入關稅的一半補給本國中央的財政。「殖民地提供這麼多的財源來給本國，實是向來各國的殖民地所沒有的，台灣可說是貢獻於本國財政是很大的。

---

[35]黃富三等：《台灣近代史（經濟篇）》，台灣省文獻會，1995 年。

[36]隅谷三喜男等：《台灣經濟發展的成就與問題》，廈門大學出版社，1996 年。

「到了日據末期，台灣近代產業完全被日本資本所支配，日資佔了壓倒的比重，土著資本只是中小資本，發展有限。所以台灣旅日學者劉進慶指出：「殖民地統治的本質便是壓制與掠奪」，「在日本殖民統治的半個世紀裡，台灣經濟在日本資本主義制度下推行了殖民地的經濟開發。究其根本意義而言，台灣殖民地經濟發展是對日本資本主義做出貢獻的」。[37]換言之，日本只是為了發展其本身的資本主義而利用台灣，根本無意推動台灣經濟的資本主義化，當時台灣的社會經濟，只是典型的殖民地經濟，而不是什麼「近代化的資本主義經濟」。

被稱為「鐵血詩人」的吳濁流早年就已經有了這樣的認識：「要榨取台灣，必先把台灣建設起來才行，所以他們首先對郵政、電信、航運、港灣、道路、鐵路等，從原已略有基礎的交通上，按部就班地進行建設」，「而在工業方面，則始終站在殖民地政策的立場，不願謀求全面的發展。例如沒有重工業，讓台灣的建設沒有基礎；沒有肥料工業，讓台灣的農業受限制；沒有紡織工業，讓台灣人穿衣服都要靠日本。總之，日本人在台灣的現代文明建設，是為了他們本國的利益，而不是為台灣人謀福利的」。他的看法比現在的許多人要高明得多。

動機是卑鄙的，發展有侷限性

農業生產的基本條件，如土地開發、水利設施、品種改良等有一些進步，米糖經濟有相當的發展，但土地大部分被日本人佔有，公有地佔66.6%，即絕大部分土地歸當局所有。資本主義大地主（主要是日本財閥）佔有私有土地30%多，大中地主也佔30%，而無地少地的農戶卻佔人口的70%。當時，台灣除了製糖，幾乎沒有什麼工業發展可言。而日本帝國主義發展台灣製糖業是為了它本國的需要，並非為了台灣人民。從貿易來看，1939 年台灣出口貨 81%是農業原料製成的貨品，如米、糖、茶等，「進口則是為出口所需的鐵路材料、築港材料、裝米和糖的麻袋、肥料等，對島民無直接用處，不過便於日本人獲得所要的貨物而

---

[37] 同上。

已」。郵政、電報、電話也多數是日本人使用的。在建設縱貫鐵路和公路時，徵用土地和保甲工（義務勞動），台灣人民的土地白白被徵用，良田美宅化為烏有，卻得不到補償，並且無窮無盡地動用保甲工，使得人民叫苦連天。至於日本人建設阿里山鐵路，其目的是為了採伐紅檜等樹木，用於建築和造船，也不是為了台灣人民的利益。

有些人最愛宣揚的，一是當時台灣成為「糖業王國」，二是 1939 年台灣的工業比重已經超過農業。其實，台灣所謂「糖業王國」有其顯著的特點：台灣的砂糖產量中幾乎有 90% 是輸出島外的，其中絕大部分輸往日本；土著資本受到排擠和兼併，日本的糖業壟斷資本完全控制了台灣的糖業經濟。這到底是誰人的王國，不是很清楚嗎？至於工業比重超過農業，也有其特點：它仍然是典型的殖民地工業，是為日本的南進政策服務的，台灣的中國民族資本絕不能參加工業化計畫，而同時卻需要大量地利用台灣的原料與人力，以最苛刻的剝削方式，進行戰時工業的新計畫」；大部分仍是砂糖和罐頭食品，1940 年工業總額中食品工業佔 65.1%。所以，所謂台灣工業化，實際上是台灣產業日本化，這種工業化的結果，「使台灣人民付出重大的無形的代價，例如被外人統治的恥辱，喪失政治自由和經常是個人自由，並喪失發展自己的社會類型的機會」，它阻礙了台灣出現資本家階級，因而台灣居民中沒有支持經濟的決定性因素。以致日本突然撤退，經濟增長就會停滯，1945 年的情況就是如此。

客觀上對生產的發展有一定的作用

隨著農業生產的發展，稻米和蔗糖產量的提高，台灣地主和商人得到一定程度的資本積累，但也受到制約，發展有限。「至於廣大的農民和勞動者，則仍然不得不忍受貧困，這則是殖民統治的逆面結果」，他們在殖民統治下並不能「分享」其成果。只有到了日本殖民者失敗以後，台灣人民才能繼承殖民地時期留下的一些「遺產」：「這就是近代社會經濟制度的建立、基礎設施的整備、米糖經濟的開發以及工業化地推進等

四個方面。」這些「遺產」戰後被繼承下來，發揮了正面和負面的作用。例如，水利設施和農業生產技術，對戰後農業的恢復和發展、對 50 年代台灣的出口貿易都有一定作用；進口替代工業的發展也利用了日據時期工業化的經驗；經濟管理體制、教育水平、勞力素質和基礎設施也為戰後初期台灣經濟的發展提供了有利的條件。另一方面，日本壟斷資本的支配體制和戰時管制經濟，也被繼承下來，成為國民黨的國家資本支配體制，形成「恐怖政治下的搜括經濟」，給台灣人民帶來嚴重的危害。

　　總之，對日本殖民統治下的建設，不能唯道德判斷，而否定了它在客觀上促進生產、為經濟發展提供條件的一面，也不能沒有道德判斷，而掩蓋它的掠奪本質，甚至美化殖民主義。為日本帝國主義歌功頌德，不僅在理論上是錯誤的，在今天，顯然是出自媚日反華的分離主義的政治目的，人們不能不對它有所警惕。

　　（《海峽評論》1998-1999 年地 89、95、96、97 期）

參考書目：

1.《楊肇嘉回憶錄》，三民書局，1967 年。

2.黃富山等：《近現代台灣口述歷史》，林本源文教基金會，1991 年。

3.黃進興：《吳火獅先生口述傳記》，允晨叢刊，1990 年。

4.林忠勝：《朱昭陽回憶錄》，前衛出版社，1994 年。

5.謝國興：《吳修齊先生訪問紀錄》，中研院近史所，1992 年。

6.林秋敏等：《林衡道先生訪談錄》，國史館，1996 年。

7.許雪姬：《柯台山先生訪問紀錄》，中研院近史所，1997 年。

評臺北「福爾摩薩特展」

2 月間，我參加中國社會科學院台灣史研究中心組織的訪問團，到達台北時，正好遇上「福爾摩沙特展」，我非常迫切地要求參觀，因為這是了解台灣方面對台灣史最新解讀的難得機會。陳忠信先生熱情地為我們做了安排。參觀當天，訪問團由中國社會科學院近代史研究所所長張海鵬教授率領，一行七人，來到台北故宮博物院。杜正勝院長親自出面接待，他向我們介紹了「特展」的基本內容，並且贈送了他自己專門為這次「特展」而寫的一部新著：《台灣的誕生：17 世紀的福爾摩沙》。隨後，派了一位專業人員為我們做了詳細的講解。

參觀之後，果然大開眼界，同時也引發了深沉的思考。

不惜代價　留有遺憾

舉辦這個「特展」是用了大力氣、花了大本錢的。主辦單位從島內外 38 家博物館、檔案館、收藏單位和個人（其中荷蘭就佔了 17 家）徵集到 359 件展品，都是珍貴文物，而不是圖片或複製品，這是十分難得的，也是很有價值的。這裡有「番社采風圖」的原件、許多早期的台灣地圖、當年按照歐洲人需要製作的中國瓷器、鄭成功與荷蘭人簽訂的合約荷蘭文本原件、鄭芝龍和鄭成功的畫像等等。其中「鄭荷合約」原件已經成為荷蘭的「國寶」，能夠借來展出非常不容易，據說有幾幅地圖是「以最高價借到的文物」。我看到聞名已久的「沈有容諭退紅毛番韋麻郎等」石碑，還以為是一件複製品，解說員告訴我，這是原物，特地從澎湖運來展覽，然後要歸還原處。其他大型展品，如從荷蘭等地運來的巨大的橡木餐櫃、東印度公司水手工具、「荷使朝貢圖」彩漆屏風、畫在鹿皮上的地圖、荷蘭軍隊的盔甲和武器、17 世紀荷蘭製造的印刷機、許多大幅的油畫等等，都要經過長途運輸，才能展現在參觀者面前。可見，這是展出所付的代價是相當可觀的。

舉辦鄉土歷史的展覽，以當地的歷史教育後人，本來是很有意義

的。這是展出，從一定程度上說，有其積極的一面。有的觀眾從鄭成功對待荷蘭人寬容的態度，「推崇鄭氏是一位具有謀略的人才」；有人從當年的轉口貿易看到了歷史上的台灣所具有的活力。不過，看了以後，我總感覺得有些奇怪，這究竟是如杜院長所說的為了「呈現 17 世紀台灣的風貌」，還是為了「介紹 17 世紀的荷蘭」？因為荷蘭的展品大大超過台灣的展品，有些是與台灣毫無關係的東西，不知道為什麼也放在那裏。例如，一位荷蘭天文學家畫像、一只 18 世紀荷蘭的醫藥箱、一台荷蘭的橡木餐櫃、一架荷蘭製造的「布勞印刷機」模型、一艘 400 年前漂流到日本的荷蘭船「愛情號」的模型以及許多描繪荷蘭風景、人物的油畫等等。陳其南教授寫道，其中有一幅由「一位不怎麼出名的畫家」畫的荷蘭醫生解剖課的油畫，「這幅畫本身與台灣沒有關係」，為什麼要展出呢？他解釋說：「可以藉此從其典型的解剖學群體畫風格分開來探討荷蘭醫學傳統與藝術思想的影響。」舉辦以台灣為主題的展覽卻考慮到要「探索」的是荷蘭的醫學、荷蘭的藝術，至於要「探索」台灣的什麼則沒有明說。不過，如果用這樣的辦法來舉辦展覽，不僅這些「與台灣沒有關係」的文物可以展出，恐怕任何國家、任何時代的文物都有可能成為任何「特展」的展品了。

　　陳其南寫道：中國人「才是荷蘭人在台殖民事業的主力」。可是，中國人作為當時生活在台灣的主人，與他們相關的展品卻很難看到，與台灣關係最為密切的中國大陸的展品也很難看到，這不能不算是一個遺憾。

　　當然，要找到當時的實物是相當困難的，但問題在於有沒有像搜集荷蘭的展品那樣用心、用心去找。如果認真向民間收藏家徵集，要找到此「解剖學」「橡木餐櫃」之類更好的、與當時台灣有更加密切關係的實物，恐怕不至於太難吧？實際上，在南部，現存的文物並不少。此外，為了突出荷蘭，不惜把 19 世紀末葉（光緒十一年，1885 年）「紅毛親戚」（即自稱荷蘭後裔）控訴漢人的「悲憤詩」，也拿到「17 世紀的台灣」中展出，「離題兩個世紀」，也遠離了學術，這未免過於政治化了吧。

精心策劃　去中國化

　　這是展出可以說是經過精心策劃的。展覽的全稱是「福爾摩沙；17世紀的台灣、荷蘭與東亞」，英文的全稱是：The Emergence of Taiwan on World Scene in 17thCentury，即「17世紀台灣在世界舞台上的出現」。在展出的同時，《中國時報》連載了由陳其南教授寫的「福爾摩沙特展發現台灣系列」短文幾十篇，與展覽互相配合，進一步宣揚他們對台灣史的看法，看來台灣當局對於策劃這次「特展」是相當用心的。

　　當時我想，這次展出可能是根據杜正勝「同心圓」理論來設計的。用他自己的話來說：「在90年代中期，我提出同心圓的架構來規劃歷史教育，即從台灣史出發，擴及中國史、亞洲史以至世界史。我也希望這個架構在史學界能夠開展，歷史學者不再限於中國史的範圍，建立台灣的解釋觀點，而發展為世界性的格局。」這個「架構」就是要把台灣史「擴及」到世界上去，根據中研院歷史語言研究所一位研究員的解讀，這就是研究台灣史「不再把目光集中在中國」。

　　可是，「同心圓」畢竟還是台灣史—中國史—亞洲史—世界史這樣一步步地「擴及」的，同心圓由近及遠，第一圈是台灣，第二圈就是中國，第三圈才是世界，而這次展出卻直接從台灣史「擴及」到荷蘭和東亞，而「跳越」了中國。看來，到了21世紀，杜正勝的理論又有新的發展，他似乎已經拋棄了「同心圓」，那麼他的新「架構」該叫做什麼，只好留待他自己來命名了。

　　顯然按照主辦者的意圖，這是「特展」的主要目的是要讓台灣「跳越中國」，它要說明當時台灣是單獨出現在世界舞台上的，台灣只和荷蘭、東亞有關，而極力抹煞和淡化台灣與中國的關係。為此，陳其南這樣指導觀眾：「在觀看台灣的同時，我們也凝視世界。如果用心看這次展覽，也許在學校裡念整學期的『認識台灣』或歷史課本可能更有收穫，目前國內的人文教育內容是很欠缺對於西方文明內涵與思維體系的深化理解。」他們的指導思想是「凝視世界」「認識西方文明」，而不是「認

識台灣」。因此，與台灣無關的荷蘭展品多，台灣主人的展品少，與中國大陸有關的展品更少，正是體現了策劃者的意圖。

　　杜正勝的著作中有這樣的觀點：「台灣歷史不始於歷史時期的中國移民，但 17 世紀這 100 年卻是最重要的開端。」「台灣這塊土地這時（17世紀）才屬於所謂的歷史時期。」「在荷蘭人統治的 38 年中，台灣的主人，也就是掌握國際運作，並從中得到好處的，並不是原住民，也不是漢人，而是荷蘭人。

　　看來他的意圖十分明顯，他把荷蘭殖民時期說成是台灣歷史的開端，而且竟然把荷蘭說是當時台灣的主人。這樣的觀點不知台灣有多少人可以接受。

　　根據外國人的紀載，「當荷蘭人在 1624 年到達台灣並且準備在那裏定居時，他們發現很多中國人的小社會，其數目之多，足以為他們引起不少難題」。這就是說，在那裏確實存在著「歷史時期的中國移民」，他們比荷蘭人更早在台灣定居。杜正勝說「台灣歷史不始於歷史時期的中國移民」，顯然是要抹掉這段歷史，目的是「去中國化」。

　　根據專家的研究，在荷蘭統治後期，僅在赤崁附近就有中國移民35000 人，受荷蘭統治的土著居民大約有 6 萬多人，而荷蘭人只有 1000多名，其中多數是士兵，還有一些「外勞」。怎麼可以把少數外國殖民統治者當作台灣的主人呢？

　　更模糊人們視野的是，在他們的精心策劃下，「17 世紀」似乎等同於「荷蘭人的世紀」。大家知道，一個世紀長達 100 年，而荷蘭人侵占台灣只有 38 年，其他時間的台灣都和荷蘭人無關，而和中國有關。1600—1624 年的台灣歷史是土著居民和大陸漢民共同生活的歷史；1624—1662 年在荷蘭東印度公司統治下，是中國移民和土著居民共同開發台灣的歷史，他們都是歷史的主人；1662—1683 年在鄭氏政權下，1683—1700 年在清朝統治下，都是中國人民開發台灣、建設台灣的歷史。怎麼可以把荷蘭人「策劃」成為整個 17 世紀台灣的「主人」、主角，而極力抹煞中國人作為主人和主角的地位和作用呢？可見，把 17 世紀等

同於荷蘭人的世紀，其根本目的就是「去中國化」，這是再明顯不過的了。難怪一些觀眾批評這次展出荷蘭人剝削、壓迫土著居民部分、是被「美化或簡化」了，有的更直接地指出：「此展為錯誤的殖民史觀展。」

　　但是，「去中國化」是永遠辦不到的。杜正勝指出：「荷蘭人以台灣為轉口站，台灣納入世界貿易的一環。」陳其南寫道：「17 世紀的台灣，搭載歐洲人的商業殖民體系，已在全球網絡中無限延伸，向外發信。」但是，他們沒有向人們說明，當時的台灣並不是可以「跳越」中國就能直接進入世界的。多年前，我已經說過：「實際上，荷蘭侵占時期台灣的海上貿易是中國海上貿易的一個組成部分。」荷蘭人將中國的生絲、絲織品、瓷器運往日本和巴達維亞，從巴達維亞經胡椒、香料、琥珀、錫、鉛和歐洲貨物運往中國大陸。供應和推銷貨物主要依靠大陸商人，特別是鄭芝龍及其手下的大商人。「在大陸發生戰爭、中國商人參與爭奪貨源的情況下，台灣的轉口貿易便漸趨衰落。」由此可見，當年台灣在「納入世界貿易」時，不論是貨物、商人還是商船，以及轉口貿易的盛衰，都和中國大陸緊密相關，去除了中國，台灣怎能空手進入世界？人民有知的權利，舉辦展覽應當真實的歷史告訴觀眾。如果任意「剪切」歷史，掩蓋歷史的主導面，那是經不起歷史事實的檢驗的。

從哪裡尋找台灣的前途和位置？

　　杜正勝的著作結尾一段的標題是「台灣歷史的十字路口」，在總結性的文字中他表示：

> 「歷史不會重演，但有啟示。今天台灣面臨的許多的問題，例如全球化在世界體系中的位置，台灣主體性和本土化，以及該與中國維持什麼樣的關係等等，早在 17 世紀似乎都出現過。17 世紀給我們的啟示是：
> 台灣不能孤立或被孤立
> 台灣不能喪失主體性
> 台灣無法切斷與中國的關係

　　但不能淪為邊陲

　　台灣要在更大的世界網絡中尋找自己的前途和位置。」

　　顯然，這次展出絕不單純是台灣歷史的站覽，其真正目的在於探詢台灣的「前途和位置」。主事者固然沒有明確回答「前途和地位」何在，但是，他們卻不斷地給參觀者以誘導和啟發：

　　杜正勝說：「如果荷蘭人的統治繼續下去，台灣很可能像澳洲、紐西蘭一樣，長期成為歐洲國家的海外殖民地，到 20 世紀成為獨立國家。」「在陸權思想體系中，台灣只落得邊陲的地位。」「這 100 年歷史，你可以看到一向被排除在中國社會正統價值之外的邊緣人士多麼有活力，而且具備世界觀。」

　　陳其南說：「台灣和當時歐洲文明核心之間的空間距離多麼接近，隨著歐洲人的離去，台灣好像是忽然又掉入了過去傳統歷史的地窖中，在中華文明的樟木櫃中儲藏，自我發酵。」「對台灣而言，事實上時代並未脫離 17 世紀中華帝國想像的空間與秩序。」

　　在這裡，我們似乎可以聽到這樣的夢囈：「如果殖民者不走該多好呀！」「如果能夠擺脫傳統歷史和中華文明該多好呀！難道他們就要從這裡去尋找台灣的前途和位置嗎？

　　看來，「官學兩棲」的人士還不便露骨地道出主政者的真實意圖，而當權者則急不可待地要人們了解展覽的現實用意。陳水扁說，展覽給予的啟示：「必須在歷史傳承下，在今天的世界體系中，認清自己的位置，才能掌握時代的潮流。」那麼，「位置」何在呢？他指出：「我們從台灣與海洋及周遭地區的關係，重新思考台灣的定位，積極地推動南向政策。」呂秀蓮說，「台灣正遭遇中國空前磁吸效應的歷史關頭」，這次「特展」很有意義，她的答案是：「把台灣建設成新的世界島。」可見，他們都是要引導人們「跳越」中國，從「南向」「世界島」去「尋找台灣的前途和位置」。這正是這次「特展」引起台灣當局如此重視的原因，可惜去找錯了方向。

　　是的，「台灣不能孤立」，孤立是沒有前途的。但是，台灣首先要自

己不孤立，才不會被孤立，而要「切斷關係」「去中國化」就是自我孤立的表現。

是的，「台灣不能喪失主體性」，但只有認清自己的位置才能找到自己的主體性。

是的，「台灣無法切斷與中國的關係」，所以，台灣的地位不能從「切斷與中國關係」中去尋找。

只有明確了定位，才能找到發展的「正路」，才不會走到邪路上去，才能在當家作主的基礎上，處理好「無法切斷的關係」，共同攜手走進世界，並且在世界體系中找到自己最洽當、最能發揮活力的地位，找到最光明的前途。

（《兩岸關係》2003 年第 5 期）

抗戰勝利與臺灣光復

今年是抗戰勝利 60 周年，也是台灣光復 60 周年，在我們紀念這一偉大勝利的時候，明確二者的關係是十分必要的。

一、台灣光復與抗戰勝利有沒有關係？

國民黨傳統的說法也強調二者的關係，例如，何應欽在《八年抗戰與台灣光復》一書中寫道：「過去幾十年間，我們台灣同胞，前仆後繼，反抗日人統治，是為了光復台灣歸宗祖國；而我們全國軍民，八年抗戰，犧牲奮鬥，也是為了光復台灣。這次對日抗戰，我們中國犧牲無數軍民的生命財產所得成果，到現在只剩下台灣。」現在，國民黨主席馬英九也指出：「抗日戰爭的勝利和台灣的光復，是大陸犧牲 3500 萬同胞，台灣犧牲 65 萬同胞換來的。」

可是，日本人向來不承認戰爭的失敗，他們說：「我們敗於美國的核彈。」台灣有人完全接受日本的觀點，他們認為打敗日本的「是美國而不是中國」，並且叫嚷：「完全是因為美國打敗日本，中國人一點功勞都沒有。」

有人竟然還引用「數據」說：二戰時日本軍隊死亡 150 萬，其中 120 萬是在太平洋戰場上被美軍殲滅的，在中國戰場上日軍只死亡 3 萬多人。

這完全不是事實。在第二次世界大戰中，中國抗擊時間最長，牽制和消滅日軍最多。從 1937 年至 1945 年，盟國（中、蘇、美、英四國）斃傷日軍 195 萬餘人，其中中國戰場斃傷 133 萬餘人，佔日軍傷亡人數 70%。日本投降時在華兵力約 128 萬人，僅這一數字，就超過太平洋東南亞各戰場日軍的總和。

中國對於第二次世界大戰勝利所做出的貢獻是不容忽視的。當年美國總統羅斯福就指出：「假如沒有中國，假如中國被打垮了，你想有多少個師團的日本兵，可以調到其他方面來作戰，他們可以馬上打下澳

洲，打下印度。」他還說，美國「忘不了中國人民在 7 年多的長時間裡怎樣頂住了日本人的野蠻進攻和在亞洲大陸廣大地區牽制住大量的敵軍」。英國首相邱吉爾也說：「如果日本進軍西印度洋，必然會導致我方在中東的全部陣地崩潰。能防止上述局勢出現的只有中國。」

有人人強調美國的兩顆原子彈和蘇聯紅軍出兵東北對於日本投降起了決定性作用，而忽視了中國軍民所做出的巨大犧牲。美國歷史學家孔飛力指出：「中國在二戰中英勇無畏、果斷堅決地抗擊著日本法西斯主義的進攻。要是沒有中國這個偉大的同盟國加入我們的陣營，抗擊日本法西斯的戰爭將變得漫長得多，損失也將慘重得多。」英國《衛報》在一篇文章中指出：「如果不是中國付出 2000 多萬人犧牲的代價，在亞洲戰場拖住了日本軍隊，日本軍隊就會在中國戰場迅速取得勝利後進攻蘇聯後方，並控制太平洋地區。沒有亞洲盟國的抵抗，西方盟國將會付出更大的犧牲。」

在抗日戰爭中，中國人民付出了慘重的代價，有人把這一勝利說成是「慘勝」，但是中國畢竟終於取得了勝利。「慘重的損失」、「巨大的犧牲」與「偉大的勝利」並不相悖，不能因為付出了慘重的代價而否定了勝利的事實。正是在抗戰勝利的前提下，日本才不得不把被他們侵佔了 50 年的台灣歸還中國。胡錦濤在紀念抗日戰爭勝利 60 周年大會的講話中強調：「抗日戰爭的勝利，結束了日本在台灣 50 年的殖民統治，使台灣回到祖國懷抱。」「台灣光復」是抗戰勝利的結果，這是不容否定的。

二、台灣光復與台灣民眾有沒有關係？

有人認為說「抗戰勝利」和「台灣光復」就會把功勞歸於國民黨，歸於大陸，而與台灣民眾則沒有關係，這是一個很大的誤會。

是的，在抗日戰爭時期，台灣民眾的處境不同，有的參加抗日，有的加入日本的軍隊，有的是在日本統治下的一般平民，有的則是日本人的「協力者」，怎樣看待他們在抗日戰爭和台灣光復過程中的地位和作

用，似乎需要進行一番考察和分析。

　　1.參加抗日的人士，包括前來參加大陸抗戰的台胞，他們為抗戰做出了重大貢獻，這是毫無疑義的。但是，實際上台灣參加抗日的不僅是一部份人，50 年來台灣的抗日，有數十萬人犧牲，他們也為抗戰的犧牲和台灣的光復做出了貢獻。馬英九說：「在緬懷台灣先烈先賢光榮事跡的這一刻，我們對於台灣光復以前所有反抗殖民統治的民族英雄，必須予以肯定，並矢志繼承。」

　　2.沒有直接參加抗日的台灣民眾，同樣做出了犧牲。台灣民眾在日本殖民統治之下，遭受「亞細亞孤兒」的命運，他們更應當得到人們「同情的理解」。他們的處境與大陸淪陷區的民眾有些相似：無法參加抗日活動，但也不願當順民，只好忍氣吞聲的等待日本的失敗，兩岸同胞都因祖國的不幸而承受了苦難。不過，與大陸淪陷區相比，台灣同胞受苦難的時間更長。

　　3.那些在日本統治下出來擔任一些下層職務的人，他們一方面為日本人工作，一方面為台灣人說話，暗中卻祈求日本早日戰敗，台灣回歸祖國，這些人似乎不能簡單的一律歸入敵人的陣營，應當進行具體分析。

　　4.加入日本軍隊的原住民和其他「台籍老兵」，「在戰爭中面對死亡和困境，是人生最奇特的經驗，而他們在太平洋戰爭中被當時的日本政府用來打中國人，戰後又被國民黨政府徵調到中國打中共」。實際上他們也是日本軍國主義發動戰爭的受害者。

　　5.少數日本殖民統治的「協力者」和親日派，他們站在日本殖民者的立場上，為虎作倀，理應受到道義的譴責。

　　總之，除了極少數親日派之外，絕大多數台灣同胞和大陸同胞一樣，都為抗日戰爭的勝利和台灣的光復作出了貢獻或犧牲。在紀念抗日戰爭勝利 60 周年的時候，我們對於部分台灣同胞由於處境的不同，而產生的複雜心態，應當從特定的歷史背景下進行考察。兩岸同胞需要「同情的理解」，設身處地了解對方，互相包容，一同向前看，逐漸凝聚共識，共謀祖國統一，振興中華。

附錄：陳孔立臺灣歷史論著目錄

著作

台灣歷史故事（反侵略篇）	福建人民出版社	80.11.
台灣鄭成功研究論文選（編）	福建人民出版社	82.6.
鄭成功研究論文選（編）	福建人民出版社	82.6.
鄭成功收復台灣史料選輯（編）	福建人民出版社	82.3
康熙統一台灣檔案史料選輯（編）	福建人民出版社	83.8.
鄭成功研究論叢（編）	福建人民出版社	84.7.
鄭成功研究論文選（續集）（編）	福建人民出版社	84.10.
鄭成功檔案史料選輯（編）	福建人民出版社	85.6.
清代台灣史研究（合著）	廈門大學出版社	86.4.
鄭成功滿文檔案史料選輯（編）	福建人民出版社	84.9.
清代台灣移民社會研究	廈門大學出版社	90.10.
台灣歷史綱要（主編）	九洲圖書出版社	96.4.
	人間出版社	96
簡明台灣史	同上	98.2013
台灣歷史與兩岸關係	台海出版社	99.6.
清代台灣移民社會研究（增訂本）	九州出版社	03.8
台灣歷史綱要	九州出版社	06.4
清代台灣移民社會研究（增訂本）	九州出版社	06.7

論文

鄭成功研究討論會綜述	文匯報	62.3.16
鄭成功收復台灣戰爭的分析 ——見《鄭成功研究論文集》	上海人民出版社	65.12
元置澎湖巡檢司考	中華文史論叢	80.2.

蔡牽集團及其海上活動的性質問題	中國古代史論叢	81.2.
台灣史學界對鄭成功的研究	福建論壇	82.3.
鄭成功研究論文選	福建人民出版社	82.
施琅史事的若干考辨	福建論壇	82.5.
鄭成功研究學術討論會述評	歷史研究	82.6.
李自成、多爾袞、鄭成功 ——歷史的合力之一例	光明日報	82.8.16
鄭成功評價的方法論問題	廈門大學學報	83.1.
朝鮮與鄭成功父子	清史研究通訊	83.4.
康熙二十二年：台灣的歷史地位	台灣研究集刊	83.2.
乾隆三十三年台灣遊民暴動	台灣研究集刊	84.1.
清代台灣林爽文起義的性質問題	台灣研究集刊	84.4.
台灣番族與林爽文起義	福建論壇	85.2.
論台灣張丙起義與閩粵械鬥	台灣研究集刊	85.1.
朱一貴起義和吳福生起義口供的比較研究	台灣研究集刊	85.2.
岡山考	台灣研究集刊	85.3.
清代台灣械鬥史實辨誤	台灣研究集刊	85.4.
試論台灣歷史的特殊性	台灣研究集刊	86.2.
清代台灣人口的幾個問題	廈門大學學報	86.4.
清代台灣分類械鬥的若干問題	台灣研究集刊	86.3.
清代台灣的遊民階層	台灣研究集刊	87.1.
從林爽文起義看清朝作戰系統的功能	系統論與歷史科學	87.
咸豐三年台灣北部頂下郊拼	台灣研究集刊	88.1.
清代台灣移民社會的特點	台灣研究集刊	88.2.
清代台灣社會發展的模式問題	（台）當代第 30 期 （港）東方文化	88.10. 89.1-2
早期台灣人口與耕地的重新估算	台灣研究集刊	88.3

台灣開發者的歷史足迹	文史知識 （台）國文天地 （台）自由時報	90.4. 5:11 90.3.31
清代台灣的義民問題	台灣研究集刊	90.4.
關於「台灣島史」和「台灣史觀」	（台）中國論壇	91.8.
台灣歷史的分期與框架	（台）中國論壇	32.4. 92.1.
台灣文化與中華文化的歷史淵源	台灣研究集刊	92.1.
中國傳統文化與台灣社會變遷	台灣研究集刊	92.4.
分類械鬥	（台）中國時報	93.2.27.
評「台灣漢人」與「大陸漢人」	史明台灣史論的虛構	94
台灣學者對台灣歷史的研究	台灣研究	94.1
霧社 65 周年祭	台灣研究	95.3
清代台灣社會動亂原因與性質的分析	台灣研究集刊	96.4.
把被台獨歪曲的歷史糾正過來	廈門台盟專刊	96.6
台灣歷史與兩岸關係	（台）歷史月刊	105 96.10.
前仆後繼五十年	《台灣同胞抗日五十年紀實》	98
《認識台灣（歷史篇）》評議	台灣研究集刊	97.3.
《認識台灣》教科書引起的爭議	《台灣，1997》	98.7
「有唐山公，無唐山媽」質疑	台灣研究集刊	97.4
日據時期台灣歷史的幾個問題	海峽評論 89 期	98.5
台灣歷史的失憶	海峽評論	95、96、97 期
關於移民與移民社會的理論問題	廈門大學學報	00.2
科學闡明台灣歷史與兩岸關係	紀念林惠祥文集 廈門大學出版社	01.10
清代前期福建平民偷渡台灣	台灣研究集刊	01.4
評台北「福爾摩沙特展」	兩岸關係	03.5
前事不忘後事之師	人民日報海外版	03.9.16

——電視專題片《台灣往事》觀感		
乾隆年間台灣刑案與社會生活	台灣研究集刊	04.4
台灣學者研究台灣歷史的三種流派	兩岸台灣史研討會論文	04.12.18
澎湖不屬同安考	台灣研究集刊	05.2
1815 年台灣籍太監林表之死	本院 25 周年論文 海峽報導	05.8.4
「二二八事件」中的本省人與外省人	台灣研究集刊	06.3
抗戰勝利與「台灣光復」	中央黨校學習時報	308 期（05.10）
台灣光復：大轉變的時代	廈門日報	05.10.25
關於「台灣光復」的對話	香港成報	05.10.31
為鄭經平冤	泉州政協	05.1-3.07.2
清代台海兩岸航行時間	台灣研究集刊	09.3
台灣社會的歷史記憶與群體認同	台灣研究集刊	11.5

國家圖書館出版品預行編目資料

陳孔立臺灣史研究名家論集（二編）/陳孔立　著者. -- 初版. -
臺北市：蘭臺, 2018.06
面；　公分. -- (臺灣史研究名家論集；2)
ISBN　978-986-5633-70-7　(全套：精裝)

1.臺灣研究　2.臺灣史　3.文集
733.09　　　　　　　　　　　　　　　　107002074

臺灣史研究名家論集 2

陳孔立臺灣史研究名家論集（二編）

著　　　者：陳孔立
主　　　編：卓克華
編　　　輯：高雅婷、沈彥伶、塗語嫻
封面設計：塗宇樵
出 版 者：蘭臺出版社
發　　　行：蘭臺出版社
地　　　址：台北市中正區重慶南路 1 段 121 號 8 樓之 14
電　　　話：(02)2331-1675 或(02)2331-1691
傳　　　真：(02)2382-6225
E－MAIL：books5w@gmail.com 或 books5w@yahoo.com.tw
網路書店：http://bookstv.com.tw/、http://store.pchome.com.tw/yesbooks/、
　　　　　　博客來網路書店、博客思網路書店、三民書局

總 經 銷：聯合發行股份有限公司

電　　　話：(02) 2917-8022　　　傳　真：(02) 2915-7212
劃撥戶名：蘭臺出版社　帳號：18995335
香港代理：香港聯合零售有限公司
地　　　址：香港新界大蒲汀麗路 36 號中華商務印刷大樓
　　　　　　C&C Building, 36,Ting, Lai, Road, Tai,Po, New,Territories
電　　　話：(852) 2150-2100　　　傳真：(852) 2356-0735
經　　　銷：廈門外圖集團有限公司
地　　　址：廈門市湖里區悅華路 8 號 4 樓
電　　　話：86-592-2230177　　　傳　真：86-592-5365089
出版日期：2018 年 6 月初版
定　　　價：新臺幣 30000 元整（套書，不零售）
ISBN：978-986-5633-70-7

《臺灣史研究名家論集》

（共十四冊）卓克華總編，汪毅夫等人著作

王志宇、汪毅夫、卓克華、周宗賢、林仁川、林國平、韋煙灶、
徐亞湘、陳支平、陳哲三、陳進傳、鄭喜夫、鄧孔昭、戴文鋒

ISBN：978-986-5633-47-9

套叢書是兩岸研究台灣史的必備文獻，解決兩岸問題也可以從中找到契機！

　　這套叢書是十四位兩岸台灣史的權威歷史名家的著述精華，精采可期，將是臺
史研究的一座豐功碑及里程碑，可以藏諸名山，垂範後世，開啟門徑，臺灣史的
來新方向即孕育在這套叢書中。展視書稿，披卷流連，略綴數語以說明叢刊的成
經過，及對臺灣史的一些想法，期待與焦慮。

9 789865 633479　28000

臺灣史料研究叢書(套書)定價：28000元

《臺灣史研究名家論集》 共十四冊

陳支平——總序

　　臺灣史研究的興盛，主要是從二十世紀八十年代開始的。臺灣史研究的興起與興盛，一開始便與政治有著密切的聯繫。從大陸方面講，「文化大革命」的結束與「改革開放」政策的實行，使得大陸各界，當然包括政界和學界，把較多的注意力放置在臺灣問題之上。而從臺灣方面講，隨著「本土意識」的增強，以及之後的「臺獨」運動的推進，學界也把較多的精力轉移到對於臺灣歷史文化及其現狀的研究之上。經過二三十年的摸索與磨練，臺灣歷史文化的學術研究，逐漸蔚為大觀，成果喜人。以大陸的習慣性語言來定位，臺灣史研究，可以稱之為「臺灣史研究學科」了。未完待續……

汪毅夫——簡介

　　1950年3月生，臺灣省臺南市人。曾任福建社會科學院研究員，現任中華全國臺灣同胞聯誼會會長，福建師範大學社會歷史學院兼職教授、博士生導師，享受國務院特殊津貼專家。撰有學術著作《中國文化與閩臺社會》、《閩臺區域社會研究》、《閩臺緣與閩南風》、《閩臺地方史研究》、《閩臺地方史論稿》、《閩臺婦女史研究》等15種，200餘萬字。曾獲福建省社會科學優秀成果獎7項。

汪毅夫名家論集—目次

100 台北市中正區重慶南路1段121號8樓之14　　E-mail：books5w@gmail.co
TEL：（8862）2331 1675 FAX：（8862）2382 6225　　網址：http://bookstv.com.t